国家自然科学基金项目（项目编号：70873026）
教育部高等学校博士学科点专项科研基金项目（项目编号：200802170004）
教育部人文社会科学研究一般项目（项目编号：08JC630020）

聚焦城市与区域发展丛书

东北地区制造业产业自主创新动力机制

The Dynamic Mechanism of Independent Innovation in the Northeastern Manufacturing Industries

孙　冰　张　敏　王　为 ◎著

科学出版社

北　京

图书在版编目(CIP)数据

东北地区制造业产业自主创新动力机制/孙冰,张敏,王为著.—北京:科学出版社,2012.4
   (聚集城市与区域发展丛书)
   ISBN 978-7-03-033853-2

Ⅰ.①东… Ⅱ.①孙…②张…③王… Ⅲ.①制造工业-企业创新-研究-东北地区 Ⅳ.①F426.4

中国版本图书馆 CIP 数据核字(2012)第 043644 号

丛书策划:胡升华 侯俊琳
责任编辑:侯俊琳 韩昌福 程 凤/责任校对:朱光兰
责任印制:赵德静/封面设计:无极书装

科 学 出 版 社 出版
北京东黄城根北街 16 号
邮政编码:100717
http://www.sciencep.com

铭浩彩色印装有限公司印刷
科学出版社发行 各地新华书店经销

*

2012 年 4 月第 一 版 开本:B5(720×1000)
2012 年 4 月第一次印刷 印张:15 1/2
字数:289 000
定价:42.00 元
(如有印装质量问题,我社负责调换)

丛书序

经济的增长并不同时在各部门、各地区发生；在同一时空，社会经济的发展又会在各个地区呈现出不同的状况。这赋予了区域撷尽异彩、包罗万象的魅力，广袤大地上呈现出令人叹为观止的自然景观和人文景观，村镇院落、青山为黛，五彩田野、阡陌纵横；高楼错落、车水马龙，工厂车间、绿草如茵……天工造就了高山、高原、峡谷、盆地，人力筑就了摩天大厦、连体高楼、林荫街道、城中绿地。区域的人文与自然的叠加，形成了亮点纷呈、特色鲜明的特点。

城市是区域的重要组成部分，从社会经济发展角度考虑，城市又是区域中最具活力的组分，同时也与城市之外的区域相互协调，相互依存。改革开放以来，尤其是21世纪以来，在世界经济发展整体增速低迷的趋势下，中国经济却一枝独秀，以平均每年9%以上的增幅逆势上扬。激流勇进中，中国的经济总量在2005年超越英国，2007年超越了德国，2010年又超越日本，一跃成为了仅次于美国的世界上第二大经济体。中国经济的奇迹与区域和城市的快捷发展始终是相伴而生、同步前行的。据统计，国家层面的经济增长主要来自于一些区域：2010年沿海省市的经济总量占到全国的62.2%，其中广东、江苏、山东、浙江四省又占全国的38.6%。这些区域中，城市又占据了重要的比重。当下，城市与区域发展颇受政府、学者关注也就不言自明了。中国作为一个人口和地域大国，区域之间、城乡之间巨大的不平衡性伴随着中国经济增长而日益显现。这一特征在经济全球化和市场化改革催化下，促成了由地方政府主导的城市与区域经济的异军突起。显而易见，地方政府主导下的城市与区域经济的广泛开放和激烈竞争，构成了中国经济增长的重要两翼。在分税制的引导和政绩观的驱使下，地方政府通过不拘一格、各显其能的对外开放来吸纳全球化和市场化过程中各种流动的资源，并通过先人一步、快人一招的竞争来抢得占有资源的先机，并努力将这些资源进行最优化配置，以实现最大化的政绩效果。但与此同时，这些发展格局也带来一系列负面的影响，如土地资源日益紧缺、生态环境不断恶化、区域产业结构与收入结构的不协调性渐渐凸显，等等。

城市与区域发展作为国际学术界研究的一个重要领域，学者们基于不同的学术背景和研究视角在探究中逐步形成了一些富有影响的研究方向。中国的城市与区域发展更是一片振奋人心、前景广阔的新天地，其不仅与中国的增长模式密切相关，更是因为中国自身所具有的诸多特殊性。由于自然地理和人文地理条件以及发展历史的巨大差异，中国的城市与区域经济多样化显著，其空间结构和经济结构也处于快速的建构与重构的蜕变之中。从国家的区域发展战略看，西部大开发、东北等老工业基地振兴、中部地区崛起和东部率先发展四大战略以及主体功能区战略的实施，尤其是 2005 年以后，中央将近 30 个区域发展上升为国家战略层面，为各城市和区域经济的发展提供了特定的战略依据和政策依托；而从城市与区域自身看，从旧城改造到开发区、产业集聚区、CBD、城市新区建设，从区域城镇体系规划到世界城市、国际化大都市、国家中心城市、区域中心城市的定位，从都市圈、城市群规划到高度一体化的融城和经济区构建，从资源环境承载力到宜居城市、低碳城市、生态城市发展，从城市区域竞争力到城市与区域经济的竞合发展，从经济结构转变到结构转型发展，都为城市和区域经济的发展研究提供了新元素和新课题。因此，深入开展中国城市与区域发展研究，不仅是立足国际学术前沿、探索城市与区域发展规律、与国际前沿理论对话的现实要求，更是认识和理解中国经济增长模式、解决中国经济增长可持续性以及促进区域经济协调发展的战略需要。

近年来，围绕城市与区域发展问题，中国在区域经济学、经济地理学、城市地理学等学科领域，形成了一支老、中、青相结合的优秀研究队伍，承担了一批国家自然科学基金、国家社会科学基金和中央与地方政府委托课题，形成了一些很有见地的成果。科学出版社选择部分优秀研究成果集结为"聚焦城市与区域发展丛书"出版，是一件很有意义的工作。这不仅有利于推动我国城市与区域发展研究领域的学科建设，也有助于服务国家战略需求和地方社会经济发展实践。热忱呼吁学术界和实际工作部门的同仁们参与、支持这一丛书的出版发行，预祝这一丛书成为区域和城市研究中重要的文献资源。

2011 年 5 月 8 日

前　　言

目前科技飞速发展、国际竞争日益加剧，自主创新就成为东北老工业基地振兴制造业的必然选择。国内外研究表明，创新主体能否积极开展自主创新活动，关键在于是否具有强劲的自主创新动力；而自主创新动力作用的发挥，则要依靠创新动力要素的协同促进。因此，明确东北地区制造业产业自主创新动力，分析产业自主创新的动力机制及其影响因素，可以为推动东北地区制造业产业技术发展、提高东北地区制造业自主创新能力和竞争力、实现国家振兴东北老工业基地战略目标提供理论依据和决策参考。

尽管关于企业创新动力的研究已经取得了一定的成果，但目前学术界对产业层面的创新动力鲜有提及。在制造业的自主创新现状、能力、对策等被学者们广泛关注的同时，关于制造业自主创新动力的研究却较为罕见。并且，现有的关于创新动力的研究大都停留在对动力要素的静态分析上，对创新动力要素的相互作用和自组织的动态过程鲜有研究，动力机制的不同模式及其演化机理也少有涉及，结合典型案例和针对特定地域的理论分析和实证研究更是缺乏。本书研究的目的在于：建立东北地区制造业产业自主创新动力机制及演化机理的系统性分析框架，探索产业自主创新动力机制和演化机理，力争进一步开拓技术创新的研究领域，继续丰富创新动力的研究体系。

本书根据东北地区制造业特有的产业分布和环境特点，构建了东北地区制造业产业自主创新动力系统，分析了东北地区制造业产业自主创新动力机制的运行过程及其影响因素，剖析了东北地区制造业产业自主创新动力模式的演化规律，并在对产业自主创新动力状况进行评价的基础上，提出了促进东北地区制造业产业自主创新动力机制形成与演化的相关政策。

本书针对以下五个方面做了探索性研究工作。

（1）东北地区制造业产业自主创新动力的识别和动力系统的构建。从国内外研究现状出发，界定了东北地区制造业产业自主创新动力和动力系统的内涵，通过分析产业自主创新利益主体，对东北地区制造业产业自主创新的动力要素进行了识别，并运用因子分析、聚类分析等统计方法对产业自主创新动力系统进行了层次划分，进而构建了该动力系统的结构模型。

（2）东北地区制造业产业自主创新动力机制研究。以产业自主创新动力系统为基础，遵循"结构—功能—运行规则"的研究思路，构建了东北地区制造业产业自主创新动力机制结构模型，并基于自组织理论分析了东北地区制造业产业自主创新动力机制的功能实现原理。从动力机制运行流程的角度，分析了自主创新动力间的诱导、驱动和转化关系，总结出东北地区制造业产业自主创新动力机制运行的过程。

（3）东北地区制造业产业自主创新动力机制的影响因素研究。从分析产业自主创新动力系统的环境入手，找出了东北地区制造业产业自主创新动力机制的影响因素，建立了东北地区制造业产业自主创新动力机制影响因素的系统动力学模型，并通过对影响因素的敏感性和可控性进行分析，探究了东北地区制造业产业自主创新动力机制顺利运行的有效途径。

（4）东北地区制造业产业自主创新动力模式的演化机理研究。根据产业自主创新动力系统协同演化过程中序参量之间的竞争、替代、主宰与伺服规律，划分了东北地区制造业产业自主创新动力模式；运用演化经济学理论剖析了东北地区制造业产业自主创新动力模式演化的动态轨迹、前提条件、主要诱因和重要环节，并据此构建了动力模式演化的过程模型；进而，以汽车产业为例验证了东北地区制造业产业自主创新动力模式演化过程的事实拟合性。

（5）东北地区制造业产业自主创新动力机制形成及演化的相关政策研究。构建了东北地区制造业产业自主创新动力状况的评价指标体系，并采用因子分析法对东北地区制造业 29 个行业的自主创新动力机制进行了评价。针对实证评价的结果，基于对东北地区制造业产业自主创新动力机制的运行规则、影响因素和动力模式演化机理的研究，借鉴国内外自主创新政策，提出了促进东北地区制造业产业自主创新动力机制形成及演化的相关政策。

作为产业创新动力研究的抛砖之作，本书如能对读者有些许启发，笔者将倍感荣幸。笔者水平有限，书中定有不足和欠妥之处，恳请各位读者多提宝贵意见和建议，以使本书可以不断完善。

孙 冰 张 敏 王 为

2011 年 7 月 31 日

目　录

第一章 | 东北地区制造业产业自主创新动力系统研究

第一节 东北地区制造业产业自主创新动力系统研究的背景及意义

东北地区是新中国最早建立起来的工业基地，是新中国工业的摇篮，作为我国最具发展潜力的三大制造业基地之一，其制造业的自主创新能力和水平不仅关系到东北地区的产业升级和经济振兴，而且对我国民族工业的未来发展也具有非凡的战略意义。尽管在过去的几十年中，通过技术开发、技术引进和改造，东北地区制造业的技术水平已有了较大的提高，但是，令人十分担忧的是，东北地区制造业自主创新能力不强、创新活力严重不足仍是一个不争的事实。在自主创新已获得广泛共识的今天，为什么东北地区制造业的自主创新能力依然如此薄弱呢？有关专家经研究认为，在许多情况下，一个产业或企业没有进行创新活动并不是因为没有能力、条件或机会，而是因为动力不足（Carter，1981；傅家骥，2000）。并且，创新动力不仅仅是单一要素的简单作用，而是诸多要素有序协同、联合作用的产物（李垣和乔伟杰，2002；向刚和汪应洛，2004）。这意味着，改变东北地区制造业自主创新的现状，关键在于增强东北地区制造业的产业自主创新动力，促进动力之间的协同作用。

自熊彼特（Schumpeter）以来，关于技术创新动力的研究经历了从技术推动论、需求拉动论、技术推-市场拉的交互作用论，到自组织动力论、行政计划推进论，再到技术轨道推动论、N-R 瓶颈驱动论等的多重更替。而近年来，自主创新动力问题则成为我国学术界、产业界和政府相关管理部门广泛关注的又一热点问题。但是，必须指出的是，在现有的相关研究中，有两个问题还需要进一步探究和解决。首先，目前的创新动力研究仅仅局限于企业层面，对产业层面的自主创新动力鲜有涉及，特别是体现产业自主创新动力机制的运行、模式和动态演化的研究，因缺乏相关的理论基础而被忽视，这又导致现实中亟待解决的产业自主创新动力问题因缺乏科学的理论指导而难以解决。其次，国内外学者针对其他一些新兴工业化国家和国内发达地区的相关研究虽然也从一定意义上为推进东北地区制造业的自主创新活动提供了借鉴和参考，但由于东北地区制造业的自主创新活动存在着自身的地域特色，有其特殊性，已有研究成果缺乏对东北地区自主创新实践的针对性和指导性。鉴于此，对东北地区制造业产业自主创新动力机制及演化机理进行深入的理论研究显得十分迫切和必要。

本书力图建立东北地区制造业产业自主创新动力机制及演化机理的系统性分析框架，既具有理论创新意义，又具有现实指导意义。一方面，本书尝试深层次探索产业自主创新动力机制和演化机理，有利于开拓技术创新的研究领域，对创新动力的理论研究具有积极的贡献；另一方面，本书的研究成果可以为我国区域性产业创新政策的制定、创新支撑体系的构建提供理论依据和决策借鉴，对激发东北地区制造业的自主创新活力、提升东北地区制造业的自主创新能力、改善国内其他地区制造业的自主创新现状具有较高的实际应用价值和参考价值。

第二节　东北地区制造业产业自主创新动力系统研究现状及评述

一、创新动力研究概述

所谓创新动力，是指促使创新主体产生创新要求和创新欲望，并开展创新活动的一系列因素和条件。熊彼特在创新研究领域影响显著，在其两部著作《经济发展理论》（*Theory of Economic Development*）和《资本主义、社会主义和民主政治》（*Capitalism，Socialism，and Democracy*）中先后提到"企业家是新技术和新思想的主要来源"，"企业规模对创新行为具有一定的促进作用"（Nizar et al.，2006）。因此，关于创新动力的阐述可以追溯到那个时期，但当时的研究仅限于对"什么促进了企业的创新活动"等问题的讨论，并没有形成一定的理论体系。直到20世纪60年代"技术推动模式"的提出，才使创新动力的研究有了理论支撑。在随后的几十年中，众多学者对创新动力展开了广泛的研究和激烈的争论。这些研究和争论主要集中在创新动力要素、创新动力机制和创新动力系统三个方面。

1. 创新动力要素的研究

创新动力要素的研究角度多样，一些学者从单一因素入手，着重研究某一要素在特定行业或特定类型企业中对创新活动的促进作用；一些学者从多要素入手，整合了可能影响企业创新活动的诸多要素；还有一些学者通过促进与阻碍的对比来研究企业创新动力要素。尽管学者们的研究角度不同，但通过对所涉及的创新动力进行整理，可以将其大体分为两类：一类是内部创新动力要素，另一类是外部创新动力要素。内部创新动力要素是指企业内部对促进和推动创新活动开展起到主要作用的因素，如企业家精神、企业文化、企业利润、企业激励机制、公司治理结构、企业规模、公司战略、创新人才、创新成功概率预期等。外部创新动力要素是企业外部对创新活动起推动作用的要素，如政府及其他外部财政支持、市场需求、市场竞争、资源环境配置、科技发展、市场结构、产业类型等。表1-1将国内外学者对创新动力要素的相关研究内容进行了总结。

表1-1 创新动力要素总结表

分类	动力要素	要素解释	相关学者
内部动力要素	企业家精神/领导力	规划指导者或首席执行官（CEO）的特征/资质与经验对创新成本、利润和风险的感知	田文滨（2008）、李恒等（2007）、王鑫宇等（2007）、闫俊强（2007）、孙冰（2007）、Souitaris（2002）、Sørensen和Stuart（2002）、Romijn和Albaladejo（2002）、François等（2002）、Keizer等（2002）
	企业利益	营业额/利润/收益预期	王鑫宇等（2007）、闫俊强（2007）、孙冰（2007）、欧阳新年（2008）、杜宏巍和张东生（2004）、甘雪波（2002）、Love和Roper（1999）、MacPherson（1994）
	企业文化	拒绝改变/持续改进/支持创新的文化	刘明霞和袁靖波（2007）、王鑫宇等（2007）、闫俊强（2007）、孙冰（2007）、Jung等（2003）、François等（2002）、Veugelers和Cassiman（1999）、Baldwin和Johnson（1996）
	公司治理结构、产权结构、组织结构	正式组织或灵活组织/制定决策集权化/员工授权/公司部门间交流	刘明霞和袁靖波（2007）、闫俊强（2007）、Gudmundson等（2003）、Darroch和McNaughton（2002）、Wu等（2002）、Parthasarthy和Hammond（2002）、Lukas和Ferrell（2000）
	激励机制	物质激励/精神激励	王鑫宇等（2007）、孙冰（2007）
	研究与开发（R&D）能力	R&D资产与战略	刘明霞和袁靖波（2007）、杜宏巍和张东生（2004）、Hall和Bagchi（2002）、Parthasarthy和Hammond（2002）
	企业战略	拥有明确的战略/多样化战略/进出口战略/内外部成长战略/差异化战略/低成本战略/保护机制	刘明霞和袁靖波（2007）、Galende和De la Fuente（2003）、Beneito（2003）、Souitaris（2002）、Landry等（2002）、Romijn和Albaladejo（2002）、François等（2002）、Belderbos（2001）
	人力资源	个人能力与经验/人力资源规划/创新人才	田文滨（2008）、李垣等（2007）、闫俊强（2007）、Hu（2003）、Michie和Sheehan（2003）、Romijn和Albaladejo（2002）、Rhyne等（2002）
外部动力要素	政府支持/公共政策	政府支持/法律科技政策/外部金融支持	欧阳新年（2004）、田文滨（2008）、王鑫宇等（2007）、李垣等（2007）、刘明霞和袁靖波（2007）、孙冰（2007）、杜宏巍和张东生（2004）、甘雪波（2002）、陈铁军和吴添祖（2002）、徐维祥（2002）、Beugelsdijk和Cornet（2002）、Keizer等（2002）、Coombs和Tomlinson（1998）

分类	动力要素	要素解释	相关学者
外部动力要素	需求	市场需求拉引/行业内需求增长	田文滨（2008）、李垣等（2007）、王鑫宇等（2007）、闫俊强（2007）、孙冰（2007）、欧阳新年（2008）、杜宏巍和张东生（2004）、陈铁军和吴添祖（2002）、徐维祥（2002）、Crépon 等（1998）、Zahra（1993）
	知识、科技	正式或非正式的知识、技术获取	田文滨（2008）、欧阳新年（2007）、李垣等（2007）、王鑫宇等（2007）、闫俊强（2007）、孙冰（2007）、杜宏巍和张东生（2004）、陈铁军和吴添祖（2002）、Landry 等（2002）、Ahuja 和 Katila（2001）、Love 和 Roper（1999）、Liu 和 White（1997）、Lee（1995）
	生产运作	先进的设备/技术	Kam 等（2003）、Landry 等（2002）
	社会文化/价值观	权利距离/规避风险/世俗倾向/女性气质－男性气质/集体主义或个人主义	闫俊强（2007）、杜宏巍和张东生（2004）、Rhyne 等（2002）、Wu 等（2002）、Morris 和 Jones（1993）、Shane（1993）
	生命周期	公司年龄	刘明霞和袁靖波（2007）、Jung 等（2003）、Sorensen 和 Stuart（2000）
	企业类别	产业类型/行业部门	刘明霞和袁靖波（2007）、Kam 等（2003）、Quadros 等（2001）、Evangelista 等（1997）
	市场特征	市场机制/市场结构/行业集中度	甘雪波（2002）、Smolny（2003）、Baptista 和 Swann（1998）、Blundell 等（1999）
	竞争	市场竞争/企业竞争	王鑫宇等（2007）、闫俊强（2007）、刘明霞和袁靖波（2007）、孙冰（2007）、欧阳新年（2004）、陈铁军和吴添祖（2002）、徐维祥（2002）
	合作/沟通信息网	与大学、研究中心、竞争者、工会、供应商、顾客、咨询者和服务者的交互作用	闫俊强（2007）、Landry 等（2002）、Keizer 等（2002）、Romijn 和 Albaladejo（2002）、Koschatzky 等（2001）、Fritsch 和 Meschede（2001）

资料来源：由笔者根据相关文献整理得出。

2. 创新动力机制的研究

受熊彼特创新思想的影响，早期人们对创新过程的认识是：创新主要来源于研究开发或科学发现，技术创新是由技术成果引发的一种线性过程。换言之，创新是一种始于 R&D，随后经过生产和销售等环节，最终将该项新技术产品引入市场的线性过程。这便是著名的"技术推动论"，其核心思想是"科学技术是创新活动得以产生和发展的根本动因"。这一思想盛行于 20 世纪 60 年代，直至 1966

年，美国经济学家 Schmookler 建立了"市场拉动模式"。1969 年，D. G. Marquis 等的抽样调查显示，约有 3/4 的技术创新以市场需求或生产需求为出发点，这一研究成果进一步验证了市场需求对创新活动具有促进作用。到了 20 世纪 70 年代，技术与市场对创新的综合影响被人们认可，产生了第三代创新模式，即"技术-市场交互作用模式"。20 世纪 80 年代的代表性研究成果有英国经济学家 Dosi 的技术轨道模式、日本学者斋藤优的 N-R 模式（傅家骥等，1998）。后继的学者们对以上研究成果进行归纳，称技术推动模式、市场拉动模式和技术轨道模式为创新动力机制"一元论"，而技术-市场综合模式和 N-R 模式被称做创新动力机制的"二元论"。随后的创新动力机制研究呈现出"多元论"趋势，如"三元论"在"二元论"的技术与市场因素的基础上加入了政府行为因素，"四元论"在"三元论"的基础上加入了企业家创新偏好因素，在引入社会、技术、经济系统的组织作用这一因素后，创新动力机制研究扩展至"五元论"模式（孙冰，2003）。进入 20 世纪 80 年代后期，出现了第四代创新动力模型——"一体化创新动力模型"。20 世纪 90 年代，出现了"系统集成网络"创新模式，这一模式被称做第五代创新动力模式，它代表了创新信息化、数字化和网络化过程的未来发展模式（张贵和苏志炯，2005）。

国内学者对技术创新和自主创新动力机制的研究主要分为以下三类。

第一类研究侧重于分析重要因素在创新动力机制中的作用。许小东（2002）对技术创新动力机制研究中的期望理论进行了综合分析与评价，提出技术创新动力受创新收益、创新投入、创新成功预期和创新失败可能性这四项因素的影响。欧阳新年（2004）提出利益激励是创新主体开展创新活动的动力所在，研究了与创新主体利益相关的各种激励措施，如产权激励、市场激励、政府激励、合作激励、收益分配激励、投资激励等的相互作用，由此构建了企业技术创新的利益激励系统。刘明霞和袁靖波（2007）认为新经济体制导致企业内、外部环境发生了重大变化，因此，技术创新动力机制模型应充分考虑新经济环境下企业技术创新的影响，在对以往各动力模式分析的基础上，构建了新的技术创新动力机制模型。该模型具有动态性特征，既充分考虑了创新主体之间的差别，以及创新风险对技术创新的影响，还考虑创新行为及创新成果对创新环境的反作用。段云龙和杨立生（2007）指出人们对生态环境保护的重视、消费者对绿色产品的需求是推动创新主体开展绿色持续创新活动的不竭动力，同时强调了制度结构对绿色持续创新动力形成的重要作用。谢林林和廖颖杰（2008）认为，技术创新的成功率是企业开展技术创新活动的动力，而风险投资可以实现技术创新成功率的提升。

第二类研究致力于对创新动力机制运行模式进行分析。白洞明等（2000）以技术推进和需求拉引这两种基本的技术创新动力机制为基础，对两种模式共同作用下的新产品开发综合模式进行归纳，提出了立体创新、时滞循环创新、梯次创新等三种综合作用新模式。向刚和汪应洛（2004）对企业持续创新动力模式进行了研究。他们认为，企业持续创新的根本动力来源于企业内部而不是企业外部，其中，企业家和企业员工的创新精神是创新动力的主要来源。彭荣（2009）从分析创新需求的产生因素入手，提出可持续的"生态型企业内部创新动力模式"，认为可持续性创新动力模式是企业长久生存的重要保障。

第三类研究关注动力要素作用关系和动力机制运行机理。孙冰（2007）对自主创新的主体及其行为目标、企业自主创新动力机制的特点和运行机理进行剖析，并据此提出促进企业开展自主创新活动的相关对策和建议。吉淦（2007）在分析医药企业技术创新动力机制构成要素的基础上，剖析其运作机理，研究了内部动力的作用过程，以及外部动力与内部动力间的转化。李刚（2008）分析了企业自主创新的内外动力因素，从能动性、整体性和相关性等特点出发，阐述了企业自主创新的动力机制。田文滨（2008）结合装备制造业的产业特征和历史发展规律，构建了装备制造业技术创新动力机制，并对动力因素在机制内部的作用和相互关系进行了较为详细的论述。王娜（2009）分析了高新技术企业自主创新的内涵与动因，研究了诸如制定创新激励制度、加大研发投入力度、创建创新合作关系、构建创新企业文化等多动因驱动下的高新技术企业自主创新基本行为。

3. 创新动力系统的研究

创新动力系统是创新动力相互作用、相互依赖而形成的具有特定功能的有机整体，是创新动力研究向系统性、整体性发展的重要标志。目前，关于创新动力系统的研究成果以我国学者的研究为主，国外学者鲜有提及。笔者将为数不多的相关研究成果分为两类。

第一类研究致力于构建和完善系统。甘雪波（2002）认为技术创新动力系统完善的关键在于企业外部的激励因素作用于创新主体并与其内在创新需求相结合，只有这样才能形成产生创新行为的现实力量。因此应从一个系统的整体性角度分析企业技术创新动力，将创新行为的主观因素与客观因素、内部因素与外部因素有机结合起来。田阳（2008）从企业内、外部两个层面建立了装备制造业企业原始创新动力系统，据此分析了目前我国装备制造企业原始创新动力的现状及其存在的问题。陶良虎和陈得文（2008）认为产业集群创新动力系统是由六大动力因素协同作用而形成的。这六大动力因素为知识资本、社会资本、企业竞合关系、市场需求、地方政府和中介机构。其中，知识资本、社会资本、企业竞合关系是集群创新的核心动力因素，市场需求、地方政府、中介机构是集群创新的辅助动力因素。

第二类研究注重分析、阐述系统机理。孙冰和李柏洲（2006）指出，勇于创新的企业通常会主动打破创新动力系统的自身平衡，不断地寻求偏离平衡态的机会，运用非线性作用机制使有利于企业创新的微小涨落放大为巨涨落，从而促使企业技术创新动力系统不断地得到进化和发展，进而完成其推动和促进企业技术创新活动的功能和使命。林雷芳等（2007）对技术创新动力机制理论发展轨迹进行了回顾和梳理，在此基础上，构建了技术创新动力系统，并对技术创新动力系统进行了耗散结构分析，指出了创新动力系统不断跃升有序状态的必要条件是系统处于开放状态，并且系统内部创新要素促使系统到达远离平衡态的区域。孙冰（2008）基于协同论的基本原理阐释了企业自主创新动力系统的演化过程，并从协同、自组织、序参量等角度入手对企业自主创新动力系统演化提出建议，认为在创新动力系统充分开放的前提下，企业应不断地进行系统内部要素的调整，使创新动力系统的非线性自组织作用不断加强，从而使系统要素产生相互默契合作的协同作用，令序参量不断变大，使系统从无序向有序演化。钱芳和刘伟（2008）基于系统论构建了产业创新动力系统，运用耗散结构理论分析了产业创新动力系统的构成要素，阐述了系统从低度有序向高度有序跃升的过程。李柏洲和董媛媛（2009）构建了企业原始创新动力系统，包括企业内部自动力系统、企业外部环境推动系统和企业文化系统三个子系统，并分析了子系统中各构成要素的相互关系。

二、创新演化研究概述

演化经济学是现代西方经济学的一个重要学派，它借鉴生物进化的思想方法和自然科学多领域的研究成果，将创新作为经济现象背后的根本力量，以技术创新和制度变迁为核心研究对象，以动态的、演化的理论来分析和研究经济现象和行为演变规律（盛昭瀚和蒋德鹏，2002；盛昭瀚，2002）。耗散结构理论、协同学、突变论等一系列系统自组织理论是演化经济学的主要研究方法（吴彤，2001）。

熊彼特是公认的最具影响力的演化经济学家。通过运用古典政治经济学，他把演化的视角引入技术、组织和制度的共同演化中，并且运用早期新古典主义分析方法来进行微观分析。熊彼特最成功的工作之一是发展了创新的概念，他认为创新是专门的个体与"一切如常"的惰性社会环境之间的斗争，在经济和社会变迁中起着重要作用。在竞争理论研究中他认为，竞争从时间上看是一个动态过程，从内部结构上看是一个演进的动态过程，而从内容上看则是一个创新的竞争过程。熊彼特的这种关于竞争的分析，将创新内生化于经济增长中，把经济增长过程描述为一种动态的非均衡过程，这一观点成为演化经济学的一个主题（盛昭瀚和蒋德鹏，2002；盛昭瀚，2002）。

熊彼特对创新过程的研究，使得演化经济学作为一个独立的理论分支出现。熊彼特开辟了用演化方法研究资本主义长期发展的先河，他把创新看做经济变化过程的本质，认为资本主义在本质上是一种动态演进的过程。他的很多观点都与同时期的其他大多数经济学家不同，以致他去世之后，他对其他经济学家观点的有见地的评论被记住，而他自己的观点却被人们遗忘。直到 20 世纪 70 年代世界经济放缓，熊彼特的思想和著作才被重视起来：演化经济学领域内的专业文献逐渐增多；一个以熊彼特名字命名的专业团体——国际熊彼特协会成立；一种演化经济学的专业期刊——《演化经济学杂志》于 1991 年问世等。这一系列现象表明，演化经济学已经成为现代经济学的重要组成部分（盛昭瀚和蒋德鹏，2002；盛昭瀚，2002）。

在熊彼特之后，Nelson 和 Winter 的《经济变迁的演化理论》一书于 1982 年出版，为演化经济学理论做出了开创性贡献。此后，国外学者开始将经济演进思想移植到技术创新研究中（韩国文，2004）。其中，一批学者侧重于研究技术创新演化的路径依赖问题。例如，Arthur 等（1987）利用概率理论工具分析了技术创新的路径依赖问题。Abernathy 和 Utterback（1978）通过实证研究提炼出"主导设计"这一概念来说明技术创新与产业演化的路径依赖。Alfred Chandler 解释了在 19 世纪中后期，伴随各种技术的演化企业各种组织形式出现的动因（陈劲等，2006）。而另一些学者则将研究内容较多地集中于创新实现过程中各创新要素的自组织方面。例如，Moenaert 和 Souder（1990）、Ettlie 和 Reza（1992）、Hitt 等（1993）认为，创新项目成功的关键，是不同专业人员的相互沟通和合作，以达到最大限度的协同一致。Saleh 和 Wang（1993）通过对 25 家企业进行实证研究发现，创新型企业与非创新型企业相比，在结构上更为灵活，与战略的协调匹配更好。Dillon（1992）等深入探讨了学习能力、决策行为、企业组织及内外部因素相互作用对企业技术创新的影响，指出提高技术创新效果的关键在于使上述各种要素发挥自组织作用。Norton 等（1994）通过对 80 家美国化工企业的比较研究及 79 家日本化学品制造企业的问卷调查，揭示了研发与营销部门间的集成与自组织关系。Tushman 和 O'Reilly（1996）指出，提高个人能力、结构、战略、操作流程和文化间的自组织性，是创新成功和竞争的有力武器。Atuahene（1996）、Miller 和 Morris（1999）指出，与创新过程相匹配的组织结构需要足够的协同与整合。

国内学者进行的创新演化研究由于刚刚起步，所涉及的内容较为零散，依据研究领域和重点大致可以分为以下五类。

第一类研究侧重于技术创新模式的演化。例如，陈劲等（2003）从战略-组织-资源配置相匹配的角度总结了我国企业技术创新国际化的模式，并论证了我国企业技术创新国际化模式的动态演化形式。易余胤等（2005）运用演化博弈理论建立了企业自主创新投资的演化博弈模型，从理论上分析了企业自主创新行为、模仿创新行为与市场结构的演化规律。宋耘和曾进泽（2007）从技术轨迹、吸收能力、技术转移和动态学习等企业技术学习的四个方面入手，研究并总结出发展中国家技术创新模式的演化路径。

第二类研究关注技术创新过程的演化。例如，陶海青和金雪军（2002）构建了技术演化的动物进化模型，指出技术创新的演化方向就是自组织技术的演化方向。叶金国和张世英（2002）建立了企业技术创新过程的自组织演化模型，并据此分析了创新过程的不稳定性、多样性（分岔）、突变和随机涨落等特征和作用机制。陈雅兰等（2003）归纳总结出原始性创新的演化机理，强调激发因子、强动力等在原始性创新中的重要作用。郑燕等（2007）建立了由创新惯例、创新行为和市场选择三维坐标系构成的企业技术创新演化分析框架，并提出了相应的创新策略选择方案。

第三类研究侧重于技术创新能力的演化。例如，陈权宝和聂锐（2005）利用全局主成分分析（GPCA）方法对由国有企业构成的五个具体产业的技术创新综合能力、技术创新基础能力、技术创新转换能力和技术创新赢利能力的动态发展状态和轨迹进行了综合分析。周珊珊（2006）总结了发展中国家企业技术创新能力演化的基本规律，分析了实现创新能力阶段演化需要具备的条件，并提出了培育我国企业自主创新能力的建议。

第四类研究主要关注创新集群或种群的演化。例如，刘友金和郭新（2003）运用群落学思想探讨了集群式创新形成与演化的一般过程，提出了集群式创新形成与演化的集群生命周期（cluster life cycle，CLC）模型，并分析了集群式创新形成与演化的内部条件和外部条件。黄鲁成和张红彩（2006）应用生态学的种群理论与分析方法，以通信设备制造业为实例，分析和探讨了技术创新种群行为及行业内不同技术创新种群之间的演化规律。

第五类研究侧重于创新协同的演化。例如，卢新波和陶海青（2003）利用演化经济学的有关理论分析了技术创新刻点平衡（时间上）与局部均衡（空间上）的动力学原因，并根据不同性质的技术对这两者的协同演化进行了分析和例证。许庆瑞和谢章澍（2004）从理论和实证角度分析了企业创新协同，提出创新协同的技术创新主导型、制度创新主导型、技术创新与制度创新共同主导型等三种模式，并构建了相应的创新协同演化模型。

三、我国及东北地区制造业自主创新研究概述

1. 我国制造业自主创新的研究

我国是制造业大国，制造业在国民经济中的地位毋庸置疑。自主创新对制造业发展的重要作用已被国家、企业和学者广泛关注。近年来关于制造业自主创新方面的研究多集中于装备制造业，主要可以分为三类。

第一类研究集中在装备制造业自主创新现状分析方面。例如，尤建新（2002）经研究认为，我国装备制造业社会经济贡献力较低，而造成这一结果的主要原因是装备类企业的赢利能力和技术创新能力较差。朱森第（2006）分析了我国装备制造业自主创新能力的现状，指出了装备制造业提高自主创新能力的着力点和需要处理好的几个重要关系。王章豹和吴庆庆（2006）总结了我国装备制造业产业"空心化"的表现，从五大视角提出了解决问题的有效路径与措施。张保胜（2007）根据中国经济景气监测中心提出的评价指标分析了我国装备制造业自主创新能力，并据此提出相关的政策建议。成元君和赵玉川（2007）经调查发现，我国制造业企业自主创新开展存在着经济因素、知识因素、市场体制机制、社会环境等四方面因素的阻碍，并且各阻碍因素的实际影响程度与人们的主观评价之间存在差距。

第二类研究集中在与创新相关的装备制造业竞争力分析方面。例如，崔万田（2005）对装备制造业的三大基地——东北地区、长江三角洲（长三角）、珠江三角洲（珠三角）的竞争力进行了对比分析，指出我国装备制造业发展的根本出路在于创新，制度创新和技术创新缺一不可。李相银和韩建安（2003）从市场影响力等四个方面对各地区装备制造业的竞争力进行了比较，发现我国装备制造业的发展呈区域性分布，而且区域内部的发展也不均衡。王玉和孙慧（2004）则将产业竞争力分解为产业规模因子、资本技术密集度因子和获利因子，指出了装备制造业竞争力的非均衡性。徐静霞（2006）从技术水平、科研产业化水平等六个方面对我国装备制造业的核心竞争力进行了研究。吴晓波和黄娟（2007）从外国直接投资（FDI）和技术体制关系的视角，分析了我国制造业实现技术追赶、竞争力提升的途径。

第三类研究侧重于装备制造业自主创新战略和政策建议方面。例如，方宪法等（2007）确定了农业装备制造业自主创新的总体战略，指出了战略实施的重点领域，并从多方面提出了相应的政策建议。李素英和李庆满（2006）认为我国装备制造业自主创新能力离不开标准化，必须推进标准系统的有序化，加强先进制造技术标准化建设，制定并实施行业技术标准战略。叶甜春（2006）对中国集成电路装备制造业自主创新战略的目标及重点进行了论述。此外，张米尔、郭斌、

彭中文、赵惠芳、石小敏、陈志、赵德海、陆燕荪、刘友梅、范卿泽等也进行了卓有成效的相关研究。

2. 东北地区制造业自主创新的研究

党的"十六大"提出实施振兴东北老工业基地战略以来，制造业的发展不仅成为"十一五"期间东北地区工作的重点，而且也备受学术界的关注。近年来，学者们针对东北地区制造业自主创新活动开展了一系列研究，他们从分析东北地区各省装备制造业发展现状或自主创新现状入手，遵循提出问题—分析问题—解决问题的研究思路，探讨了自主创新对东北地区制造业发展的重要作用，并对如何更好地开展自主创新活动提出了建议。关于东北地区制造业的自主创新研究，主要可以分为三类。

第一类研究关注东北地区制造业的技术创新战略和模式。例如，黄鲁成等（2004）指出制造业创新是振兴东北老工业基地的关键，并提出东北地区制造业创新的战略目标和战略举措。阎质杰（2005）从构建技术创新协同体系、完善技术创新支撑服务体系、增强企业技术创新能力等三个方面提出了东北老工业基地实施技术创新战略的对策。牟淳煦（2007）对东北地区制造业技术创新的战略模式和组织模式进行了选择，并提出了实施技术创新战略模式和战略重点的对策建议。宋晓洪和孙东生（2006）通过对长三角、珠三角制造业技术创新模式的分析，结合东北地区的实际，提出了东北地区制造业技术创新的模式。

第二类研究侧重于东北地区制造业的技术创新现状和问题。例如，李萍和宋加升（2003）针对黑龙江省制造业技术创新水平较低的现状，对制造业技术创新进程中存在的主要问题及制约因素进行了分析。侯卉等（2007）从东北地区装备制造业发展历程出发，分析其自主创新的现状及存在的问题，并探讨了东北地区装备制造业自主创新的发展策略。刘春芝和聂颖（2006）对辽宁省装备制造业的R&D投入强度、创新动力及合作趋向等技术创新指标进行了调查和统计分析，总结了辽宁省装备制造业技术创新的现状及存在的问题。

第三类研究侧重于东北地区制造业技术创新的对策研究。例如，宁连举和郑文范（2005）分析了东北地区装备制造业的现状和问题，提出了依靠自主创新促进东北地区装备制造业发展的对策。张全刚（2006）对黑龙江省装备制造业自主创新现状进行了深入分析，提出了自主创新的实现路径。刘军和马亚静（2006）通过对辽宁省装备制造业创新能力的考察，提出了提高装备制造业自主创新能力的三方面建议。高寒峰等（2007）从东北地区制造业的概念和特点出发对区域创新理论进行研究，把东北制造和区域一体化创新结合起来，构建了东北地区制造业区域一体化创新体系。

综上所述，我们认为：①越来越多的研究者已认识到创新动力是促进创新活动开展的关键要素，创新动力机制也开始受到学者们的关注；②关于企业创新动力的构成要素、种类、作用、数学表达等方面的研究已取得丰硕的成果；③关于创新动力系统、创新模式演化、创新过程演化等方面的研究取得了一定的进展；④关于我国、东北地区制造业自主创新的现状、发展战略和对策等方面的研究也已受到学者们的充分重视。

总体而言，已有研究存在以下六个方面的问题：①现有的创新动力研究大多集中于企业层面，对产业层面的创新动力鲜有提及；②自主创新活动具有其他技术创新活动所不具备的特性，因此自主创新动力也有自身的内涵、特点和作用规律，而已有成果较少对自主创新动力进行专门研究；③在制造业的自主创新现状、能力、对策被学者们广泛关注的同时，对制造业自主创新动力的研究却较为罕见；④产业自主创新动力之间的作用是一个复杂过程，但现有研究大都停留在对创新动力的静态分析上，而对创新动力要素的相互作用和自组织的动态过程鲜有研究；⑤已有研究较少涉及动力机制的影响因素，对动力机制的不同模式及演化机理也少有研究；⑥目前关于创新动力的研究成果基于文献归纳的居多，缺乏结合典型案例和针对特殊地域进行的理论分析和实证研究。

第三节 东北地区制造业产业自主创新动力系统概述

系统论认为，任何事物都以系统的形式存在，都可以用系统的方法来研究（钱学森，1982）。因此，东北地区制造业产业自主创新动力也不例外。基于这一观点，考虑到动力要素之间的相互作用、动力要素与其他因素之间的相互影响，本章将从系统的角度对东北地区制造业产业自主创新动力进行分析及论述。

一、产业自主创新动力系统的基本理论

1. 产业自主创新动力的含义

在《现代汉语词典》中，"动力"有两种含义：一是使机械做功的各种作用力，二是比喻推动事业前进的力量。现实生活中，任何一项经济活动都是行为主体在一定的动力作用支配下开展的，创新活动亦是如此（孙冰，2003）。动力是产业自主创新活动开展的源泉，决定着产业自主创新的速度和规模。

近年来，国内学者对创新动力的研究刚刚起步，相关的概念性研究较少，部分代表性成果如下。

孙冰（2003）认为，所谓技术创新动力，是指创新主体受到外在的和自身的激励与压力，产生创新欲望和要求，进行创新活动的一系列约束条件。同时还指

出，技术创新动力的内涵如下：①与自然科学中力的作用特点相似，技术创新动力也存在施力方和受力方，其中，施力方是指创新主体内外促进企业进行技术创新活动的各种动力因素，而受力方则是指技术创新的主体；②无论各种动力作用来自于创新主体的内部还是外部，也无论创新主体处于主动还是被动地位，只要它们能使创新主体产生创新的欲望和要求，促进创新主体进行技术创新活动，就可以被看做技术创新动力。郑浩然（2007）提出，技术创新动力是指推动企业进行技术创新的某种力量或各种力量的集合。张哲（2009）认为产业集群创新动力主要由内部动力和外部动力构成，其中，产业集群创新的内部动力是存在于集群内部的动力因素，是集群创新活动的内在动力；产业集群创新的外部动力是存在于企业外部的动力因素，通过诱导、刺激、驱动等方式，对集群的创新产生推动作用。

基于以上学者的研究，本书认为，产业自主创新动力是指激发产业自主创新活动进行的直接因素和促使产业自主创新活动持续的主要推动力量。这一定义意味着，产业自主创新动力实际上由两部分构成：一是外在的或自主创新主体自身的动力，直接导致产业自主创新活动的发生，可称其为激发动力；二是产业自主创新活动发生后，作为进一步推动自主创新活动持续进行的动力，可称其为维持动力。基于以上分析可知，产业自主创新动力内涵如下。

（1）无论各种动力来自产业自主创新主体的内部还是外部，只要能使该产业的创新主体产生开展自主创新活动的欲望和要求，进而促进产业自主创新活动，就可以被看做产业自主创新的动力。

（2）对于产业自主创新活动而言，仅仅依靠激发动力来启动创新是不够的，要想成功实现整个创新过程，还要依靠一系列维持动力来保障创新持续。也就是说，产业自主创新只有在激发动力和维持动力的双重作用下才能够顺利展开。

2. 产业自主创新动力系统的概念

1）系统的定义

系统这个词来源于古希腊语，有"共同"和"给以位置"的含义（孙冰，2003）。《韦伯新世界词典》（*Webster's New World Dictionary*）解释："系统是相互关系、相互联系而形成一个统一体或一个组织整体的事物的集合分布（System is a set arrangement of things so connected as to form a unity or organic whole）（Klir，2001）。"

国外不同的学派强调了系统定义的不同方面，并给出了不同的解释。

实在论学派强调系统定义的"事物"（things）方面，强调系统是物质系统，由相互联系的物质客体组成。Bunge（1981）认为，任意物质的客体或者是一个系统，或者是系统的一个组成部分，不但物理和化学是物质的，有机体和社会系统也是物质的。Hall 和 Fagan（1956）则认为，一个系统是客体与客体之间相互关系的集合。

反实在论学派强调系统是由人们构建与"安排"（arrangement）的。Ashby（1957）认为："系统并不是指一件东西，而是举出一批变量，这批变量是可以改变的，实验者最起码的工作就是改动这一批变量系统……这件事归根到底还得由我们自己来决定。"Gaines（1979）则给出了一个最典型的建构主义系统定义：系统就是那些我们想识别其为系统的东西，我们不能期望发现一个系统，是我们创造和构建了一个系统，同样的经验可以构建出许多不同的系统。

形式主义学派则特别注意用形式的方法、数学的方法来定义系统。他们只关心系统的符号形式，不关心其内容。他们提出了系统的一个很好的定义（Mesarovic，1964）：设 T 为元素 x_1，x_2，$\cdots$，x_n 诸集的族，即

$$T = \{x_1,\ x_2,\ \cdots,\ x_n\}$$

而它们的笛卡儿积 R 为

$$R = x_1 \times x_2 \times \cdots \times x_n = \times^n x_i$$

则系统 S 定义为 $S = (T,\ R)$。

撇开客观性还是主观性、实在论还是反实在论、形式主义还是建构主义这些问题不谈，从系统的常识概念来看，也从系统科学最新的发展来看，以上这些定义至少有三个共同特征（颜泽贤等，2006）。

（1）系统中存在着能相互区别的实体（entities），叫做元素（或要素）。

（2）元素（或要素）之间存在着某种关系或关系的网络。

（3）这些关系对产生一个与周围环境区别开来的新的组织整体（organized whole）、新的系统分析层次是充分的。

从以上要点出发，本书在讨论一般问题时，大多采用系统论创始人贝塔朗菲的定义，他将系统定义如下：处于相互关系中并与环境相互联系（从而形成组织整体）的元素的集合，任何元素，只要它们处于某种相互联系中，并形成组织整体，就构成一个系统。本书也采用这一定义。

2）产业自主创新动力系统的概念

查询国内外文献后发现，部分学者对企业技术创新动力系统、自主创新动力系统、组织创新动力系统等进行了概念的界定。

陈晓阳（2002）认为在企业进行技术创新活动的过程中，来自于企业内部和外部的各种力量共同推动着企业技术创新活动的进行，这些相互影响、交互作用的因素组成了企业技术创新的动力系统。孙冰（2003）认为，技术创新动力系统是指由技术创新动力要素相互作用和相互依赖结合而成的具有特定功能的有机整体。高道才等（2007）认为自主创新动力系统是由外围动力、周围动力和内驱动

力三个子系统构成的，其中外围动力是基础，周围动力是保障，内驱动力则是创新活动的灵魂，同时它们之间又相互制约、相互影响、相互推进，共同推动个体积极从事创新活动。郭韬和滕响林（2008）认为，企业组织创新的动力系统是一个多要素、多层次的复杂系统，由企业组织创新的根本动力、内部直接动力、外部动力和企业组织创新的阻力等几部分构成。

综合上述学者的定义，本书认为，产业自主创新动力系统是指由产业自主创新动力要素及其相互之间的作用关系组成，在环境要素的影响下所形成的具有特定功能的有机整体。

二、东北地区制造业的产业总体描述

东北地区是我国建立最早、地位重要的工业基地。其制造业（尤其是装备制造业）基础好、潜力大、门类齐全，拥有一批关系我国经济发展全局的优势产业、行业骨干企业和关键产品，在我国工业化、现代化建设中起着不可替代的作用（表1-2）（王洛林和魏后凯，2005）。

表1-2　2009年东北地区制造业主要经济指标

具体行业	经济指标		
	主营业务收入/亿元	利润总额/亿元	企业数量/家
金属制品业	1 060.29	69.3	2 843
通用设备制造业	3 241.73	166.69	4 194
专用设备制造业	1 679.35	110.63	1 903
交通运输设备制造业	5 479.96	384.48	1 509
电气机械及器材制造业	1 547.65	93.72	1 482
电子及通信设备制造业	704.59	27.8	404
仪器仪表制造业	190.76	14.09	440
合计（以上七个行业）	13 904.33	866.71	12 775
东北地区制造业	25 189.92	1 052.95	18 587
七个行业占东北地区制造业的比重/%	55.20	82.31	68.73

资料来源：王洛林和魏后凯，2005。

从全国来看，东北地区制造业的产业优势集中在重型机械行业、机械基础件制造业、机床行业、电力设备行业、交通运输设备制造业等行业。这些行业拥有一批大型骨干企业和行业排头兵企业，其产品国内外知名、市场占有率较高。

其中，重型机械行业的骨干企业有以生产大型轧机，冶炼、重型锻压设备及大型铸锻件为主的中国第一重型机械集团公司（一重），以生产破碎机、球磨机及大锻件、选矿和运输设备为主的北方重工集团有限公司（简称北方重工集团），以生产冶金机械、起重机械、散料机械为主的大连重工·起重集团有限公司，以及以生产工程机械为主的沈阳风动工具厂有限公司。

电力设备行业的骨干企业主要包括哈尔滨电气集团公司〔简称哈电集团，由原哈尔滨"三大动力厂"（哈尔滨电机厂、哈尔滨锅炉厂、哈尔滨汽轮机厂）、哈尔滨绝缘材料厂、阿城继电器厂组建而成〕、哈尔滨电线电缆厂、沈阳变压器厂、沈阳高压开关及低压开关厂等（王洛林和魏后凯，2005）。

机床行业的骨干企业主要包括沈阳机床股份有限公司（简称沈机股份，由沈阳第一机床厂、沈阳第二机床厂、沈阳第三机床厂和辽宁精密仪器厂组建而成）、齐重数控装备股份有限公司、齐齐哈尔二机床企业集团、哈尔滨量具刃具集团有限责任公司（简称哈量集团）、哈尔滨第一工具制造有限公司、大连机床集团有限责任公司等（王洛林和魏后凯，2005）。

交通运输设备行业中的骨干企业有中国第一汽车集团公司、金杯汽车股份有限公司、哈尔滨航空工业（集团）有限公司等；长春轨道客车股份有限公司、齐齐哈尔轨道交通装备有限责任公司、大连机车车辆有限公司等；大连船舶重工集团有限公司（包括原大连新船重工有限责任公司、大连造船重工有限责任公司）；哈尔滨东安汽车发动机制造有限公司、沈阳飞机工业（集团）有限公司、沈阳黎明航空发动机集团有限责任公司（王洛林和魏后凯，2005）。

机械基础件制造业的骨干企业主要有哈尔滨轴承集团公司、瓦房店轴承股份有限公司、沈阳电机股份有限公司等。

可见，与国内其他地区相比，东北地区制造业（尤其是装备制造业）的骨干企业数量多、规模大，大型企业的比重明显高于全国平均水平，企业规模优势突出（王洛林和魏后凯，2005）。

从区域分布来看，东北地区制造业形成了以齐齐哈尔、哈尔滨、长春、沈阳和大连为聚集点，各具特色、互有分工的装备制造业产业带。齐齐哈尔的重型机械、铁路货运车辆、大型数控机床在全国处于领先地位。哈尔滨是全国著名的装备制造业基地，电站设备、轴承、工量具、农林机械、工程机械、电工仪表、车辆及飞机、坦克等民用和军用产品，在全国占有举足轻重的地位。长春以汽车制造、铁路客车制造、光学仪器制造和大型农业机械为特色。沈阳是著名的装备制造业城市，大中型企业集中、门类齐全、配套能力强，机电产品在全国占有重要地位。大连是我国海洋轮船、机车、轴承、组合机床等产品的重要产地，产量在全国居领先地位（王洛林和魏后凯，2005）。

同时，东北地区也是我国重要的机械装备产品研发、制造基地。东北地区装备制造企业为我国填补了众多的产品空白，创造了若干个全国第一，在重大项目、重点工程建设及进口替代方面做出了突出的贡献，在传统装备制造业中具有较高的市场占有率，一些产品，如重型机械、船舶、军事装备、飞机、数控机床、铁路运输车辆等产品的市场占有率达30%以上（表1-3），具有其他地区无法替代、不可比拟的优势。

表1-3　东北三省装备制造业的主要产品及市场占有率

省份	主要工业产品	国内市场占有率
辽宁省	高压输变电设备，履带推土机、挖掘机，大型矿选设备，精整剪切设备，大型炼焦、冶金车辆、方坯连铸等冶金设备，各种起重机，大型斗轮挖掘机，高强度长距离皮带机、相塑机械、炼化设备，特大和大中型轴承，精密、数控机床，组合机床，电机电器电材，各种风机、工业泵、压缩机，铁道机械车辆，各种大型船舶飞机等	• 轴承系列国内市场占有率为15%左右，其中铁路轴承为26%，汽车轴承为29%，冶金矿山轴承为21% • 轻型客车、车用柴油发动机系列产品市场占有率分别为24%和21.6% • 中央空调和冷冻冷藏系列国内市场占有率为30%以上 • 铁路内燃机车，累计总产量占全国总拥有量的40%以上，内燃机车中速柴油机国内市场占有率为50% • 数控机床国内市场占有率为10.6%，组合机为35.5%，自动线占70% • 航空发动机市场占有率为60%
吉林省	大、中、轻型汽车及轿车，铁路客车，拖拉机，联合收割机，铁道客车，光学仪器，汽车轴承等	• 铁路客车市场占有率为50% • 城轨客车市场占有率为85%
黑龙江省	以大型型材、板材轧机为主的冶金设备，中型锻压设备，大型铸锻件，60万千瓦、30万千瓦火电发电机设备及大型水力发电设备，电站自控设备，电线电缆，防爆电机，中小型及微型精密轴承，精密量仪量具，重型机床、联合收割机，铁路大型货车，微型汽车及飞机等	• 冶金设备市场占有率为44.7% • 锻压机械设备（大型）市场占有率为35% • 矿山设备（23M3以上）市场占有率为100% • 石化容器（锻焊结构）市场占有率为95% • 大型铸锻件市场占有率为40% • 工矿配件市场占有率为25% • 专项产品市场占有率为100% • 60万千瓦、30万千瓦发电设备的市场占有率为30% • 铁路货车市场占有率为33%

资料来源：王洛林和魏后凯，2005。

三、东北地区制造业产业自主创新的发展概况

东北地区是我国最早的工业基地。"一五"期间，全国共开展了156个重点建设项目。东北地区作为重点建设区域，拥有的重点建设项目数达56个，占全部项目投资总额的37.3%。正因如此，东北地区制造业的自主创新工作也起步较早，并涌现出一系列重大创新成果，如1957年，鞍钢第二初轧厂成功研制出我国第一台1150毫米初轧机；1958年，哈尔滨新生开关厂率先成功研制中国第一只晶体管，并成功试制了中国第一台全部使用国产元器件的半导体收音机；大庆油

田自主研发出聚合物驱油技术等一整套科研成果，保证了油田长期稳产 5500 万吨，当时创下世界之最。此后，等离子水下切割技术、机器人系列、船舰微机系统、500 瓦旋转开关准分子激光器、大直径测量仪、高频地波超视距雷达等研发成果，也都走在全国前列。不可否认，国家在东北地区投资建设的一大批装备制造企业曾经为新中国的经济发展与工业化进程的推进发挥了不可替代的作用。但是，改革开放之后，这些企业由于设备陈旧、技术落后、历史包袱沉重，以及经营管理体制不适应新的市场环境等，生产经营一度陷入困境，企业生存遇到严重威胁，自主创新力度也因此减弱。"九五"（1996～2000 年）和"十五"（2001～2005 年）时期，借助于国家出台的《国务院关于加快振兴装备制造业的若干意见》和实施振兴东北老工业基地的政策，这些大型国有装备制造企业经过技术改造和企业改制开始逐渐走出困境，其技术创新活动也得以促进和发展，东北地区制造业的技术水平又一次得到了较大的提升。

根据科学技术部（科技部）每年发布的对全国及各地区科技进步统计监测的结果（表 1-4），2009 年，全国的综合科技进步水平指数为 56.99%。在六大区域中，东北地区的科技发展水平处于中下游，其综合科技进步水平指数仅为 49.53%，与全国水平相比，指数值低了 7.46%，落后幅度为 13.09%；而与科技发达的长江三角洲地区相比，差距则更加明显，指数值相差 15.51%，落后幅度达 23.85%。

表 1-4 东北地区科技发展水平与其他地区比较

地区	综合科技进步水平指数/%	包含省（自治区、直辖市）
全国	56.99	31 个省（自治区、直辖市）
东北地区	49.53	辽宁、吉林、黑龙江
环渤海地区	60.73	北京、天津、河北、山东
长江三角洲地区	65.04	上海、江苏、浙江
珠江三角洲地区	51.62	广东、福建、海南
中部地区	42.15	湖北、湖南、安徽、河南、江西、山西
西部地区	39.79	陕西、四川、重庆、新疆、桂林、云南、内蒙古、甘肃、贵州、宁夏、青海、西藏

资料来源：根据《2009 年全国及各地区科技进步统计监测结果》计算整理得出。

从各省（自治区、直辖市）的科技发展排名来看（表 1-5），东北地区的辽宁、黑龙江、吉林三省的综合科技进步水平指数分别为 57.97%、45.41% 和 45.21%，在 31 个省（自治区、直辖市）中分别排在第 6 位、第 13 位、第 14 位。这些数据表明，目前东北地区的科技发展不仅在整体上尚未达到全国平均水平，而且在东北地区内部，三省的科技发展水平也有较大差异，具体表现为辽宁较强，黑龙江和吉林则相对较弱。

表1-5 各省（自治区、直辖市）综合科技进步水平指数

排序	地区	综合科技进步水平指数/%	排序	地区	综合科技进步水平指数/%
1	上海	78.80	17	新疆	42.32
2	北京	77.56	18	河北	42.15
3	天津	72.54	19	宁夏	41.97
4	广东	66.03	20	山西	41.94
5	江苏	59.90	21	内蒙古	40.34
6	辽宁	57.97	22	甘肃	40.17
7	浙江	56.42	23	安徽	39.35
8	陕西	52.93	24	青海	39.15
9	湖北	51.49	25	海南	38.45
10	山东	50.67	26	河南	38.20
11	福建	50.39	27	江西	37.68
12	重庆	50.00	28	广西	34.36
13	黑龙江	45.41	29	云南	33.83
14	吉林	45.21	30	贵州	32.48
15	湖南	44.22	31	西藏	27.38
16	四川	42.47			

资料来源：根据《2009年全国及各地区科技进步统计监测结果》计算整理。

1. 东北地区制造业产业自主创新的优势

东北地区是我国重要的工业基地，其制造业产业自主创新活动有着自己独特的优势。

1）发展基础雄厚，基础设施优势显著

东北地区是我国制造业（尤其是装备制造业）的发源地。改革开放前，国家把东北地区作为全国经济发展的重点地区之一，进行了较大规模的投入和建设。东北地区形成了设施完善、门类齐全、配套能力强的产业基础，拥有一批行业骨干企业和优良的产业工人队伍，打造了一批拥有完善的研发、制造和营销网络的行业龙头企业，具备了重点工程的承担能力和重大装备的制造能力、成套能力。同时，东北三省借助早期的工业发展和国家支持，沉淀了优秀的科技资源，积累了较为雄厚的研发力量（高寒峰，2008）。因此，目前东北地区制造业的产业自主创新活动并不是在一张白纸上画蓝图，而是在已有基础上再创辉煌。

另外，良好的基础设施是东北地区制造业产业创新和发展的一个重要条件。东北地区是中国的老工业基地，交通十分发达，已经形成了铁路、公路、水路、航空和管道运输相结合的运输网络。近年来，东北地区的交通通信设施也得到很大改善，长途传输设备、局用交换设备均实现数字化、程控化，各地市的传输网络基本建成。日益完善的基础设施为东北地区制造业的产业发展和自主创新提供了有利条件。

2）市场竞争能力增强，面临市场需求拉动和政策支持双重机遇

我国经济发展正处在产业结构调整和技术升级的关键时期。产业结构调整和技术升级必然会引致新一轮设备更新，新一轮设备更新则会引致国内外对装备制造业的巨大需求，并对装备制造业的技术改造和升级提出更高的要求。东北地区装备制造业自主创新的发展正面临着市场需求快速扩张和政策支持的双重机遇（高寒峰，2008）。

为解决东北老工业基地在发展和改革中不断加深的体制性、结构性和阶段性矛盾，政府制定并采取了一系列政策措施，包括实施债转股、加大技术改造力度、实施政策性破产、进行社会保障制度改革和实行消费性增值税试点等（高寒峰，2008）。这些政策有效地推动了东北地区大中型国有企业实施体制改革和技术改造的进程，改善了东北地区制造业自主创新的内外部环境，促使东北地区形成了一批规模较大、创新性较强、具有核心竞争力的制造业企业。

2. 东北地区制造业产业自主创新存在的问题

尽管东北地区制造业产业自主创新活动有着自己独特的优势，但是同时也存在着很多问题。

1）核心技术和关键设备对国外依赖程度较高，自主研发较少

虽然引进的国外先进设备帮助东北地区制造业提高了产业技术水平，但不可否认的是，东北地区制造业在产业技术引进的过程中，把主要的资金、精力均用在了硬件设备和生产线的进口方面，却忽视了与这些先进设备相关的独有技术、专利技术和人才的引进，导致技术引进后的二次创新一直难以实现。加之一些技术引进项目在决策时过于短视，致使不少大中型制造企业的技术能力陷入"引进—落后—再引进—再落后"的恶性循环之中（高寒峰，2008），最终导致整个东北地区制造业的技术需求和 R&D 能力受到严重削弱甚至被扼杀。

东北地区制造业（尤其是装备制造业）在半个多世纪的发展中，曾多次试图摆脱技术引进和模仿创新的路径，形成具有自主知识产权的技术体系，但是，这种努力一直面临挑战。许多在国民经济中发挥重要作用的产业及主导产品的设计、生产至今仍未能建立在自主知识产权的基础上；一些已经形成一定国际竞争力的产业或产品，还需依靠外国技术和装备进行生产，对国外技术具有很强的依赖性，特别是产业的核心技术和领先技术一般仍由国外公司控制。例如，长春汽车零部件企业虽然在转向传动系统、制动系统、发动机零部件系统、热力交换系统等方面形成了制造能力，但在技术上仍受国外汽车零部件供应商的控制；长春轨道客车制造企业对国外技术的依赖比较强，尤其在系统集成、高速转向架等核心技术领域均未形成自己的创新能力。可见，东北地区制造业的研发、制造能力与其所处的战略地位极不相称。只有尽快改变这种局面，才能应对经济全球化背

景下国家间竞争日益加剧的挑战。

　　2）企业研发的投入严重不足，创新活动难以持续

　　从全国的情况来看，企业的研发经费主要靠企业筹集，政府投入非常有限，东北地区亦是如此。另外，由于东北地区的多数制造业企业社会负担沉重，自身积累能力弱，银行负债率高，难以得到金融机构的支持，所以改造和技术创新的投入严重不足。国际上一般认为，技术研发资金占销售额1%的企业很难生存，占2%的可以维持，占5%的才有竞争力，而东北地区的这一比重仅为0.6%左右。

　　东北地区制造业企业除了用于自主创新的投入比重较低外，在创新投入的结构方面也与沿海发达省市有较大区别。由于研发投入渠道单一、总量少，研发方向和重点缺乏国家宏观引导和资金保障，东北地区制造业企业的研发重点大多停留在解决短期技术问题上，很少有企业从事共性技术和关键技术的研发。同时，东北地区制造业虽然曾经拥有比较雄厚的研发力量，但产业开放程度不断扩大，人才、技术、市场方面的竞争日趋激烈，制造业企业难以维持技术水平较高、成员相对稳定的研发队伍，这导致企业乃至整个产业长期积累起来的技术能力难以转化为持续创新能力。

　　3）自主创新的动力机制尚未健全，创新动力缺乏

　　由于在东北地区制造业中国有企业所占的比重较大，加上受计划经济的惯性推动，相当一部分企业无论从内部还是外部来看都缺乏自主创新的动力，创新主体地位难以确立。从企业内部看，东北地区制造企业的法人治理结构存在严重缺陷，制度再造缓慢，产权界定模糊，企业经营者重速度轻效益，不愿着力向内挖潜、改造和创新。从企业外部看，东北地区政企不分的情况没有得到根本改善，地方政府没有很好地将计划体制下的直接介入式管理转化为市场经济条件下的宏观调控服务，企业没有充分的决策权，以致东北地区制造业产业创新的自主性大受影响。

第四节　东北地区制造业产业自主创新动力要素的识别

　　根据前文所述，产业自主创新动力系统是由产业自主创新动力要素形成的有机整体。因此，要明确东北地区制造业产业自主创新动力系统的结构，就必须对其基本构成因素——产业自主创新动力要素进行识别。

一、东北地区制造业产业自主创新的利益主体

　　东北地区制造业产业自主创新的利益主体是指参与或支持产业自主创新活

动，并在自主创新活动过程中，发挥着主要推动作用的社会组织或社会角色。具体而言，它是东北地区制造业产业自主创新活动的研发主体、投资主体、实施主体、风险主体等的综合。由于历史沿革、产业关联等因素，东北地区制造业产业自主创新的利益主体构成非常复杂，是一种多元的利益主体组合，这些利益主体主要包括相互关联的制造业企业、政府、产业链用户、高校及科研机构、金融机构和科技中介机构等。它们同时也是东北地区制造业产业自主创新动力产生的根源。

1. 制造业企业

任何形式的产业自主创新都必须要通过企业来实现其最终价值，因此，从经济意义上来看，在任何自主创新活动中，企业都将是主体。东北地区制造业是由诸多生产经营范围相同或相似的企业所组成的，因此，企业是东北地区制造业产业自主创新活动中最重要的主体，具有对产业自主创新进行投资、实施并将创新技术商业化的功能。当然，企业进行自主创新并非意味着企业要独立来完成研发、中试、生产以及市场化的全过程，它可以借助外部的力量和资源，通过开放性的技术引进和合作方式来实现其产品或工艺的创新、组织与管理的进步、市场扩大与利润的增加。

正如前文所述，制造业是大工业的主体，其产业结构复杂，行业门类众多，产业链较之农业、服务业要长得多，因而东北地区制造业上下游企业之间的关系也更加错综复杂。东北地区制造业企业一方面通过自主创新等行为与其他企业进行竞争；另一方面也通过模仿、引进等方式，加快技术的更新换代，并通过上下游企业的关联和循环影响，进而推动整个东北地区制造业产业自主创新水平的提高。

2. 政府

政府之所以能成为东北地区制造业产业自主创新的利益主体，是由制造业的产业特点和东北地区特定的历史原因决定的。首先，制造业的产业共性技术具有一定的"公共品"属性，具有较大的"外溢性"，单个企业一般不会主动开展其研发任务，此时政府就会作为自主创新主体领导和指引该领域的创新，成为东北地区制造业产业自主创新活动的直接参与者。其次，东北地区制造业是在计划经济体制时期诞生和发展起来的，由于历史的因素，制造业中很多国有企业与政府之间仍然存在着很强的依赖关系和合作关系，其自主创新活动仍离不开政府的支持和参与。可见，政府作为东北地区制造业产业自主创新的引导者和维护者，在国有企业的自主创新、技术引进、技术改造等活动中起着很重要的作用。政府行为对东北地区制造业产业自主创新来说，不仅仅是"看得见的手"，而且是最重要的直接保障之一。

3. 产业链用户

尽管计划经济时期遗留下来的"等、靠、要"思想还存在于东北地区制造业的产业内部，但是随着市场经济的不断发展，用户在市场中的地位和作用越来越重要，东北地区制造业的产业自主创新活动也越来越取决于产业链内用户的需求，甚至在某些产业中，产业链用户已经成为产业自主创新活动的直接参与者。例如，东北地区制造业中许多行业都是主机企业与零部件企业共生的状态，主机的技术要求决定了零部件的自主创新方向，与此同时，零部件的技术发展状况又影响和制约着主机的创新发展。因此，产业链用户是东北地区制造业产业自主创新重要的利益主体，产业链用户需求是东北地区制造业产业自主创新活动的基本起点，也是激发东北地区制造业产业自主创新的重要动力源泉。

4. 高校及科研机构

高校是东北地区制造业产业自主创新活动的智力资源提供者和利益分享者。一方面，高校履行着为制造业企业输送各类技术和管理人才的职责，承担着技术研发和知识传播的任务；另一方面，东北地区制造业产业自主创新水平的提高和产业实力的提升也为高校的科研合作和人才培养提供了新的契机和空间。东北地区有吉林大学、哈尔滨工业大学、大连理工大学、东北大学、哈尔滨工程大学、东北师范大学、东北财经大学等多所著名的高等学府，它们不仅通过教育培训帮助东北地区制造业提高创新人才的素质和水平，而且通过科研合作帮助制造业企业提升核心技术能力。以汽车产业为例，东北地区目前开设汽车专业的高校主要有吉林大学、哈尔滨工业大学、长春汽车工业高等专科学校，这些高校是国内重要的汽车人才培育基地，每年为汽车产业输送各类专业技术人才近万名（表1-6），有力地促进了东北地区汽车制造业的产业自主创新活动。当然，汽车产业的飞速发展也使这些高校受益匪浅。

表1-6　2009年东北地区部分院校汽车专业教育情况　　　单位：人

院校（系、专业）名称	博士研究生			硕士研究生			本科生			专科生		
	招生	毕业	在校	招生	毕业	在校	招生	毕业	在校	招生	毕业	在校
吉林大学汽车工程学院	48	37	215	164	168	321	455	509	1856	0	0	0
长春汽车工业高等专科学校	0	0	0	0	0	0	0	0	0	1765	1639	5304
哈尔滨工业大学汽车工程学院	2	0	2	26	34	56	377	322	1282	0	0	0

资料来源：根据《中国汽车工业年鉴2010》得出。

与高校侧重于人才培养和知识传播的功能不同，科研机构的主要职能在于通过研发高、精、尖的新产品和新技术为东北地区制造业企业自主创新活动提供知识和技术支持，从而推动产业自主创新。因此，在与制造业企业的创新合作中，科研机构的重点工作在于突出专业领域的技术优势，攻克重点技术和关键技术难关，从而在专业核心技术层面参与和推动制造业的产业自主创新。例如，长春汽车工艺装备设计研究所是汽车产业唯一的工艺装备设计研究机构，它擅长将SHAPE模块熟练地应用到白车身及工装各种复杂曲面的生成、延展和缝合等方面，每年都有多项相关的新技术产生，并已在中国第一汽车集团公司（简称一汽集团）等汽车制造企业大量推广应用，实现了产研共赢。又如，机械工业第九设计研究院发挥自身专业优势，开发出三维设计技术、三维管线碰撞检查技术、三维生产线模拟及物流模拟技术等，通过项目的推广应用，不仅为汽车制造企业提供了技术支持，促进了汽车制造业的自主创新，而且实现了自身技术水平和经济效益的提高。

5. 金融机构

世界各国的经验表明，良好的资本市场和金融环境是实现科学技术蓬勃发展、产业创新能力大幅提高的基础和保障。因此，金融机构在东北地区制造业产业自主创新活动中起着重要作用，是后者的主要资金来源之一，它有力地支撑着东北地区制造业高新技术的商品化、产业化和国际化发展。

作为政府的开发性金融机构，国家开发银行自2005年开始强化在长期融资领域主力银行的作用，加大推动产业自主创新的力度。通过加强信用建设，大力支持基础产业、支柱产业的自主创新项目建设。在东北地区，国家开发银行重点支持的制造业产业主要包括装备制造业、船舶制造业、汽车制造业等。在国家开发银行的资金支持下，沈机股份、北方重工集团、沈阳鼓风机集团有限公司（简称沈鼓集团）等一大批产业内龙头企业的自主创新能力迅速增强，东北地区制造业的产业自主创新水平也因此得到带动和提升。目前，国家开发银行的科技贷款（包括重大科技项目贷款、产学研贷款等）已经成为东北地区制造业自主创新与科技发展的重要资金来源。这一贷款项目在促进东北地区制造业成功自主创新的同时，也为国家开发银行带来了丰厚的回报。

6. 科技中介机构

科技中介机构是指为科技创新主体提供社会化、专业化服务以支持和促进创新活动的组织（谭玉洪等，2006）。科技中介机构是国家和区域创新体系的重要组成部分，是各类创新主体的黏合剂和创新活动的催化剂，它面向社会开展技术扩散、成果转化、科技评估、创新资源配置、创新决策和管理咨询等专业化服务，对创新主体与市场之间的知识流动和技术转移发挥着关键性的促进作用，能够帮助创新主体有效降低创新成本、化解创新风险、加快科技成果转化、提高整体创新功效。

东北地区的科技中介机构是伴随着制造业的自主创新活动而产生和发展起来的，从功能上大体可划分为三类：一是直接参与创新主体技术创新过程的机构，包括生产力促进中心、创业服务中心、工程技术研究中心等；二是主要利用技术、管理和市场等方面的知识为创新主体提供咨询服务的机构，包括科技评估中心、科技招投标机构、情报信息中心、知识产权事务中心和各类科技咨询机构等；三是主要为科技资源有效流动、合理配置提供服务的机构，包括技术市场、人才中介市场、科技条件市场、技术产权交易机构等（谭玉洪等，2006）。

《2009年全国生产力促进中心统计报告》显示，东北三省共有生产力促进中心217家，占全国总量的12.12%，是生产力促进中心分布比较集中的地区。其中，拥有国家级示范生产力促进中心31家，占全国的14.29%，高于全国11.56%的平均水平；省级工程技术研究中心168家，占全国的11.86%。并且，东北三省共有16家生产力促进中心入选"保持国家级示范生产力促进中心资格名单"；同时，东北地区的政府相关部门还与48家技术中介机构合作成立了东北技术转移联盟，联手打造了东北地区技术转移联盟信息服务平台（表1-7）。作为技术信息的传播者和扩散者，生产力促进中心、技术产权交易机构等科技中介机构通过为东北地区的制造业企业传递自主创新的相关信息，提供预测、咨询、评价等服务，扩大了自身的生存和发展空间，也加速了创新资源的优化和技术成果的转化。可见，科技中介机构在东北地区制造业的产业自主创新活动中也是一个非常重要的参与者和利益主体。

表1-7　东北地区生产力促进中心分布

项　　目		区域内中心数量	辖区内示范中心数量	示范中心所占比重/%
东北地区	辽宁	62	16	25.8
	吉林	42	4	9.52
	黑龙江	113	11	9.73
	小计	217	31	14.29
全国总计		1 791	207	11.56
东北地区占全国比重/%		12.12	14.97	

资料来源：根据《2009年全国生产力促进中心统计报告》得出。

二、东北地区制造业产业自主创新的动力要素

根据本章第三节的描述，产业自主创新动力是指激发产业自主创新活动进行的直接引致因素和促使产业自主创新活动持续的主要推动力量。对于东北地区制造业来说，产业自主创新动力的产生离不开产业自主创新的利益主体，因此，从利益主体的角度分析东北地区制造业产业自主创新活动的相关驱动因素，是产业

自主创新动力要素选取的有效途径。

1. 企业家创新特质影响力

对于企业来说，其自主创新行为就是"新组合的实现"，企业家就是"实现新组合的人"。企业家们的行动来源于对垄断利润或超额利润的追逐，以及超乎利润观的、出于事业心的"企业家精神"，其目标或最终成果就是实现新组合，即"自主创新"（丁栋虹，2004）。产业是由企业组成的，一个产业内的企业家通常会有一些共同的特质。以世界汽车产业发展为例，亨利·福特、卡尔·本茨、丰田佐吉、本田宗一郎都是热衷于创新的企业家。可见，由企业家的精神、个性、气质凝集而成的企业家创新特质是所在产业自主创新成功的最关键而不可复制的因素。追溯世界工业发展史，一个国家产业的崛起，其本质是一种新的生产要素联结模式的诞生，而企业家创新特质则是这些生产要素的重要"黏合剂"。

东北地区制造业的企业家创新特质同样也影响着整个产业的自主创新活动。在计划经济时期，由于国有企业所占比重较大，东北地区制造业企业的生存和发展主要依靠国家给项目、给资金、给政策，所以，不少企业管理者存在思想保守的倾向，缺乏甚至根本谈不上自主创新精神，管理者的这一特质阻碍了东北地区制造业的产业自主创新活动和跨行业、跨地区的技术交流。随着改革开放的深入和国有企业改制的成功，东北地区制造业企业的外部环境和经营机制逐步转变，东北地区随之涌现出一批具有自主创新精神的企业家，如哈量集团的魏华亮、沈机股份的陈惠仁、大连机床集团有限责任公司（简称大连机床集团）的董庆富等。时代赋予了新一代企业家艰难的历史使命，同时也为他们提供了建功立业的大好时机。这些企业家通过倡导和引领制造业企业开展自主创新，使其所在企业成功实现了脱困突围并重获生机。可以说，东北地区制造业自主创新活动在改革开放前后的不同表现与该产业企业家创新特质的影响是分不开的，故此可以认为，企业家创新特质影响力是东北地区制造业产业自主创新的重要推动力。

2. 产业链需求拉引力

制造业产业的自主创新活动与产业链需求有很密切的关系。产业链需求是产业自主创新的出发点，也是产业自主创新的终极目标，是产业自主创新的主要动力。制造业是大工业的主体，其产业结构复杂，行业门类众多，有些资本品制造业或耐用消费品制造业的零部件达千万件，因而产业链较之农业、服务业要长得多。产业链上某一企业的需求会诱发与之关联企业的一系列自主创新活动，因此产业链需求是整个制造业产业自主创新活动的主要和持续动力。

在东北地区制造业中，许多行业都处于主机企业与配件企业共生的状态。由于存在显著的技术关联性，所以市场对某项产品的新需求，会通过技术链条迅速传导到上游产业（或企业）和下游产业（或企业），并引发关联产业（或企业）

对共同技术不断地进行渐进性创新和突破性创新，从而形成一个"需求—创新—再创新"的良性循环。本书以哈电集团为例对此进行说明。三峡机组是目前世界上容量最大、直径最大、重量最大的机组，其设计、制造难度和要求很高，对于世界上顶级的水轮发电机组制造厂商而言也是一个挑战。2003 年，三峡左岸机组招标时，哈电集团由于技术因素连投标的资格都未获得。为了填补三峡机组这一项目的空白，哈电集团通过与外商合作，不断摸索，用短短几年时间就彻底掌握了国外的先进技术。在随后的三峡右岸机组招标中，哈电集团不仅凭借自身实力顺利取得了投标资格，而且在极其苛刻、激烈的竞争过程中，凭借在发电机空冷技术、转轮设计等方面的自主创新一举中标，取得了三峡右岸四台机组的订单。在这四台机组中，26 号机组完全由哈电集团独立设计、制造，是我国首台具有自主知识产权的特大型水轮发电机组，该机组发电机的转轮、空冷两项关键技术领先世界同行业 3~5 年。可见，三峡机组招标的产业链需求引发了哈电集团的自主创新活动。同时，哈电集团的自主创新活动也通过产业链需求传导到了与之关联的其他产业，并成功引发了关联产业的自主创新。这个例子充分说明了产业链需求在东北地区制造业产业自主创新中的重要动力作用。

3. 产业技术附加值诱导力

所谓技术附加值，是指在产品生产过程中，因采用先进技术而降低了成本或提高了质量、扩大了销售量而增加的那一部分剩余价值。科学技术在生产过程中的应用，是提高产品的技术含量和技术附加值的有效手段，所以，有人也把技术含量称为科技含量，自主创新也因而成为提高产品科技含量的重要途径。任何社会角色在进行社会活动时，都必然受到某种利益的驱使。无论哪一类型的产业，对利益的追求与利益的实现，都是其进行自主创新活动的动力。而技术附加值的提高，无疑能够使一个产业获得更多的利益。因此，对于东北地区制造业来说，追求更高的技术附加值是诱导产业自主创新活动的重要动力。

产业技术附加值诱导力在东北地区制造业的自主创新活动中发挥了重要作用，在此，以机床行业为例进行说明。为了提高中国机床业产品的技术附加值、打破长期以来进口数控机床对中国部分核心制造领域的技术垄断，作为东北地区机床行业的龙头企业，沈机股份率先开展了自主创新活动。它与同济大学、北京航空航天大学分别在上海及北京共同建造了开放式的技术研发平台，并利用研发平台，邀请国内外著名学者和专家开展相关的合作创新活动。同时，为了吸取更多的国外先进技术，沈机股份还在德国等世界制造强国建立了研发分部，重点研发含有数控机床前沿技术的高新产品。通过不断开展自主创新活动，沈机股份的产品从普通机床发展到数控机床，再到智能化、复合化的数控加工中心，其技术附加值不断提高。目前，沈机股份产值数控化率始终保持在 50% 以上；国内数控机床中每 5 台就有 1 台是"沈阳数控",这些中高档数控机床成批量服务于东北地区装备制造业的核心制造领域。在通过自主创新打破进口数控机床垄断的同时,沈机股份也通过提高技术附加值获得了显著的经济效益。2010 年,公司全年累计净利润为 1.85 亿元,同比大幅增长 584.29%。沈机股份自主创新的骄人业绩也鼓舞和带动了东北地区机床行业乃至整个装备制造业在核心制造领域的自主创新活动。可见,产业技术附加值诱导力有效地促进和推动了东北地区制造业的产业自主创新活动,并且在产业经营和自主创新的全过程中起着重要作用。

4. 产业自主创新政策支持力

自主创新是一项具有外部经济性的活动,一个产业的自主创新不仅会推动本产业的发展,也会对其他产业的发展产生强烈的影响和关联作用,尤其是一些基础性、开创性的自主创新活动更是如此。自主创新的这一特性,导致产业内的R&D 企业在缺乏知识产权有效保护的情况下不能获得自主创新所产生的全部收益,因而会降低整个产业进行自主创新的积极性。在这种情况下,就需要政府对能够产生强大外部经济效应的产业自主创新活动给予一定程度的政策支持。有鉴于此,几乎各国政府都采用了支持和激励创新活动的政策和手段。在有些国家和地区,政府对创新的激励已经有很长的历史。例如,英国和法国曾分别在 1714 年和 1716 年用重金征求精密的经度测量法,1761 年英国技术和工业奖励委员会曾设奖鼓励纺纱机的改革等(傅家骥等,1998)。

作为"共和国长子"的东北地区,尽管在由计划经济向市场经济转变初期遭遇了挫折,但是随着国家振兴东北老工业基地战略的提出,其区域经济和制造业的发展又获得了新的契机。在东北地区制造业(特别是装备制造业)自主创新活动方面,国家给予了很多的政策性扶持。2006 年,国务院发布了《国务院关于加快振兴装备制造业的若干意见》,为东北地区装备制造业的自主创新提供了巨大的战略支持和政策保障。目前,东北地区制造业产业自主创新动力持续增强,研发投入占销售收入的比重明显上升,以企业为主体、以市场为导向、产学研相结合的自主创新体系建设也正在稳步推进。可见,通过实施产业发展计划和技术创新工程等政策,东北地区制造业产业自主创新活动得到了有力支持和有效推进,产业竞争获得了更多的优势。

5. 产业自主创新人才支撑力

人力资源是最重要的生产要素之一,是具有特殊意义的重要资产。一定质量和数量的自主创新人才是东北地区制造业进行产业自主创新活动的基本支撑。这些人才掌握着各个方面的专业技能,是东北地区制造业产业自主创新的主力军。总体来讲,东北地区制造业产业自主创新人才主要涉及以下四个方面:一是科技人员,他们在大学、科研单位和企业中从事基础性和应用性的研究,提出新创意、新设计、新产品、新技术流程等,是创新思想的起点;二是企业家,他们是将技术成果与产业结合的中枢;三是工程技术人员,他们在模具设计、制造等方面协助和配合创新成果实现产业化;四是中介人才,他们广泛活跃于技术传播、风险投资、企业策划、法律咨询、项目咨询、会计事务等领域,促进了创新成果的流动和扩散。可见,各类人才在产业自主创新活动中从事着重要的创造性劳动,是东北地区制造业产业自主创新的重要动力。

目前,东北地区的高校和科研机构是制造业产业自主创新人才支撑力的重要来源。东北地区高校云集,它们每年为东北地区制造业输送大批的专业技术人才,特别是在汽车专业教育方面表现更为明显。科研机构则通过持续的科研合作与企业不断共享人力资本和技术资源。这些来自高校和科研机构的人才将所拥有的知识技能运用于东北地区制造业的生产实践中,推动了东北地区制造业产业自主创新活动的商业化进程。同时,这些人才还把现有的知识和技术资源通过研发活动有效地应用于创新实践,转化为现实生产力,促进了东北地区制造业产业自主创新的进一步发展。可见,人才为东北地区制造业产业自主创新提供了重要技术支撑和保障。

6. 产业自主创新技术推动力

技术创新"一元动力论"中的技术推动模式强调,技术创新的主要动力来自于科学研究和它所产生的技术发明。技术创新理论的奠基者熊彼特是该模式的倡导者。他认为,不管技术是在经济系统之外还是在一个垄断竞争者的大型研究和开发实验室中产生的,都是技术创新与经济增长的主发动机(孙冰,2003)。科学技术总是在不断地运动和发展,不断应用于生产,成为产业发展的强大动力。东北地区制造业产业自主创新是以技术投入为特点的经济活动,科学技术既是东北地区制造业开展产业自主创新活动的前提,又是推动东北地区制造业产业自主创新的动力。

东北地区是我国制造业(尤其是装备制造业)重要的科研和生产基地,尤其是近年来,东北地区的制造业企业独立或与科研机构合作自主研发了一大批填补国内空白的重大装备制造技术和产品,如沈机股份完成了桥式龙门五轴加工中心、车铣复合加工中心等新产品的研制;大连机床集团自主研发了 BK50 龙门五轴联动加工中心,以及高速主轴、直线导轨;中国科学院长春光学精密机械与物理研究所围绕发光学、短波光学、空间光学等领域开展研究工作,取得了具有前瞻性的自主知识产权,并通过与企业的合作使创新成果得到了广泛应用。一系列技术成果的研发和取得对东北地区制造业产业自主创新活动的持续推动作用是十分明显的,它们既是进一步开展产业自主创新活动的技术基础,又是东北地区制造业产业自主创新活动的重要推动力量。

7. 产业自主创新资金保障力

自主创新是一项需要大量资金的技术、经济活动，有关研究表明，在研发、中间试验和产业化这三个创新阶段的资金投入比例大致应为1:10:100（谢林林和廖颖杰，2008），也就是说，自主创新的进程越深入，所需的资金投入越多，而一旦某个环节资金不足，则整个创新体系就会瘫痪并导致创新夭折。可见，自主创新活动必须有足够的创新资金作基础。为此，世界各国特别是经济发达国家都对自主创新活动投以巨资。就西方国家的经验而言，在R&D方面的资金投入是国家经济增长与产业技术进步的主要动力。同理，创新资金的投入也是东北地区制造业产业自主创新的重要动力和保障，是产业内科学技术得以变革的源泉。

对于东北地区制造业（特别是装备制造业）来说，由于产业链长并且范围较广，所以开展自主创新活动时所需的资金投入量也十分巨大。目前，东北地区制造业产业自主创新资金主要来自三个方面：政府资金、企业资金及金融机构资金，分别由政府、企业和金融机构三个创新利益主体提供。创新资金作为东北地区制造业产业自主创新的重要动力因素之一，保证了东北地区制造业产业自主创新的顺利进行；同时，资金的投入强度也直接决定了产业自主创新活动的效果与成败。

8. 产业自主创新信息黏合力

信息通常具有普遍性、分享性、转化性、层次性、可传输、传播和扩散性、循环性等特点，既可延续利用又有一定的时效性。在人类社会进入信息时代的今天，信息资源在东北地区制造业产业自主创新活动中扮演着更加重要的角色。东北地区制造业推进产业自主创新活动的基本前提就是收集、整理和研究与本产业有关的最新科技信息。做好信息工作、获取关键技术信息不仅有助于直接推进东北地区制造业的产业自主创新进程，而且有利于节省创新资金、提高创新效率。

科技中介机构作为东北地区制造业产业自主创新的利益主体之一，其主要功能就是为其他的产业自主创新利益主体提供相关信息。这些信息可以将制造业企业、政府、产业链用户、高校及科研机构、金融机构、科技中介机构等东北地区制造业产业自主创新利益主体联系和黏合在一起，共同推进东北地区制造业的产业自主创新活动。具体表现有以下两点：依靠信息联系，东北地区制造业产业自主创新的利益主体之间架起了沟通的桥梁，加速了技术交流和资源交换；信息流动还促使东北地区制造业与外部环境紧密结合，不断地从所处的环境中吸取与创新有关的"物质和能量"，从而保证东北地区制造业的产业自主创新活动顺利进行。

综上所述，从产业自主创新利益主体的角度分析可知，企业家创新特质影响力、产业链需求拉引力、产业技术附加值诱导力、产业自主创新政策支持力、产业自主创新人才支撑力、产业自主创新技术推动力、产业自主创新资金保障力、产业自主创新信息黏合力等八个动力要素共同构成了东北地区制造业产业自主创新动力系统。

第五节　东北地区制造业产业自主创新动力系统的子系统划分

系统具有明显的层次性。一般情况下，一个系统由若干层次的子系统构成。在东北地区制造业产业自主创新动力系统中，由于各动力要素所处的地位、所起的作用不同，所以分为递阶性层次，形成若干个子系统。

一、动力要素量表的构建

为了进行动力要素的类型识别，本书建立了东北地区制造业产业自主创新动力要素的量表，如表1-8所示。

表1-8　东北地区制造业产业自主创新动力要素的量表

代码	动力要素（变量）	测量维度（测度项）
N1	企业家创新特质影响力	制造业企业高层领导重视研发部门的建设与发展
		制造业企业高层领导有创新欲望和动机
		制造业企业高层领导勇于面对不确定性，鼓励向风险挑战
		制造业企业创新行为取决于企业高层领导的支持
		制造业企业高层领导能够对创新信息迅速捕捉和反应
N2	产业链需求拉引力	制造业企业重视产业链用户对产品的反馈和建议
		产业链用户的反馈和建议能促进制造业企业的创新
		制造业企业会根据产业链用户需求及时进行技术创新
		制造业企业的创新需求会引发产业链上游企业的创新
		制造业企业创新会带动配套企业也进行创新
N3	产业技术附加值诱导力	制造业企业愿意为提高产品的技术含量进行研发投入
		新产品的高技术含量帮助制造业企业开拓了新市场
		新产品的高技术含量给制造业企业带来了良好的收益
		新产品的高技术含量使制造业企业获得了更高的市场份额
N4	产业自主创新政策支持力	政府制订了本行业自主创新的远景规划
		政府对本行业的自主创新活动有税收政策支持
		政府对本行业的自主创新活动有资金支持
		政府对制造业企业自主创新成果给予奖励
		政府对制造业企业有科技成果管理方面的政策和规定
		政府对制造业企业有科技成果推广方面的政策和规定
N5	产业自主创新人才支撑力	本行业内技术人员充足
		制造业企业有专门从事研发活动的技术人才
		技术人才带动了制造业企业研发活动的开展
		技术人才为制造业企业的创新做出了重要贡献

续表

代码	动力要素（变量）	测量维度（测度项）
N6	产业自主创新技术推动力	制造业企业设有专门的研发机构
		制造业企业推出的新产品通常会采用先进的技术
		制造业企业的新产品获得过科技进步等方面的奖项
		制造业企业与高校、科研机构等有技术上的合作
N7	产业自主创新资金保障力	制造业企业每年有固定的研发资金
		制造业企业每年的研发资金能够满足企业研发活动的需要
		制造业企业研发活动未曾因为研发经费不足而受阻
		制造业企业研发活动有多种渠道的资金来源
		制造业企业能够从金融机构借到研发资金
N8	产业自主创新信息黏合力	本行业内科技信息传播渠道广泛
		制造业企业设有专门的信息管理部门，收集最新技术信息
		制造业企业能够从合作伙伴那里获取有用的技术信息
		制造业企业与科技中介服务机构有技术信息的交流

二、样本与调查的基本情况

本书的分析数据来自于对东北地区制造业的调研，此次调研分为四个阶段。

第一阶段主要进行初步的实地调研。笔者所在的项目组根据研究目的和研究内容设计了调研提纲，实地走访了东北地区具有代表性的制造业企业，通过与企业的中高层管理者、技术人员面对面的访谈进行了初步调研，为设计针对性强、有效度高的问卷打下了基础。

第二阶段主要进行调查问卷的设计。针对本章的研究内容，根据实地调研时获取的资料和信息，设计调查问卷。为了方便调查对象的填写、提高问卷的回收率，调查题目主要采用填空、选择两种形式。

第三阶段主要进行调查问卷的试填与修改。为了发现问卷中存在的一些潜在问题，防止设计中出现遗漏、含糊、不恰当等缺陷，笔者从正式调查的整体样本中随机抽取了几家企业，按正式调查的要求发放了问卷，让这些企业对问卷进行了试填。项目组成员对试填的问卷进行了再审核，并按照项目组需要的信息和结果，对问卷出现的问题进行了适当的修改。

第四阶段主要进行调查问卷的发放、填写与回收。在随机抽取调查样本的基础上，项目组对东北地区的制造业企业发放问卷共计 490 份，回收问卷 423 份，其中有效问卷 197 份。

三、问卷的信度和效度分析

在进行问卷测量时，需要对测量问卷的信度和效度做出评定，从而检查测量结果的可靠性和有效性。为此，本书按照测量问卷的标准，对所发放的问卷进行了信度和效度分析，将其作为评价本次调查结果可靠性和有效性的参考。

1. 问卷的信度

信度（reliability）是指测量结果的一致性、稳定性及可靠性，一般采用包括不同时点的"稳定性"（stability）、不同测试对象的"等值性"（equivalence）和测量题目之间的"内部一致性"（internal consistency）三个指标予以测量。目前，学者们多以内部一致性来表示测量信度的高低（水常青，2009）。

内部一致性评价通常采用对半（折半）信度法（split-half reliability）和克龙巴赫 α 系数法（Cronbach's alpha coefficient）。对半信度法适合题目对半分类的测试量表，克龙巴赫 α 系数法适合定距尺度的测试量表。两者之中，后者较为常用，其计算公式如下（冯成志和贾凤琴，2009）：

$$\alpha = \frac{n}{n-1} \left[1 - \frac{\sum S_i^2}{S_x^2} \right]$$

式中，n 为题目数；S_i^2 为每一题分数的变异数；S_x^2 为测验总分的变异数。通常情况下，克龙巴赫 α 系数只要在 0.7 以上，就可以认为量表具有可以接受的信度。本书使用 SPSS 17.0 软件，采用克龙巴赫 α 系数来验证量表的信度，验证结果如表 1-9 所示。

表 1-9　变量的信度分析

变量	均值（M）	标准差（SD）	克龙巴赫 α 系数
$N1$	23.72	6.229	0.901
$N2$	24.98	5.795	0.880
$N3$	20.19	4.506	0.864
$N4$	28.88	7.299	0.913
$N5$	19.98	3.901	0.835
$N6$	19.88	4.411	0.836
$N7$	24.35	5.020	0.829
$N8$	20.06	4.091	0.856
总量表	182.03	34.696	0.970

从表 1-9 可以看出，量表的总体克龙巴赫 α 系数大于 0.9，各变量的克龙巴赫 α 系数也均大于 0.8，说明该量表有非常好的信度。

2. 问卷的效度

效度（validity）即有效性，是指问卷能够测量到所要测量的特质的程度。从统计学角度讲，效度也是指测量结果与某种外部标准（即效标）之间的相关程度，测量结果与要考察的内容越吻合，则效度越高；反之，则效度越低（陈桂尧，2004）。

在效度检测部分，本书使用 AMOS 16.0 软件，运用验证性因子分析（confirmatory factory analysis，CFA）的极大似然法对模型进行估计分析。

用 CFA 进行效度评价，需要经过三个层次的检验：无违规估计现象、模型整体拟合效果检验、个别测度项之效度检验（黄芳铭，2005）。

首先，检验有无违规估计现象。本次问卷调查的整体拟合结果如表 1-10 所示。从表 1-10 可以看出，各项均没有负的误差变异数；标准化系数没有超过 1（以小于 0.95 为标准）；没有太大的标准误差，可以进行进一步效度分析。

表 1-10　各测度项 CFA 模型的回归参数估计

测度项←变量	标准化估计值	估计值	标准差	临界比（CR）	显著性概率（P）
N11←企业家创新特质影响力	0.846	1.000			
N12←企业家创新特质影响力	0.928	0.029	0.084	12.234	***
N13←企业家创新特质影响力	0.760	0.797	0.087	9.123	***
N14←企业家创新特质影响力	0.754	0.819	0.091	9.031	***
N15←企业家创新特质影响力	0.709	0.734	0.089	8.263	***
N21←产业链需求拉引力	0.822	1.000			
N22←产业链需求拉引力	0.785	0.914	0.103	8.881	***
N23←产业链需求拉引力	0.862	0.963	0.097	9.956	***
N24←产业链需求拉引力	0.673	0.721	0.099	7.296	***
N25←产业链需求拉引力	0.717	0.710	0.090	7.905	***
N31←产业技术附加值诱导力	0.741	1.000			
N32←产业技术附加值诱导力	0.800	0.983	0.126	7.772	***
N33←产业技术附加值诱导力	0.850	0.924	0.113	8.141	***
N34←产业技术附加值诱导力	0.749	0.791	0.108	7.297	***
N41←产业自主创新政策支持力	0.687	1.000			
N42←产业自主创新政策支持力	0.727	1.110	0.161	6.892	***
N43←产业自主创新政策支持力	0.825	1.306	0.169	7.731	***
N44←产业自主创新政策支持力	0.803	1.306	0.173	7.544	***
N45←产业自主创新政策支持力	0.889	1.419	0.172	8.242	***
N46←产业自主创新政策支持力	0.842	1.351	0.172	7.869	***
N51←产业自主创新人才支撑力	0.685	1.000			
N52←产业自主创新人才支撑力	0.574	1.232	0.195	6.301	***
N53←产业自主创新人才支撑力	0.595	1.066	0.171	6.225	***
N54←产业自主创新人才支撑力	0.417	1.199	0.183	6.542	***
N61←产业自主创新技术推动力	0.652	1.000			
N62←产业自主创新技术推动力	0.803	1.036	0.185	5.609	***
N63←产业自主创新技术推动力	0.546	1.383	0.227	6.093	***
N64←产业自主创新技术推动力	0.329	1.534	0.260	5.897	***
N71←产业自主创新资金保障力	0.643	1.000			
N72←产业自主创新资金保障力	0.630	1.073	0.132	8.147	***
N73←产业自主创新资金保障力	0.146	0.521	0.141	3.697	***

续表

测度项←变量	标准化估计值	估计值	标准差	临界比（CR）	显著性概率（P）
N74←产业自主创新资金保障力	0.676	1.059	0.134	7.888	***
N75←产业自主创新资金保障力	0.565	1.033	0.130	7.965	***
N81←产业自主创新信息黏合力	0.512	1.000			
N82←产业自主创新信息黏合力	0.654	0.968	0.121	8.002	***
N83←产业自主创新信息黏合力	0.599	1.087	0.130	8.334	***
N84←产业自主创新信息黏合力	0.643	0.984	0.134	7.345	***

***表示 $p<0.001$。在双尾检验中，显著性水平为 $p=0.05$，若 $p<0.001$，则强支持；若 $p<0.01$，则支持；若 $p<0.1$，则弱支持。

其次，对 CFA 模型的拟合效果进行分析，检验各子量表的整体效度。模型的拟合指数指标主要包括卡方值（χ^2）、自由度（df）、卡方值检验的显著性概率值（P）、拟合优度指数（GFI）、调整拟合优度指数（AGFI）、近似误差平方根（RMSEA）、增值拟合优度指数（IFI）、非正态拟合优度指数（TLI）、比较拟合优度指数（CFI）等，具体数据如表 1-11 所示。

表1-11　各变量 CFA 模型的拟合效果

变量	χ^2	df	P	χ^2/df	GFI
企业家创新特质影响力	9.635	5	0.067	1.927	0.930
产业链需求拉引力	7.421	5	0.071	1.484	0.913
产业技术附加值诱导力	3.489	2	0.064	1.745	0.973
产业自主创新政策支持力	11.508	9	0.084	1.279	0.993
产业自主创新人才支撑力	1.306	2	0.520	0.653	0.994
产业自主创新技术推动力	3.682	2	0.063	1.841	0.955
产业自主创新资金保障力	9.262	5	0.046	1.852	0.961
产业自主创新信息黏合力	2.987	2	0.087	1.494	0.956
变量	AGFI	RMSEA	IFI	TLI	CFI
企业家创新特质影响力	0.890	0.078	0.950	0.999	0.950
产业链需求拉引力	0.940	0.092	0.932	0.961	0.930
产业技术附加值诱导力	0.865	0.029	0.982	0.946	0.982
产业自主创新政策支持力	0.949	0.071	0.935	0.991	0.934
产业自主创新人才支撑力	0.969	0.000	1.004	1.013	1.000
产业自主创新技术推动力	0.874	0.015	0.949	0.943	0.948
产业自主创新资金保障力	0.882	0.009	0.972	0.942	0.971
产业自主创新信息黏合力	0.881	0.095	0.958	0.972	0.957

从表 1-11 的结果来看，各子量表 CFA 模型的 χ^2 显著性都大于 0.05；χ^2/df 值符合小于 2 的标准；AGFI 都大于常用标准值 0.8；GFI、IFI、TLI、CFI 都大于常用标准值 0.9；RMSEA 都小于常用标准值 0.1。各项测度指标都比较接近理想值，说明各子量表构成的测度模型的拟合效果符合要求。

最后，检验个别测度项的效度，也就是观察测度项在其所反映的因素上的标准化负荷量。若此标准化系数达到显著即表示这些测度项可以用来反映该因素。从表1-11中，可以看到所有的标准化系数皆具有较高的显著水准。因此，所有项目都可以有效地作为其所属因素的指标。

以上结果表明，本次问卷调查通过了效度检验。

四、系统要素的类型识别

因子分析法（factor analysis）最早出现于1904年查尔斯·皮尔顿的《对智力测验得分进行统计分析》一文中，是通过研究众多变量之间的内部依赖关系，用少数几个抽象变量，即因子来反映众多的观测变量所代表的主要信息，并解释这些观测变量之间的相互依存关系（何晓群，2006）。

本书运用SPSS 17.0软件包对东北地区制造业产业自主创新的八个动力要素进行KMO测度和Bartlett球形检验，如表1-12所示。一般认为，KMO测度值越接近1，越适合作因子分析。同时，Bartlett球形检验的统计值显著概率应小于0.01。东北地区制造业产业自主创新动力要素的KMO测度和Bartlett球形检验结果显示，KMO测度值为0.885，接近于1；Bartlett球形检验的显著率为0.000，小于0.01，因此适合作因子分析。

表1-12 动力要素指标体系因子分析的契合度指标

代码	变量	测度项	契合度指标
N1	企业家创新特质影响力	制造业企业高层领导重视研发部门的建设与发展	KMO 测度值: 0.83 Bartlett 球形检验 Sig: 0.000
		制造业企业高层领导有创新欲望和动机	
		制造业企业高层领导勇于面对不确定性，鼓励向风险挑战	
		制造业企业创新行为取决于企业高层领导的支持	
		制造业企业高层领导能够对创新信息迅速捕捉和反应	
N2	产业链需求拉引力	制造业企业重视用户对产品的反馈和建议	KMO 测度值: 0.82 Bartlett 球形检验 Sig: 0.000
		用户的反馈和建议能促进制造业企业的创新	
		制造业企业会根据用户需求及时进行技术创新	
		制造业企业的创新主要是为了满足上游企业的需求	
		制造业企业创新会带动配套企业也进行创新	
N3	产业技术附加值诱导力	制造业企业愿意为提高产品的技术含量进行研发投入	KMO 测度值: 0.806 Bartlett 球形检验 Sig: 0.000
		新产品的技术含量让制造业企业开拓了新市场	
		新产品的技术含量给制造业企业带来了良好的收益	
		新产品的技术含量使制造业企业获得了更高的市场份额	
N4	产业自主创新政策支持力	政府制订了本行业自主创新的远景规划	KMO 测度值: 0.876 Bartlett 球形检验 Sig: 0.000
		政府对本行业的研发创新活动有税收政策支持	
		政府对本行业的研发创新活动有资金支持	
		政府对企业自主创新成果给予奖励	
		政府对企业有科技成果管理方面的政策	
		政府对企业有科技成果推广方面的政策	

续表

代码	变量	测度项	契合度指标
N5	产业自主创新人才支撑力	本行业内技术人员充足 企业有专门从事研发活动的技术人才 技术人才带动了企业研发活动的开展 技术人才为企业的创新做出了贡献	KMO 测度值: 0.805 Bartlett 球形检验 Sig: 0.000
N6	产业自主创新技术推动力	企业设有专门的研发机构 企业推出的新产品常采用先进的技术 企业的新产品曾得过创新方面的奖项 企业与高校、科研机构等有技术上的合作	KMO 测度值: 0.826 Bartlett 球形检验 Sig: 0.000
N7	产业自主创新资金保障力	企业每年有固定的研发资金 企业每年的研发资金能够满足企业的研发活动 企业研发活动未曾因为研发经费不足而受阻 企业的研发资金有多种渠道来源 企业能够从金融机构借到研发资金	KMO 测度值: 0.83 Bartlett 球形检验 Sig: 0.000
N8	产业自主创新信息黏合力	本行业内科技信息传播渠道广泛 企业内设有独立的信息部门, 收集最新技术信息 企业能够从合作伙伴那里获取有用的技术信息 企业与中介服务机构有技术信息的交流	KMO 测度值: 0.878 Bartlett 球形检验 Sig: 0.000

通过对东北地区制造业产业自主创新动力要素进行因子分析，本书得到了八个动力要素的因子得分。运用因子得分对八个动力要素进行系统聚类分析，结果如表 1-13 所示。

表 1-13　因子的聚类分析结果

动力要素	群集
企业家创新特质影响力	1
产业链需求拉引力	1
产业技术附加值诱导力	1
产业自主创新政策支持力	2
产业自主创新人才支撑力	2
产业自主创新技术推动力	2
产业自主创新资金保障力	2
产业自主创新信息黏合力	2

从表 1-13 可知，第一类动力要素包括企业家创新特质影响力、产业链需求拉引力、产业技术附加值诱导力等三个要素。从作用方式来看，这三个动力要素均能直接激发东北地区制造业产业自主创新活动的开展，因此将其称为激发动力要素。第二类动力要素包括产业自主创新政策支持力、产业自主创新人才支撑力、产业自主创新技术推动力、产业自主创新资金保障力、产业自主创新信息黏合力等五个要素。这些动力要素虽然不能够直接激发制造业的产业自主创新，却是制造业维持产业自主创新活动必不可少的动力，因此将其称为维持动力要素。

五、子系统的划分

根据动力要素的上述分类，可将东北地区制造业产业自主创新动力系统分为两大子系统，即激发动力子系统和维持动力子系统。

1. 激发动力子系统

激发动力是直接导致东北地区制造业产业自主创新活动发生的动力要素，它在自主创新活动中起着直接的促进作用。东北地区制造业产业自主创新激发动力子系统主要包括企业家创新特质影响力、产业链需求拉引力、产业技术附加值诱导力三个要素。

如前所述，企业家创新特质影响力是东北地区制造业产业自主创新最直接的动力。虽然创新组织及其活动可以理性化，但创新的产出是无法预测的，所以创新本身是非理性化的。在创新决策的过程中，企业家毫无疑问是自主创新活动的倡导者和推动者，其创新特质直接决定了东北地区制造业产业自主创新能否顺利启动和进行。

有需求就会有创新，需求是创新的一大动力。由于制造业的产业关联性很强，所以产业链需求既是东北地区制造业产业自主创新活动的出发点，又是产业自主创新活动的主要目标，更是拉动、牵引产业自主创新活动的重要动力。

此外，任何企业或产业在进行经济活动时，都必然受到某种利益的驱使，产业自主创新活动也不例外。在市场经济条件下，实现经济利益最大化是东北地区制造业产业自主创新的首要目标，因此，通过提高技术附加值实现对经济利益的追求也就成为激发该产业进行自主创新活动的主要动力。

2. 维持动力子系统

维持动力是对产业自主创新活动的进行起维持和进一步推动作用的动力要素。维持动力虽然不直接激发自主创新，却是自主创新过程中必不可少的动力。缺少了维持动力的作用，东北地区制造业的产业自主创新活动同样无法进行。

东北地区制造业产业自主创新维持动力子系统主要包括产业自主创新政策支持力、产业自主创新人才支撑力、产业自主创新技术推动力、产业自主创新资金保障力、产业自主创新信息黏合力等五个动力要素。东北地区制造业产业自主创新需要有力的政策支持、出色的技术人才、前沿的关键技术、充足的研发资金和及时的信息交流，有了这些要素的维持和进一步推动，东北地区制造业产业自主创新活动才能够顺利开展和完成，才能从最初的设想变为现实。

第六节　东北地区制造业产业自主
创新动力系统的环境

系统之外一切同系统有关联的事物的总和，称为系统的外部环境，简称环境（苗东升，2007）。任何一个系统都处在一定的环境中，系统与环境之间是相互联系和相互作用的（张文焕等，1990）。对于一个具体的系统来说，外部事物是无穷无尽的，我们不可能、也没必要考虑一切事物，只考虑对系统有不可忽略影响的那些对象即可。对于东北地区制造业产业自主创新动力系统来说，本书仅从基础设施环境、产业制度环境、产业竞争环境、地域环境、宏观经济环境等五个主要方面进行分析。

一、基础设施环境

东北地区制造业产业自主创新的基础设施，是指为东北地区制造业产业自主创新主体服务的公共设施，主要包括交通、能源、电力、通信、公用图书馆、公用实验室，公共信息服务网络等为交流学习知识提供公共空间的有形设施，以及对劳动者的技术培训、企业家的管理培训等无形服务。这些基础设施通常由政府来提供，服务于东北地区制造业产业内的各行为主体，是东北地区制造业产业自主创新动力系统的物质基础。产业内各企业通过这些基础设施，可以跨越许多无形的障碍，方便快捷地接触到创新思想及知识、信息，从而推动东北地区制造业的产业自主创新活动。硬环境是东北地区制造业产业自主创新动力系统运行的基础，完善的基础设施是东北地区制造业产业自主创新拥有持续动力的一个重要因素。基础设施的健全，在很大程度上能够节约东北地区制造业产业自主创新的成本，保证产业自主创新的经济性。某些基础设施，如公共图书馆、公共实验室等，能增强东北地区制造业产业自主创新的知识和技术储备，提高产业技术交流和创新合作的频率，使东北地区制造业能更加方便地接触到自主创新所需要的知识、信息等内容；网络和数据库的建设为东北地区制造业各类科技与服务中介机构之间、科技机构与政府之间、科技供需方之间提供了一个方便快捷的交流平台，降低了专利服务中介机构获取信息资源的成本，促进了资源整合、系统集成和信息共享；东北地区交通十分发达，已经形成了铁路、公路、水路、航空和管道运输相结合的运输网络，2009 年东北三省平均铁路营运里程为 6331 公里，比全国的平均值高出一倍；此外，东北地区的交通通信技术设施近年来也得到很大改善，长途传输设备、局用交换设备均实现数字化、程控化，各地市的传输网络基本建成。东北地区雄厚的基础设施为东北地区制造业产业发展和自主创新提供了有利条件。综上所述，基础设施作为东北地区制造业产业自主创新动力系统的外部环境，影响着东北地区制造业产业自主创新动力的作用发挥。

二、产业制度环境

国家、地区或行业间的竞争，有人认为是科技的竞争，也有人认为是人才的竞争，但归根结底，应该是制度的竞争。产业制度环境对东北地区制造业产业自主创新动力系统的运行具有全局性的影响，这种影响不在于一时一地，而在于长期的、整体的规范作用。没有好的制度，技术就不会进步，优秀人才也会流失。可见，产业制度环境与东北地区制造业产业自主创新动力之间有着深层次的互动作用。

东北地区是执行计划经济制度时间最长、受计划经济制度影响最深的地区。在计划经济制度下，企业、部门、政府之间过度强调隶属关系，相互制约、政企不分的现象十分严重。尽管制造业企业的自主创新计划可以向政府申请，并能够获得政府批准，但是从事创新的人会发现，计划创新与实现创新之间存在着一条鸿沟，因为如果创新成功，那么创新将会成为整个产业的公共成果，并与政府共同分享；而创新一旦失败，那么全部的责任将由创新者一方承担。所以可以说，计划经济制度的权责不明，扼杀了整个东北地区制造业产业自主创新的动力。而在市场经济制度下，企业成为了自主创新的主体，企业能够根据自己的发展方向选择自主创新项目，并且能够对自主创新相关人员进行有效的激励，从而使企业充满创新的活力和动力。企业的自主创新则能够进一步带动整个东北地区制造业产业自主创新的发展。可见，没有产业制度环境的改善，制约东北地区制造业产业自主创新发展的制度性障碍就不可能被清除，产业自主创新的完善也不可能实现。因此，产业制度环境对东北地区制造业的产业自主创新动力具有重要的影响，是东北地区制造业产业自主创新动力系统的重要环境因素。

三、产业竞争环境

目前，经济全球化的进程正在加快，制造业的技术和产品也逐步走向国际化，并引发了制造业在全球范围内的重新分布和组合。东北地区制造业所处的产业竞争环境也从过去单一性区域经济环境向全球化经济环境转变，制造业企业面临着日益激烈的全球性产业竞争。若想在竞争中立足，就必须进行自主创新。可以说，产业竞争环境的变化强化了东北地区制造业产业自主创新的动力。

东北地区制造业产业自主创新动力离不开产业竞争环境的发展，强化动力、实施创新是东北地区制造业获得产业竞争优势的根本方法。试想，若制造业只有少数几个企业、几个品牌，竞争不激烈，那么东北地区制造业就不会出现目前各企业纷纷重视并加强研发的局面。可以说，产业竞争环境对东北地区制造业产业自主创新氛围的形成有着很强的推动作用。换言之，东北地区制造业由于具有需求弹性大、产业关联度高、经济增长带动作用强、科技含量高等特点，容易受到竞争环境的影响。以沈阳机床行业为例，沈阳现有机床企业 39 家，其中主机厂 6 家，功能部件企业 33 家，是国内机床产业的核心区域，众多机床企业之间形成了良好的竞争环境。良性竞争使一些具有自主创新能力的企业脱颖而出，并迅速发展壮大，沈机股份就是其中之一。该企业现已发展成为全国最大的机床企业，也是国家创新型企业。2009 年沈机股份共开发新产品及关键功能部件 102 种，完成关键技术研究 5 项，申报国家科技支撑计划项目 3 项、国家高技术研究发展计划（863 计划）项目 2 项。如前所述，该公司生产的中高档数控机床打破了长期以来进口数控机床对我国部分核心制造领域的垄断，目前，其产品成批量服务于装备制造业的核心制造领域。由此可见，良好的竞争环境能够增强创新动力的推动作用，加快技术的更新换代，从而使东北地区制造业的产业自主创新更快更好地发展。

四、地域环境

地域环境主要包括地理环境和文化环境两方面。东北地区南起辽宁宽甸，北至黑龙江主航道中心线；西起大兴安岭西坡阿尔山附近，东至乌苏里江与黑龙江合流点，包括大兴安岭、小兴安岭、长白山地和松嫩平原等地形单元。东北地区在地理上有很多优势，如东北地区平原（三江平原、松嫩平原）面积广大，地形平坦，土壤肥沃，森林覆盖率全国居首；煤铁资源、石油资源丰富，有利于发展钢铁、电力、石油化工、汽车制造等工业；北国风光，多民族聚居，自然和人文旅游资源丰富，有利于发展旅游业等。东北三省作为我国近现代工业的摇篮，为推动中国经济发展做出了很大贡献，多年来一直是全国经济发展的重要原材料供应地。产业发展的优越性为东北地区制造业产业自主创新活动创造了良好的前提，而丰富的自然资源则为东北地区制造业产业自主创新动力提供了重要的物质基础。

地域文化是指生活在该地域的成员在既定的时间、空间内，由地理环境、历史传承、社会制度，以及民俗习惯、宗教信仰等多种因素而形成的一种文化形态，它具有鲜明的地域特征（程琳，2007）。长期以来，受自然与历史条件影响，东北地区形成了具有浓郁地方特色的"黑土地文化"。一方面，东北地域文化具有历史悠久、多元性、开放性的特征。东北地区原是女真族的聚居地，早期形成了具有民族特色的金源文化和鼎盛时期的渤海国物质文明。20 世纪初期，伴随着大批移民，特别是山东移民的到来，儒家的思想文化传入东北。金戈铁马的勇敢精神与讲义气重名节的齐鲁文化结合在一起，造就了东北人豪爽、不屈、勇于战胜困难的"铁人精神"。在解放战争时期，东北人为了挽救处于危难的民族，集中资金和大批物资支援国家建设，充分体现了东北人豪爽奉献的集体主义精神。另一方面，东北地域文化又具有保守性、传统性等消极特征。长期的殖民统治压抑了东北人的创新个性，早期难民的流入带来了"小富即安"、"安土重迁"的思想，抑制了东北人的开拓、进取精神。不同历史文化的传承对东北地区企业家创新特质的形成和加强、创新人才的引进和培养具有潜移默化的正面和负面影响。

五、宏观经济环境

东北地区制造业产业自主创新作为一项应用新技术、新知识的商业化活动，必然会受到国家宏观环境的影响。因此，宏观经济环境必然成为东北地区制造业产业自主创新动力系统运行的外部环境。

国家宏观经济发展水平对东北地区制造产业自主创新动力要素能够产生间接的影响，如宏观经济发展水平能够影响产业链需求、政府政策等，国家宏观经济发展水平越高，东北地区制造业产业链也会产生更高层次的消费需求，而产业链需求正是推动东北地区制造业产业自主创新活动的主要激发动力之一。

有关研究表明，宏观经济发展的不同阶段对本国的科技需求是不同的，经济发展阶段一般可以用人均 GDP 来衡量：当一个国家的人均 GDP 低于 1000 美元时，其 R&D 经费占 GDP 的比例往往低于 1%，此时该国一般处于技术引进、仿制为主的阶段；当一个国家的人均 GDP 在 1000 美元以上时，此时该国 R&D 经费占 GDP 的比例往往超过 1%，处于以技术的消化、吸收、改进为主的阶段；当一个国家的人均 GDP 在 5000 美元以上时，其 R&D 经费占 GDP 的比例往往会超过 2%，这时该国处于以创新技术为主的阶段（全毅，2000）。随着我国宏观经济发展水平的不断提高，对东北地区制造业科学技术的需求也相应提高：从以技术的引进、仿制为主发展到以技术的消化、吸收、改进为主，进而到以自主创新为主。同时，宏观经济发展水平越高，国家通过投资活动对东北地区制造业产业自主创新支持的强度和力度就越大，政府就越有可能通过直接投资、信贷融资、政府采购等方式来有效地刺激和引导东北地区制造业的产业自主创新活动。

第七节　东北地区制造业产业自主创新
动力系统的结构模型及特征

所谓系统的结构，就是系统诸要素之间相互关系、相互作用的总和，它构成了系统内部相对稳定的组织形式和结合方式。如前所述，东北地区制造业产业自主创新动力系统由两大子系统、八个动力要素组成。各动力要素之间的相互关系和作用构成了东北地区制造业产业自主创新动力系统的结构。

一、系统要素间关系假设

本书将从激发动力子系统内各动力要素之间的关系、维持动力子系统内各动力要素之间的关系、激发动力子系统和维持动力子系统内各动力要素之间的关系三个方面来研究东北地区制造业产业自主创新动力系统的结构。

1. 激发动力子系统内各动力要素之间的关系

产业链需求是东北地区制造业产业自主创新活动的主要拉动力，也是东北地区制造业市场需求的重要组成部分。有学者指出，市场需求会对自主创新产生利益驱动（孙冰，2003），而获得创新利益的最佳途径就是提高产品的技术附加值。可见，产业链需求会诱发对产品技术附加值的追求，或者说，产业技术附加值诱导力是伴随着产业链需求拉引力而产生的。与之相应，产业链需求拉引力的增强也会引起产业技术附加值诱导力的增强。据此，本书提出假设：

H1a 产业链需求拉引力与产业技术附加值诱导力正相关。

东北地区制造业产业链需求拉引力与企业家创新特质影响力之间也有着密切联系。企业家创新特质除了受企业家的自身能力和人格特征的影响外，也会受到产业链需求的影响。多年来，需求对技术创新的拉动作用已经被一些实证研究证实，西欧的一项研究表明，全新、首创的新思路100%来自用户，重大革新的思路58%来自用户；美国仪器制造业也有类似例证，调查的结果表明，11项首次发明的新仪器，其创新思路100%来自用户（谢光亚，2000）。以上研究说明，有了产业链需求，企业的自主创新就有了方向，企业家创新特质也因此受到激发和影响。对于东北地区制造业产业自主创新来说，产业链需求拉引力的增大会强化企业家创新特质影响力。因此，本书提出假设：

H1b 产业链需求拉引力与企业家创新特质影响力正相关。

德鲁克（2007）指出，无论出于何种个人动机——追逐金钱、权力还是猎奇，或者是追求名誉、希望博得他人的认同——成功的企业家都会试图去创造价值、做出贡献。对产业技术附加值的追求，是东北地区制造业进行自主创新的重要推动力，企业家们都期望通过提高高技术含量来提升自己的产品价值，以获得超额利润，因此，产业技术附加值诱导力能够培养和提升企业家创新特质影响力，同时企业家创新特质影响力也能够促进产业技术附加值的提高。因此，本书提出假设：

H1c 产业技术附加值诱导力与企业家创新特质影响力正相关。

2. 维持动力子系统内各动力要素之间的关系

产业自主创新政策在提升东北地区制造业自主创新能力的同时，还能够吸引和培养大批优秀的技术创新人才。一方面，产业自主创新政策为制造业及其企业提供了良好的创新条件和发展环境，有利于各类专业技术人才发挥创新潜能，培养创新能力；另一方面，产业自主创新政策的支持会促进产业自主创新水平和收益的提升，对创新人才的需求和吸引力也将不断增大。可见，产业自主创新政策支持力使产业自主创新人才保障力得以增强，因此，本书假设：

H2a 产业自主创新政策支持力与产业自主创新人才支撑力正相关。

自主创新的特点是非独占性和外部性，创新者虽然可以通过大量制造新产品获取收益，却难以阻止他人通过各种手段获取创新信息，继而分享创新者的收益。若这种创新外溢的损失无法弥补，必将打击创新者的积极性，此种情况下，政府大都采用给予一定的政策补偿的方法（孙冰，2003）。因此，产业自主创新政策能够提高东北地区制造业产业自主创新的积极性，有利于激励制造业企业从事基础性的研发工作并形成技术储备，进而推动技术的发展，产业自主创新的技术推动力也将随之增强。因此，本书假设：

H2b 产业自主创新政策支持力与产业自主创新技术推动力正相关。

国家的各项政策决定着企业的战略目标、经营决策和行为方式，其中影响最大的是财政政策、金融政策等宏观经济政策（全毅，2000）。产业自主创新政策能够从多个层面、以多种方式对东北地区制造业企业的自主创新活动给予资金扶持和融资优惠（毕克新等，2010）。因此，有了产业自主创新政策的支持，特别是有了相关的财政政策和金融政策的保障，来自产业内、外部的自主创新资金投入必然增加，产业自主创新资金保障力也会随之增强。因此，本书假设：

H2c 产业自主创新政策支持力与产业自主创新资金保障力正相关。

近年来，随着体制改革的深入，东北地区的企业自主创新社会化服务体系得到了快速发展，而产业自主创新政策的支持又进一步促进了东北地区制造业技术中介机构的发展和技术市场的繁荣。日益增多的技术中介机构为东北地区制造业产业自主创新活动提供了各类信息，在产业自主创新的利益主体之间架起了沟通的桥梁。这种日益畅通的信息联系促进了产业自主创新信息的交换，增进了产业内自主创新知识的交流，产业自主创新的信息黏合力也随之增强。因此，本书提出假设：

H2d 产业自主创新政策支持力与产业自主创新信息黏合力正相关。

任何自主创新活动都要有足够的创新资金作基础，就西方的经验而言，在研究和开发方面的大量投入是推动当今西方国家技术进步的主要动力（傅家骥等，1998）。同时，相关数据表明，科技活动经费对发明专利授予数与实用新型专利授予数的影响显著，科技活动经费支出每增加1%，发明专利授予数相应增加0.49%（刘加林和严立冬，2011）。可见，产业自主创新资金保障力的增强能够有效促进产业自主创新技术水平的提高和科技成果的增加，而后者正是产业自主创新技术推动力不断提升的重要标志。当然，产业技术水平的提高也将带来经济效益的增加，从而也会增加创新资金的供给。因此，本书假设：

H2e 产业自主创新资金保障力与产业自主创新技术推动力正相关。

东北地区制造业产业自主创新活动的开展离不开各类自主创新人才，而自主创新人才支撑力与创新资金保障力是相辅相成的。相关研究显示，国际优秀人才流向美国的重要原因之一，就在于美国具有良好的科研平台（王晓雪，2006）。同时，优厚的报酬和良好的待遇也是吸引和留住优秀人才的重要手段。可见，创新资金投入的加大，不仅可以为自主创新人才提供更先进的科研平台，而且可以为优秀人才提供更有效的物质激励，因而有利于吸引和培养更优秀的创新人才，从而使创新人才的支撑作用更加显著。因此，本书认为产业自主创新资金保障力与产业自主创新人才支撑力密切关联，进而提出假设：

H2f 产业自主创新资金保障力与产业自主创新人才支撑力正相关。

产业自主创新技术可以看做创新人才智慧与劳动的结晶。人才是自主创新活动的实现者和执行者，他们的技术创新愿望、对实现自身价值的追求、努力将企业的发展与自身的发展相融合的想法等都是促进产业技术创新的动力（杨显贵和李成标，2009）。人才因素对产业的技术发展起着决定性作用，产业内优秀人才的不断聚集必然会推进产业整体技术水平的提升，而产业的高技术水平则会进一步成为吸引创新人才的因素。因此，本书认为产业自主创新人才支撑力与产业自主创新技术推动力之间是密切相关的，并提出假设：

H2g 产业自主创新人才支撑力与产业自主创新技术推动力正相关。

信息资源在东北地区制造业产业自主创新活动中扮演着越来越重要的角色。创新信息的传播可以促进制造业企业、政府、产业链用户、高校及科研机构、金融机构、中介机构等东北地区制造业产业自主创新利益主体间的有效联系和互动；创新信息的流动可以促进产业内创新人才的交流和研发能力的提高，推进产业内新技术、新知识的共享和融合；同时，创新信息的扩散还可以减少技术搜寻成本、降低创新风险，从而增强产业自主创新资金的有效投入和最优配置。因此，本书认为，产业自主创新信息黏合力与产业自主创新人才支撑力、产业自主创新技术推动力、产业自主创新资金保障力均呈同方向变化，进而提出如下假设：

H2h 产业自主创新信息黏合力与产业自主创新人才支撑力正相关；

H2i 产业自主创新信息黏合力与产业自主创新技术推动力正相关；

H2j 产业自主创新信息黏合力与产业自主创新资金保障力正相关。

3. 激发动力子系统和维持动力子系统内各动力要素之间的关系

通常，富有创新特质的企业家会非常重视自主创新人才的引入与培养，同时，也会十分重视新技术的研究与开发。富有创新精神的企业家群体会促进一个产业内创新氛围的形成和强化，并推动创新人才队伍的发展和壮大；同时，企业家们的创新偏好会推动产业内的制度创新和组织创新，激励产业内的自主创新行为，促进产业技术的不断进步和提高（杨显贵和李成标，2009）。因此，企业家创新特质影响力有利于加强产业自主创新人才支撑力，也会增强产业自主创新技术推动力。因此，本书假设：

H3a 企业家创新特质影响力与产业自主创新人才支撑力正相关。

H3b 企业家创新特质影响力与产业自主创新技术推动力正相关。

作为企业家创新特质的核心，企业家精神不仅体现为勇于挑战的创新精神，而且也体现为一种追求效益和积极进取的精神，包括重视核算、注意效益（周霞等，2003），而经济效益的产生则离不开投入和产出。自主创新是一项高投入、高产出的经济活动，这就意味着，企业家要追求自主创新的高收益，就必须要重视创新资金的前期投入。因此，具有创新特质的企业家会在积极倡导自主创新活动的前提下，优先保障自主创新资金的投入，而自主创新的高收益也会继续强化企业家的创新偏好和特质。因此，本书假设：

H3c 企业家创新特质影响力与产业自主创新资金支撑力正相关。

相关研究表明，自主创新大多来源于用户需求（王凯，2005）。当下游产业链用户产生新的需求时，就意味着东北地区制造业有了市场发展的新空间。新的市场空间需要产业研发新产品和新技术去满足，因而会对产业自主创新人才及其技术水平产生新的需求；同时，新的市场空间也意味着产业自主创新将会获得高收益，进而表明产业将能够以更优越的物质和技术条件吸引到更多的自主创新人才，从而为产业自主创新活动提供更稳固的人才保障。因此，本书假设：

H3d 产业链需求拉引力与产业自主创新人才保障力正相关。

作为经济社会的物质生产部门，一个产业必定要为社会提供一种或一类产品或服务。只有当所提供的产品或服务能够不断满足上下游产业链用户的需求时，产业才能够成长和壮大（李庆东，2008）。对东北地区的制造业而言，正是产业链的需求拉动了产业的自主创新活动，决定了产业自主创新的方向。与之相应，满足了产业链的需求则意味着产业内新技术的出现，标志着产业技术的发展和升级。由此可见，产业链的需求促进了产业技术的发展，因此，本书假设：

H3e 产业链需求拉引力与产业自主创新技术推动力正相关。

产业链的需求通常需要通过产业自主创新活动来满足，而产业自主创新活动的开展必然需要自主创新资金的投入，可以说，产业链的需求直接引发了对产业自主创新的资金投入行为。同时，产业链的需求也意味着新的市场发展空间，即意味着对未来创新收益的良好预期，这种对创新高收益的追求也会驱使产业加大对自主创新资金的投入。因此，产业链需求拉引力能够从多个途径加强产业自主创新资金保障力。由此，本书假设：

H3f 产业链需求拉引力与产业自主创新资金支撑力正相关。

一方面，产业链的需求在引发自主创新行为的同时，也会伴生一批重要的产业自主创新信息，这体现出产业链需求对产业自主创新信息的直接增强作用；另一方面，为满足产业链需求而开展的自主创新活动，必然建立在充分的自主创新信息交流的基础上，这又体现了产业链需求对产业自主创新信息的间接增强作用。与此同时，产业自主创新信息的快速膨胀和广泛交流则会进一步引发产业链用户的新需求。可见，产业链需求拉引力与产业自主创新信息黏合力能够彼此促进，因此，本书假设：

H3g 产业链需求拉引力与产业自主创新信息黏合力正相关。

产业技术附加值的提高意味着东北地区制造业的技术升级和产品创新将会带来更大的利润空间。出于对未来更高经济利润的追求，东北地区制造业会通过优厚的薪资待遇和有效的激励措施吸引和鼓励产业内外的优秀专业人才积极加入和参与本产业的自主创新活动。同时，为了提高技术附加值和创新成功率，产业在投入充足人力资源的情况下，也会加大对自主创新活动的资金支持和保障。可见，东北地区制造业产业技术附加值诱导力会增强产品自主创新人才保障力和产业自主创新资金支撑力。当然，创新人才的保障和创新资金的支撑也能够促进技术附加值的实现和提高。因此，本书假设：

H3h 产业技术附加值诱导力与产业自主创新人才保障力正相关；

H3i 产业技术附加值诱导力与产业自主创新资金支撑力正相关。

一方面，技术附加值是由于采用先进技术而增加的剩余价值，所以，科学技术在生产过程中的应用是提高产业技术附加值的有效手段，这表明了产业自主创新技术推动力对产业技术附加值诱导力具有强化作用；另一方面，产业技术附加值诱导力会促进产业积极从事自主创新活动，并且通过自主创新实现产业技术的升级和发展，从而表现为对产业自主创新技术推动力的增强作用。可见，产业技术附加值诱导力与产业自主创新技术推动力是密切关联的。因此，本书假设：

H3j 产业技术附加值诱导力与产业自主创新技术推动力正相关。

除此之外，作为市场机制的有效补充，政府可以通过出台政府购买、创新奖励、产业技术标准等相关政策增强企业家创新特质、扩大产业链需求、提高产业技术附加值。可见，产业自主创新政策支持力与企业家创新特质影响力、产业链需求拉引力、产业技术附加值诱导力等激发动力之间也都存在正相关作用。由于这一作用关系早已被实践证实，本书在此不再进行理论假设和实证检验。

4. 各动力要素之间关系的研究假设归纳

根据上述分析，本书共提出23个假设，其中关于激发动力子系统内各动力要素之间的关系共有3个假设，关于维持动力子系统内各动力要素之间的关系共有10个假设，关于激发动力子系统和维持动力子系统内各动力要素之间的关系共有10个假设。图1-1归纳了本书的主要假设。

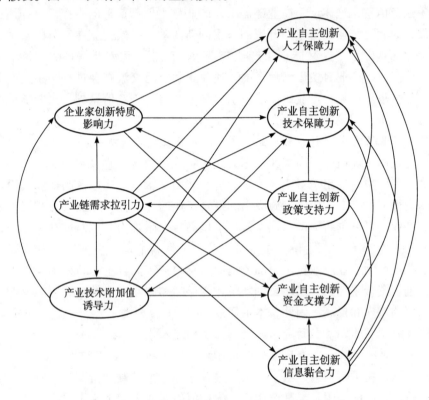

图1-1　动力要素之间关系的研究假设汇总图

二、系统要素间关系的实证分析

前文已经明确了激发动力子系统内各动力要素之间、维持动力子系统内各动力要素之间、激发动力子系统和维持动力子系统各动力要素之间的假设关系，下面将从定量分析的角度对以上关系加以验证。

1. 结构方程模型的分析过程

本书将采用结构方程模型对东北地区制造业产业自主创新动力系统各动力要

素之间的关系进行分析。

结构方程模型（structural equation modeling，SEM），有的学者也把它称为潜在变量模型，它是指利用一定的统计手段，对复杂的理论模式加以处理，从而达到证实或证伪研究者事先理论假设的目的（水常青，2009）。它整合了因子分析与路径分析两种统计方法，同时检验模型中包含的显变量、潜变量、干扰或误差变量间的关系，进而获得自变量对因变量影响的直接效果、间接效果或总效果。

结构方程模型的分析过程一般包括六个步骤（水常青，2009）。

1）模型构建（model specification）

根据理论和以往研究成果来设定假设的初始理论模型，将理论模型中的假设建构为一个因果关系的路径图。

2）模型识别（model identification）

决定是否能够求出参数估计的唯一解。在某些情况下，由于模型被错误地设定，求不出唯一解，其参数不能识别，模型无解。

对模型 $\eta = B\eta + \Gamma\xi + \zeta$，$\eta$ 是由 p 个内生变量组成的 $p \times 1$ 向量，ξ 是由 q 个外生变量组成的 $q \times 1$ 向量，则上述方程可变为

$$\eta = (1 - B)^{-1}(\Gamma\xi + \zeta)$$

设矩阵 $\psi = \text{cov}(\zeta, \zeta)$，即 ψ 是残差向量的协方差矩阵，矩阵 $C = (I - B, -\Gamma)$，则结构方程模型识别的方法如表1-14所示。

表1-14 结构模型识别法则和条件

识别法则和条件	识别对象	条件要求	充分或必要条件
t 法则	模型	$t \leq (p+q)(p+q+1)/2$	必要条件
递归模型	模型	B 为严格下三角矩阵 ψ 是对角矩阵	充分条件
虚无 B 规则	模型	$B = 0$	充分条件
阶条件	方程	不在方程的变量至少 $p-1$ ψ 自由估计	必要条件
秩条件	方程	C_1 的秩为 $p-1$ ψ 自由估计	充要条件

资料来源：黄芳铭，2005。

3）模型估计（model estimation）

模型估计可以采用几种不同的方法来进行，通过求解模型中各个参数的估计值，使模型尽可能好地再生观测变量的方差和协方差矩阵。参数估计的方法有极大似然估计法（ML）、两阶段最小平方法（TSLS）、工具变量法（IV）、未加权最小平方法（ULS）、广义加权最小平方法（WLS）和对角加权最小平方法（DWLS）。最为常用的模型估计方法是广义最小二乘法和极大似然估计法。

4）模型评估（model evaluation）

取得参数估计值之后，需要对模型与数据间是否拟合进行评估，并与替代模型的拟合指标进行比较。拟合指数主要分为绝对拟合指数和相对拟合指数。

绝对拟合指数是测量绝对的模型拟合，通常采用比较观察到的与期望的方差和协方差的方法，常用的绝对拟合指数有 GFI、χ^2、AGFI 和 RMSEA。

相对拟合指数是比较一个模型与另一个模型的相对拟合，常用的指数有标准拟合优度指数（NFI）、非标准拟合优度指数（NNFI）以及比较拟合优度指数（CFI）。

5）模型修正（model modification）

模型经过评估后，若不能很好地拟合数据，就需要进行模型的修正和重新设定。通过模型的重新设定，可以增进其拟合程度。模型的修正大致可以分为四类：第一类是增加或减少内生变量，分别相当于增加或减少方程；第二类是保持内生变量不变，只增加或减少外生变量；第三类是保持内生变量和外生变量不变，但变动它们之间的路径联系；第四类是保持内生变量、外生变量和它们之间的路径联系不变，只变动残差的相关模式。

6）模型解释（model interpretation）

对模型的统计结果进行解释，来说明模型的直接效果、间接效果和总效果。直接效果就是某一变量对另一变量的直接影响，间接效果是某一变量对另一变量的影响是通过其他变量而形成的。总效果是指直接效果与间接效果的总和。

2. 潜变量及观测指标的确定

结构方程中的测量模型由潜在变量（latent valiable）和观察变量（observed variable）组成。所谓观察变量是量表或问卷等测量工具所得的数据，潜在变量是观察变量间所形成的特质或抽象概念，此特质或抽象概念无法直接测量，而要由观察变量测得的数据资料来反映（吴明隆，2007）。

东北地区制造业产业自主创新动力系统共有八个动力要素，它们是企业家创新特质影响力、产业链需求拉引力、产业技术附加值诱导力、产业自主创新政策支持力、产业自主创新人才支撑力、产业自主创新技术推动力、产业自主创新资金保障力、产业自主创新信息黏合力。这八个动力要素即为结构方程模型中的潜在变量，本书在第五节中已经建立了东北地区制造业产业自主创新动力要素的观察指标体系，即每个潜在变量可以由几个观察变量来测量，如表1-15所示。

表1-15　系统要素间关系模型的潜在变量及观察变量

代码	潜在变量名称	观察变量数目	观察变量说明
$N1$	企业家创新特质影响力	5	高层领导对研发的重视程度、创新的欲望和动机、鼓励向风险挑战、对创新活动的支持、对创新信息的捕捉和反应等

代码	潜在变量名称	观察变量数目	观察变量说明
N2	产业链需求拉引力	5	产业链用户反馈和建议、下游产业的需求、产业链企业之间的相互拉动等对创新的作用、制造业企业对需求反馈的重视程度、需求对产业链创新的贡献等
N3	产业技术附加值诱导力	4	技术含量引发创新意愿的情况，新产品的高技术含量在开拓新市场、带来良好收益、获得市场份额等方面的贡献
N4	产业自主创新政策支持力	6	政府制订产业自主创新远景规划、对产业创新活动的税收政策支持和资金支持、对自主创新成果给予奖励、有科技成果管理和科技成果推广方面的政策等
N5	产业自主创新人才支撑力	4	技术人员的数量保证、专业性、推动创新活动开展、对创新的贡献等
N6	产业自主创新技术推动力	4	专门的研发机构、技术推广程度、新产品获得创新奖项、与高校及科研机构等技术上的合作等
N7	产业自主创新资金保障力	5	固定的研发资金投入、研发资金满足研发活动情况、因经费不足使研发受阻情况、研发资金的多种渠道来源、金融机构对研发资金的保障等
N8	产业自主创新信息黏合力	4	科技信息传播渠道、信息部门的设立、业务伙伴对创新信息的提供、与中介服务机构的技术信息交流等

3. 系统要素间关系假设的检验

1）动力要素关系模型的识别

本书使用 t 规则对模型进行识别，即在结构方程模型中，有 p 个外源观测指标（自变量测量），q 个内生观测指标，记 t 为自由估计的参数个数，则模型可识别的一个必要条件是 $t \leqslant (p+q)(p+q+1)/2$，本结构方程模型共有 37 个测量指标，因此 $(p+q)(p+q+1)/2 = 703$，模型要估计 37 个因子载荷，37 个测量指标的误差方差和 8 个因子间相关系数，共计要估计 150 个参数，$t = 150 < 703$，满足模型识别的必要条件。

另外，从验证性因子分析模型识别的三指标法则来看，首先，本模型每个潜变量都有三个以上的测量变量；其次，因子载荷矩阵每一行有且只有一个非零值，即一个测量变量只测量一个潜变量；最后，残差的协方差矩阵为对角矩阵，即特殊因子之间是相互独立的。因此，本模型满足识别的充分条件（水常青，2009）。

综上所述，本模型满足了模型识别的必要条件和充分条件，故是可识别模型。

2）动力要素关系模型估计与评估

本书运用 AMOS 16.0 统计软件，根据总体样本，对东北地区制造业产业自主创新动力要素关系的结构方程模型进行估计，其计算结果如表 1-16 所示。

表 1-16 动力要素关系的结构方程模型估计结果分析表

假设与路径	路径系数	标准化路径系数	是否支持假设
H1a：产业链需求拉引力→产业技术附加值诱导力	0.381 ***	0.316	强支持
H1b：产业链需求拉引力→企业家创新特质影响力	0.399 ***	0.339	强支持
H1c：产业技术附加值诱导力→企业家创新特质影响力	0.712 ***	0.728	强支持
H2a：产业自主创新政策支持力→产业自主创新人才支撑力	0.514 ***	0.522	强支持
H2b：产业自主创新政策支持力→产业自主创新技术推动力	0.413 ***	0.393	强支持
H2c：产业自主创新政策支持力→产业自主创新资金保障力	0.630 ***	0.639	强支持
H2d：产业自主创新政策支持力→产业自主创新信息黏合力	0.381 *	0.316	弱支持
H2e：产业自主创新资金保障力→产业自主创新人才支撑力	0.541 ***	0.516	强支持
H2f：产业自主创新资金保障力→产业自主创新技术推动力	1.192 ***	0.868	强支持
H2g：产业自主创新人才支撑力→产业自主创新技术推动力	0.630 ***	0.639	强支持
H2h：产业自主创新信息黏合力→产业自主创新人才支撑力	0.202 *	0.197	弱支持
H2i：产业自主创新信息黏合力→产业自主创新技术推动力	0.576 ***	0.480	强支持
H2j：产业自主创新信息黏合力→产业自主创新资金保障力	0.257 ***	0.288	强支持
H3a：企业家创新特质影响力→产业自主创新人才支撑力	0.233 ***	0.248	强支持
H3b：企业家创新特质影响力→产业自主创新技术推动力	0.541 ***	0.516	强支持
H3c：企业家创新特质影响力→产业自主创新资金支撑力	0.811 ***	0.727	强支持
H3d：产业链需求拉引力→产业自主创新人才保障力	0.347 **	0.226	支持
H3e：产业链需求拉引力→产业自主创新技术推动力	0.204 ***	0.234	强支持
H3f：产业链需求拉引力→产业自主创新资金支撑力	0.403 ***	0.398	强支持
H3g：产业链需求拉引力→产业自主创新信息黏合力	0.474 ***	0.408	强支持
H3h：产业技术附加值诱导力→产业自主创新人才保障力	0.064 **	0.355	支持
H3i：产业技术附加值诱导力→产业自主创新资金支撑力	0.424 ***	0.615	强支持
H3j：产业技术附加值诱导力→产业自主创新技术推动力	0.176 ***	0.174	强支持

*** 表示 $p < 0.001$，** 表示 $p < 0.01$，* 表示 $p < 0.1$。双尾检验，显著性水平为 $p = 0.05$，若 p 值为 ***，则强支持；若 p 值为 **，则支持；若 p 值为 *，则弱支持。

动力要素关系模型的验证性因子分析整体拟合指标如表 1-17 所示。分析结果显示，χ^2 统计量为 26.3，$p < 0.01$，达到显著水平，这表明本研究测量模式的协方差矩阵与实证资料的协方差矩阵之间有显著性的差异存在。许多学者都认为，χ^2 对样本数量非常敏感，如 Hu 和 Bentlr 指出，在大模式小样本条件下，χ^2 检验的问题特别严重，当样本少于 5000 时，值一般会有正向偏差，容易拒绝模型，因此，接受黄芳铭（2005）学者的建议，继续检验其他的指标，以作综合判断（水常青，2009）。

表 1-17 量表的验证性因子分析整体拟合指标

类型	拟合指标	参考标准	实际值
绝对拟合指标	χ^2 统计量为 26.3 的值 p	$p < 0.05$	0.000
	拟合优度指数——GFI	> 0.9	0.935
	调整的拟合优度指数——AGFI	> 0.9	0.908
	近似均方根误差——RMSEA	< 0.1	0.047

续表

类型	拟合指标	参考标准	实际值
增值拟合指标	标准相似指数——NFI	≥ 0.9	0.910
	比较拟合指数——CFI	> 0.9	0.903
	递增拟合指数——IFI	> 0.9	0.905
简效拟合指标	简效标准拟合指数——PNFI	> 0.5	0.689
	简效拟合优度指数——PGFI	> 0.5	0.531

从其他指标来看，不管是绝对拟合指标、还是增值拟合指标和简效拟合指标，各指标的实际值均在接受范围之内。因此，从整体上看，因子模型拟合良好，可以接受。

3）模型拟合的结果分析

本研究对检验假设关系成立的显著性水平标准定为 $p = 0.05$。若实际 p 值为 0.1，则较弱支持假设；若实际 p 值为 0.01，则支持假设；若实际 p 值为 0.001，则表明强支持假设。从表 1-16 可知，在东北地区制造业产业自主创新动力要素关系结构方程模型中，路径系数的实际 p 值多数小于 0.001。依据上述标准，除了假设 H2h 和 H2d 得到较弱的实证支持、H3d 和 H3h 得到实证支持以外，其他假设均得到强实证支持。这表明以上关于东北地区制造业产业自主创新动力要素之间关系的假设都是成立的。

三、东北地区制造业产业自主创新动力系统的结构模型

根据前文所述，本书认为产业自主创新动力系统内涵如下：由产业自主创新动力要素及其相互之间的作用关系组成，在环境要素的影响下所形成的具有特定功能的有机整体。至此，本书可以画出东北地区制造业产业自主创新动力系统的结构模型图，如图 1-2 所示。

四、东北地区制造业产业自主创新动力系统的特征

东北地区制造业产业自主创新动力系统与其他系统一样，也具有一般系统的基本特征。

1. 多元性

一个系统至少要有两个要素，系统的常态是包含多个要素，有些系统具有成千上万或更多数量的要素，理论上也存在包含无穷多个组分的系统，如整数系和实数系。相反，只有一个要素的事物，或者说不能够划分为不同要素的事物，是非系统。多要素是系统之所以为系统的存在前提或物质基础。东北地区制造业产业自主创新动力系统包含了多个推动东北地区制造业产业自主创新的动力要素，

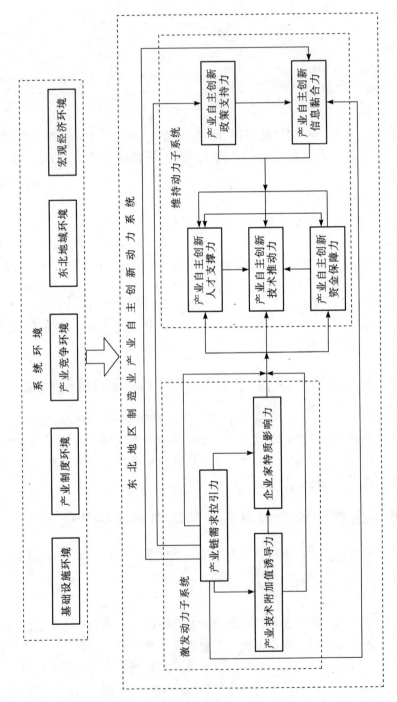

图1-2 东北地区制造业产业自主创新动力系统结构图

满足了系统的多元性。

2. 相关性

系统各要素之间具有相互作用、相互影响、相互依赖的关系。系统不存在孤立要素，任何一个特定的组成部分发生变化，必然引起系统的其他部分发生变化。例如，东北地区制造业产业自主创新动力系统内政策支持力发生变化，就会影响金融机构的投资方式，进而影响资金保障力，从而引起整个动力系统发生改变。

3. 统一性或一体性

多元性加上相关性，造就了系统的一体性。诸多要素一旦相互联系成为系统，就能够作为统一体而与他物发生关系，与他物相互作用。系统虽然由相对独立的各个部分组成，但它们却是一个有机的整体，具有总体的特定功能和特性。东北地区制造业产业自主创新动力系统的多元性和相关性构成了该系统的一体性。

4. 整体性

多元性是基础，相关性是主导，一体性是目标，三者的综合集成，造就了东北地区制造业产业自主创新动力系统的整体性。该系统由多个要素组成，各要素之间都存在相互作用和相互依赖的关系，并且每个要素、每种性质和关系都依赖于在整体内部各自所处的地位和功能。它们是一个有机的整体，绝不是各个部分的简单拼凑，具有整体的特定功能和特性。

5. 层次性

对了解系统的结构，层次性是一个重要的概念，从贝塔朗菲起，就把层次性作为系统研究的基本特征之一。现实存在的系统几乎都有层次结构，层次结构是系统的常态。层次性有助于更深刻地理解系统的性质。东北地区制造业产业自主创新动力系统主要分为激发动力子系统和维持动力子系统两个子系统，是两层次系统。

本 章 小 结

国内外学者对创新动力系统的相关概念性研究较少，对产业层面的概念涉及更少。基于现有的动力研究，结合系统的定义和要点，本书将产业自主创新动力系统界定如下：由产业自主创新动力要素及其相互之间的作用关系组成，在环境要素的影响下所形成的具有特定功能的有机整体。

为了明确东北地区制造业产业自主创新动力系统的结构，本书从分析产业自主创新利益主体入手，对东北地区制造业产业自主创新动力系统的基本构成因素——动力要素进行了识别和分类，进而将东北地区制造业产业自主创新动力系统划分为两大子系统，即激发动力子系统和维持动力子系统。其中，激发动力子系统主要包括企业家创新特质影响力、产业链需求拉引力、产业技术附加值诱导力等三个动力要素；维持动力子系统主要包括产业自主创新政策支持力、产业自主创新人才支撑力、产业自主创新技术推动力、产业自主创新资金保障力、产业自主创新信息黏合力等五个动力要素。同时，考虑到系统的存在离不开环境，还对东北地区制造业产业自主创新动力系统的环境进行了分析，并将系统环境归结为基础设施环境、产业制度环境、产业竞争环境、地域环境、宏观经济环境等五个主要方面。

本书对系统要素之间关系的假设研究主要从三个层面展开，即激发动力子系统内各动力要素之间、维持动力子系统内各动力要素之间、激发动力子系统和维持动力子系统内各动力要素之间。在此基础上，运用结构方程模型进行了统计分析，验证了各动力要素之间的假设关系。进而，基于产业自主创新动力系统的概念，建立了东北地区制造业产业自主创新动力系统的结构模型，并从多元性、相关性、统一性或一体性、整体性、层次性等五方面对东北地区制造业产业自主创新动力系统的特征进行了分析。

第二章 | 东北地区制造业产业自主创新动力机制研究

动力机制形成于动力系统的基础之上，因此，认真分析东北地区制造业产业自主创新动力系统，已经为研究东北地区制造业产业自主创新动力机制作好了必要的准备。本章将根据东北地区制造业产业自主创新动力系统中动力要素之间的关联和互动关系，分析东北地区制造业产业自主创新动力机制的结构、功能及实现原理，并基于东北地区制造业产业自主创新动力系统自组织过程的分析，结合东北地区制造业自主创新实例，从运行流程的角度入手，剖析东北地区制造业产业自主创新动力机制运行所遵循的基本过程和规律。

第一节 东北地区制造业产业自主创新动力机制的结构分析

一、产业自主创新动力机制的内涵

《辞海》中对"机制"的解释是：①机器的总体构造和工作原理；②有机体的结构、功能和各器官之间的相互关系；③用机器制造的；④某些自然现象或某复杂工作系统的演变规律。《韦氏词典》对"机制"的解释是：导致（或涉及）某种反应、行动或其他自然现象的一系列相关的基本活动或过程（王帮俊，2011）。

实际上，"机制"一词，原指机器的构造和工作原理。后来，生物学和医学通过类比，用以表示有机体内发生生理或病理变化时，各器官之间相互联系、作用和调节的方式。之后，人们将"机制"引入经济学的研究，用"经济机制"一词来表示一定经济体内，各构成要素之间相互联系和作用的关系及其功能。现在，"机制"通常泛指一个复杂的工作系统的组织或部分之间的相互关系、功能及其所遵循运行程序和规则的总和（李垣和汪应洛，1994；严北战，1999）或系统演化的过程和动因（成思危，2005）。

表 2-1 列示了关于创新机制、动力机制的代表性定义，虽然目前尚未有学者对产业自主创新动力机制做出明确的定义，但是结合机制、技术创新机制和自主创新动力机制的内涵，可以认为，产业自主创新动力机制是用来描述在产业自主创新动力系统运作过程中，促使创新出现的诸要素之间、诸要素与系统环境之间

所形成的互动关系，以及相互作用过程和规律的总和。

表 2-1　机制的相关定义

学者	年份	机制名称	定义
魏江 许庆瑞	1994	技术创新机制	是指技术创新系统在运行过程中所包含的创新组织内部的结构与内在的工作方式，以及创新组织与外部环境之间所形成的互动关系的总和
李垣 汪应洛	1994	技术创新动力机制	是在企业技术创新过程中，各动力相互依存和相互制约所形成的有机联系方式、作用形式、结构功能及所遵循的过程和规则的总和
魏江	1998	技术创新动力机制	是由企业内在和外在两个方面的推动力所构成的促使企业提高自主技术创新能力的机制
孙冰	2003	技术创新的动力机制	是指技术创新系统在运作过程中，促使创新出现的诸要素相互联系与相互作用方式以及这些要素与外部环境之间所形成的互动关系的总和
刘恒江 陈继祥	2005	产业集群动力机制	是驱动产业集群发展和演化的力量结构体系及其运行规则，具有一定的稳定性和规律性
李刚	2008	自主创新动力机制	是指创新动力的产生及其作用于创新主体产生创新行为的机理，是创新主体自主创新活动与其所处的社会环境系统中的各种动力因素相互关联、相互作用所形成的互动关系的总和，并具备能动性、整体性和相关性特征
王福涛	2009	动力机制	是推动事物目的性变化的规则性、程序化安排。它遵循事物固有变化规律并以特定目的为导向，或通过将外部影响因素内化，或借助结构重构推动事物质变

二、东北地区制造业产业自主创新动力机制的结构

结构是组成整体的各部分之间的搭配、排列、组织和相互关系（刘文英等，1987）。东北地区制造业产业自主创新动力机制的结构就是东北地区制造业产业自主创新动力之间及其与动力系统环境之间的关联耦合关系。

1. 激发动力的关联耦合

Schmookler 提出了经典的需求拉动技术创新模式：市场需求是技术创新活动的出发点，它对产品和技术提出了明确的要求，并拉动创新主体通过技术创新活动创造出适合这一需求的适销产品（傅家骥等，1998）。基于此，本书认为，产业链需求是产业自主创新活动的出发点和产业自主创新动力传递的起点。

首先，产业链需求拉引力会激发产业技术附加值诱导力。东北地区的制造业（尤其是装备制造业）处在产业链的上游和前端，产业创新主体必然会为满足下游产业的需求而开发新的产品，或是对原有技术进行升级改造，产品的技术附加值也必定会随之而提高。其次，产业链需求拉引力会激发企业家创新特质影响

力。产业链需求拉引力意味着下游产业用户对上游产业产品的功能和技术提出新的或更高的要求。当这种渐强的需求信号被企业捕捉到时，具有创新精神的企业家不会袖手旁观，平日潜藏在企业家头脑之中的创新意识就会被激活，从而使企业家创新特质影响力得到强化。最后，产业技术附加值诱导力会增强企业家创新特质影响力。对于产业经营而言，技术附加值的本质就是利益，利益的驱动是技术创新动力系统的核心要素，能够激发企业家的创新精神（孙冰，2003）。因此，当一项新技术具有较高的附加值，能够带来巨大利益的时候，企业家的创新和冒险精神就容易被激发，企业家创新特质影响力的作用将会充分体现。值得一提的是，由于产业链需求拉引力可以增强产业技术附加值诱导力，而产业技术附加值诱导力又能够促进企业家创新特质影响力的发挥，所以产业链需求拉引力对企业家创新特质影响力具有直接和间接的双重影响。

图 2-1 描绘了东北地区制造业产业自主创新激发动力相互影响与促进的关系。

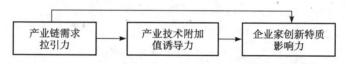

图 2-1　东北地区制造业产业自主创新激发动力的关联

2. 维持动力的关联耦合

一切经济活动都离不开资金的支持，东北地区制造业的产业自主创新活动也不例外。因此，本书认为，在东北地区制造业产业自主创新动力机制中，产业自主创新资金保障力是最基本的维持动力，它会对其他动力产生不同程度的影响。

首先，产业自主创新资金保障力会增强产业自主创新技术推动力和产业自主创新信息黏合力。统计数据显示，东北地区制造业 60% 以上的科技经费支出用于支持开发活动和打造一流平台，其中，42.03% 用于新产品开发，17.78% 用于先进技术设备等固定资产购建（图 2-2）。这些创新资金投入为研发活动的顺利进行提供了经费和硬件保障，为技术信息的获取与交流创造了条件，为有效提升东北地区制造业的技术水平奠定了基础。

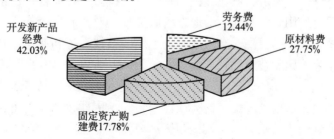

图 2-2　东北地区制造业科技经费支出分布比例

其次，产业自主创新资金保障力会提升产业自主创新人才支撑力。近年来，东北地区的各级政府和企业努力提高科技创新人才的工资及福利水平，增加研发活动经费投入，并通过各种物质奖励和优越条件努力吸引和留住创新人才。通过几年的努力，东北地区制造业创新人才队伍逐渐壮大，这对产业自主创新活动起到了重要的人才支撑作用。同时，产业自主创新人才支撑力、产业自主创新信息黏合力还会加强产业自主创新技术推动力。产业自主创新人员的规模扩大和素质提升，以及技术知识和信息交流的畅通，能够促进技术研发高效、高质地完成，加快产业技术突破的进度。近年来，随着产业自主创新人才数量与质量的提升、创新平台的建设与信息渠道的拓宽，东北地区制造业科技成果和技术水平逐年上升的事实，有力地证明了这一点。由此可见，产业自主创新资金保障力对产业自主创新技术推动力具有直接和间接的双重影响。

对于任何产业来说，R&D 投资都具有不确定性和高风险性。为了鼓励产业自主创新行为，政府会制定相关政策和法规，努力降低 R&D 投资成本和风险，进而调动产业自主创新的积极性。在国家实施振兴东北老工业基地战略的几年中，东北地区制造业产业自主创新活动得到了国家及地方政府政策的大力扶持。因而，产业自主创新政策支持力是重要的维持动力，它对产业自主创新人才支撑力、产业自主创新技术推动力和产业自主创新资金保障力起到了积极的促进作用。

首先，产业自主创新政策支持力会增强产业自主创新人才支撑力。东北地区实施的产业自主创新政策对制造业自主创新人才的会聚起到了积极的促进作用。其中，高层次人才培养政策、海内外优秀人才引进政策、博士后人才资助政策等都对东北地区制造业的产业自主创新人才支撑力产生了良好的拉动效果。其次，产业自主创新政策支持力对产业自主创新资金保障力会起到引导作用。近年来，东北地区制造业多项技术研发项目获得了国家的资助，这种政策倾斜和资金注入具有积极的导向性和示范性，不仅刺激了东北地区制造业产业自身的创新资金投入，而且也吸引了外部的创新资金流入，这些都对产业自主创新资金保障力的增强起到了促进作用。最后，产业自主创新政策支持力对产业自主创新技术推动力具有积极的促进作用。东北地区的地方政府加强了对基础研究的投入，加大了对制造业关键技术研发的关注，有力地促进了地区科技水平和制造业技术创新能力的提高，对东北地区制造业提升产业自主创新技术推动力产生了积极影响。

产业自主创新活动的开展离不开信息的交流，无论是市场需求的信号，还是技术升级的动向，都要通过信息这一载体来传递。因此，产业自主创新信息黏合力作为不可或缺的维持动力，对其他创新动力要素也起着重要的影响作用。

首先，产业自主创新信息黏合力与产业自主创新政策支持力能够相互强化。

一方面，信息交流的畅通有利于政府了解东北地区制造业技术发展现状和自主创新需求，可以促进宏观调控政策和产业扶植政策的适时出台和有效落实；另一方面，政府大力开展信息化建设，加强通信网络、信息平台等基础服务设施的建设和改造，也有助于产业自主创新信息黏合力作用的发挥。其次，产业自主创新信息黏合力对产业自主创新人才支撑力、产业自主创新资金保障力和产业自主创新技术推动力的增强具有促进作用，表现为东北地区技术中介机构的发展和信息化平台的建设不仅促进了东北地区制造业内部的信息沟通和人才交流，也加速了产业自主创新资金的筹集和技术扩散的进程。

图2-3描绘了东北地区制造业产业自主创新维持动力相互影响与促进的关系。

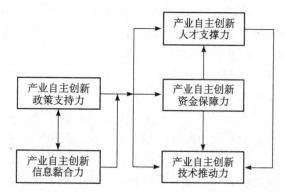

图2-3　东北地区制造业产业自主创新维持动力的关联

3. 激发动力与维持动力间的关联耦合

东北地区制造业产业自主创新动力机制的结构中，除了激发动力之间、维持动力之间存在相互影响之外，激发动力与维持动力之间也存在着联系与相互影响（图2-4）。

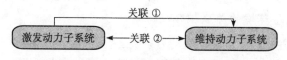

图2-4　激发动力子系统与维持动力子系统间的关联

图2-4描绘了东北地区制造业产业自主创新激发动力和维持动力之间的结构关联，主要包括以下两种。

（1）激发动力子系统对维持动力子系统的单向影响，主要体现为企业家创新特质影响力和产业技术附加值诱导力对产业自主创新人才支撑力、产业自主创新资金保障力和产业自主创新技术推动力具有促进作用。首先，企业家创新特质影响力对产业自主创新人才支撑力、产业自主创新资金保障力和产业自主创新技术推动力具有带动作用。企业家创新特质是企业领导者对待创新的一种精神和态度，它的强弱直接影响企业对创新的重视程度和投入情况。具有较强创新特质的企业家会重视创新人才的引进和培养，鼓励和激发员工的创新思维，保持和加大在创新方面的资金投入，努力提高企业的技术水平，企业家的这些决策和行为在一定程度上影响着产业自主创新人才支撑力、产业自主创新技术推动力和产业自主创新资金保障力的动力效果和作用强度。其次，产业技术附加值诱导力对产业自主创新人才支撑力、产业自主创新资金保障力和产业自主创新技术推动力也能产生促进作用。由于技术附加值高的产品能为创新主体创造更多的销售收入和经济利润，所以，技术附加值将诱导产业全力以赴保证自主创新活动的持续进行和顺利完成，为此，产业将加大自主创新资金投入力度，整合产业内最优质的创新人力资源，加快突破技术难关的进程，从而增强产业自主创新人才支撑力、产业自主创新资金保障力和产业自主创新技术推动力。

（2）激发动力子系统与维持动力子系统的双向影响，主要体现在产业自主创新政策支持力与产业链需求拉引力之间具有相互作用。首先，产业自主创新政策支持力能带动产业链需求拉引力。政府政策能在很大程度上影响东北地区制造业的产业链需求，如政府决定大力发展汽车工业，这一政策不仅促进了汽车的市场需求，推动了东北地区汽车工业的自主创新，同时还带动了钢铁行业、电子设备行业、机床行业、仪器仪表行业等一系列相关产业的创新需求。其次，产业链需求拉引力也能促进产业自主创新政策支持力。东北地区是我国的重要粮食生产基地，由于粮食关系国计民生，食品制造业、农副食品加工业等与之相关的制造业发展受到国家的高度关注。国家会根据粮食市场的需求情况对这些产业做出相应的政策调整，以平衡供需、服务民生。同时，国家也会随时根据产业链需求提高、修改产品质量标准或严格生产工艺流程，以促进传统制造业的技术升级与自主创新。

4. 动力系统与环境的关联耦合

东北地区制造业产业自主创新动力系统运行在特定的环境之中（图2-5），与环境要素之间也存在一定的关联，如宏观经济环境为东北地区制造业产业发展和自主创新动力系统的运行提供经济保障，地域环境为东北地区制造业产业自主创新动力系统赋予区域特点等。环境要素对东北地区制造业产业自主创新动力系统的作用，具体通过以下关联而产生。

宏观经济环境与产业链需求拉引力存在一定的关联。良好的宏观经济运行环境对东北地区制造业产业链需求会起到有力的促进作用。随着改革开放的深入，我国人均 GDP 逐年提升，宏观经济环境总体发展势头良好，全国经济的振兴带动了东北地区制造业需求的激增。相反，如果宏观经济环境恶化，东北地区制造业

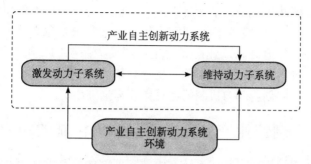

图 2-5　东北地区制造业产业自主创新动力系统与系统环境的关联

的发展也会受到牵连。金融危机的影响波及全球，2008 年、2009 年我国经济增长速度明显减弱，其中制造业所受冲击较大，东北地区制造业产品的国内外需求更是大幅缩减。可见，宏观经济环境会影响东北地区制造业产业链需求拉引力。

地域环境与企业家创新特质影响力存在一定的关联。俗话说，一方水土养一方人，赵晓（2002）认为不同地域的人们之所以行为不同，或者说存在着不同的文化 DNA，与其说是天生的或天性使然，不如说是在社会、经济、历史、地理、文化等不同约束条件下所做出的选择不同。东北人豪爽的性格得益于东北地区广袤的自然区域和丰富的自然资源，而传统保守的作风则来自于东北地区特殊的历史和文化背景。因此，地域环境对东北地区制造业企业家创新特质影响力的形成、发挥起到了重要的作用。

产业制度环境与产业自主创新政策支持力存在一定的关联。正如前文所述，计划经济时期遗留下来的计划管理和行政控制是东北地区产业制度环境的重要特征，行政审批烦琐、办事效率不高等问题在一定程度上阻碍了产业创新政策的落实和政策效力的发挥，因此东北地区制造业产业制度环境在很大程度上影响着产业自主创新政策支持力。

基础设施环境与产业自主创新信息黏合力之间存在关联。信息传播依赖于载体，如通信网络、信息平台、互联网络等，因此，近年来东北地区基础设施环境的建设和改善有利于产业自主创新信息黏合力的发挥。

产业竞争环境与产业自主创新技术推动力存在关联，并会影响产业自主创新动力在创新主体间的传播。适度的产业内竞争能加快产业创新主体的创新节奏与技术追赶速度，并能促进产业自主创新动力在产业内有效、迅速地传播。

第二节　东北地区制造业产业自主创新
动力机制的功能及实现原理

社会经济系统的复杂程度不言而喻，其中不仅包含错综复杂的内部关联，还存在随机性、模糊性等一系列不确定因素。面对如此复杂的系统，要找出其中的规律和重要环节，就要化繁为简、提纲挈领，探索复杂现象背后的本质。本书基于自组织理论对东北地区制造业产业自主创新动力系统的自组织过程进行分析，揭示东北地区制造业产业自主创新动力机制功能实现的原理，为进一步研究东北地区制造业产业自主创新动力机制的运行作好理论铺垫。

一、东北地区制造业产业自主创新动力机制的功能

功能是有特定结构的事物或系统在内部和外部的联系和关系中表现出来的特性和能力，它一般由结构来决定，并对结构有一定的依赖性（廖盖隆等，1993；金炳华等，2003），这也是系统论中重要的结构-功能相关律，即结构决定功能（魏宏森和曾国屏，1995）。正如技术创新是通过技术创新机制功能的发挥来实现的（魏江和许庆瑞，1994），东北地区制造业产业自主创新动力的作用也是通过东北地区制造业产业自主创新动力机制的功能发挥来实现的。基于其基本结构，本书认为，东北地区制造业产业自主创新动力机制具备以下功能。

（1）激发与维持功能。首先，激发动力及其结构决定了东北地区制造业产业自主创新动力机制具有激发功能。激发动力的主要作用在于激发出产业自主创新主体的创新愿望，使其启动自主创新活动。激发动力相互影响、促进，作用于产业自主创新主体，使其产生迫切的创新意愿和创新要求，进而采取自主创新活动，开始产品研发和技术突破的新尝试。其次，维持动力及其结构决定东北地区制造业产业自主创新动力机制具有维持功能。创新主体的持续创新要靠维持动力来蓄能。维持动力对系统持续做功，产生源源不断的能量，使得东北地区制造业产业自主创新动力机制具有维持或加速产业自主创新活动开展的功能。

（2）扩散与传递功能。东北地区制造业产业自主创新动力机制不只作用于一个企业，它可以同时或先后作用于东北地区制造业中的众多企业。东北地区制造业产业自主创新动力机制具有扩散、传递创新动力的功能，它能将东北地区制造业产业自主创新动力从一个创新主体传向另一个创新主体，并产生叠加、关联、耦合，从而推动更多的创新主体开展自主创新活动。

（3）反馈功能。东北地区制造业产业自主创新动力机制结构中动力与环境间存在着一定程度的关联。这一关联决定了东北地区制造业产业自主创新动力机制具有反馈的功能。在创新动力的作用下，产业自主创新主体完成自主创新活动，其产出以物质、能量和信息的形式输出到环境中，使环境发生改变。同时，动力系统会根据系统环境的新变化吸收新的物质、能量和信息，对创新动力进行补充和调整，从而形成反馈。

二、东北地区制造业产业自主创新动力系统的自组织原理

自组织理论出现于 19 世纪中叶，其最初的理论形式表现多样，如达尔文的进化论是生物学的自组织理论，马克思的五种社会形态演化理论是关于社会历史的自组织理论。这些自组织理论都是某一特定领域的自组织理论，但只停留在定性描述方面。直到 20 世纪 60 年代末，出现了一批以解释一般自组织规律为目标的科学学派，代表人物有普利高津、哈肯、艾根、巴克等，他们提出了耗散结构、协同学、超循环等理论，对自组织理论的发展形成了强有力的推动（苗东升，2010）。

协同学创始人赫尔曼·哈肯（2005）提出了"自组织"的概念并得到公认。他认为，"如果一个系统在获得空间的、时间的或功能的结构过程中，没有外界的特定干涉，我们便说该系统是自组织的"（吴彤，2001）。

东北地区制造业产业自主创新动力系统是一个自组织的系统，其结构和功能不受外界指令的支配，自行从无序结构向有序化发展。

（一）基于耗散结构的属性分析

自然界存在两类有序结构。一类是平衡结构，如晶体、磁体、超导体等。这种有序结构是在分子水平上定义的有序结构，尽管微观层次上运动永远不会停止，但宏观层次上没有任何运动，并且这种有序结构一旦形成便不需要与环境间进行能量交换，因此平衡结构被认为是"死"结构。另一类是非平衡结构，如生物有机体、社会系统等，它是一种空间有序、时间有序和功能有序相结合的结构，是"活"的结构。普利高津认识到这种有序结构需要在物质、能量和信息的不断耗散中形成和保障，于是称其为耗散结构。耗散结构理论被称为"自组织理论的条件方法论"，即只有符合耗散结构形成条件的系统才是自组织的系统（魏宏森等，1991）。

一切生命系统和社会系统都是耗散结构，东北地区制造业产业自主创新动力系统也不例外，它具备耗散结构的形成条件：①系统是开放；②远离平衡态；③系统中存在涨落；④系统中存在非线性相互作用。

1. 东北地区制造业产业自主创新动力系统是开放的

在系统科学中，所谓"耗"就是利用和耗费环境中物质的、能量的、信息的资源和营养，所谓"散"就是向环境排放自身产生的物质的、能量的、信息的废料，耗散意味着系统与环境处于相互作用中，不断交换物质、能量、信息。开放性就是指系统必须要从外界获取信息和物质资源，并不断地向外界环境输出信息和物质资源。

由于系统的开放性，系统与外界进行物质、能量、信息的交换，这样每个系

统都受外界其他系统的影响，同时也影响着其他系统。系统协同运行的首要条件就是该系统要有一个活的有序结构，必须与外界不断地进行物质、能量、信息的交换，来维持这个活的有序结构的协同运行过程的不断进行。尽管外界各种物质、能量、信息的输入并不是针对系统内的某个特定部分，但由于系统各个部分对外界输入的吸收和消化能力不同，各个部分在吸收外界输入时并不是均匀的，有时甚至有选择性地吸收。同样，系统各部分的输出也存在差异性。正是系统各部分对外界开放程度的差异性形成了系统协同的复杂性。

东北地区制造业产业自主创新动力系统是开放的，主要体现在创新动力与系统环境不断地进行物质、能量和信息交换。该系统所处的环境主要分为基础设施环境、产业制度环境、产业竞争环境、东北地域环境、宏观经济环境五个方面。一方面，外界环境为制造业产业自主创新动力系统的生存发展提供了所需的各种物质和能量，对整个东北地区制造业的产业创新发展起到推动作用。例如，网络和数据库的建设是东北地区制造业产业自主创新动力的物质基础，通常是由政府来提供的，在东北地区制造业各类技术服务及关联服务中介机构之间、科技机构与政府之间、科技供需方之间建立了一个方便快捷的交流平台。通过网络和数据库，产业内各企业可以跨越许多无形的障碍，方便快捷地接触到创新思想及知识、信息，从而推动东北地区制造业产业的自主创新；另外，我国宏观经济发展水平的不断提高，对科学技术的需求也相应提高，从以技术的引进、仿制为主发展到以技术的消化、吸收、改进为主，进而到以自主创新为主，从而可以促进东北地区制造业产业自主创新动力系统的协同运行。另一方面，东北地区制造业产业自主创新动力系统也不断向外界环境输出信息，能动地改造环境，营造更加有利的发展环境。东北地区制造业产业自主创新动力系统的功能提升可以促进整个产业制度环境和产业竞争环境的改善，同时也可以促进我国宏观经济的发展。因此，东北地区制造业产业自主创新动力系统具有开放性。只有通过对外开放，东北地区制造业产业自主创新动力系统与环境之间才能发生耗散作用，形成耗散结构，这是东北地区制造业产业自主创新动力系统协同的前提和必要条件。

2. 东北地区制造业产业自主创新动力系统远离平衡态

系统的状态是指系统的某种特性在某一时刻所处的情况，它由描述系统性质的一组变量表示。变量随时间的变化表示系统状态随时间变化的情况。系统的状态可以分为两种：平衡和非平衡态。开放是形成有序结构的条件，现实世界中的系统几乎都是开放的，只是开放的程度不同。尽管大多数系统处于开放状态，但是却无法形成协同运行的有序结构，究其根本是因为它们都处于平衡态。非平衡态是东北地区制造业产业自主创新动力系统形成耗散结构的重要条件。

对于东北地区制造业产业自主创新动力系统而言，首先，东北地区制造业产业自主创新动力系统的开放性、动力与环境要素的交流，说明它是"活的"、动态的系统，处于非平衡状态。但是，仅仅达到非平衡状态还不够，系统还要越出非平衡线性区，处于远离平衡态区域，才能演化为有序状态。例如，以机床行业为代表的东北地区装备制造业是制造业的母机，为下游产业提供生产工具，需要不断地提高技术含量来满足产业链需求。当下游产业不再满足于上游产业的技术和产品，制造业企业不再满足于现有技术所创造的价值时，系统的"平衡"就会被打破。但此时的系统仅仅是平衡状态刚刚被动摇或是在近平衡状态下，还没有完全远离平衡态。随着下游产业的这种不满足逐渐增大，对新产品和新技术的需求逐渐增强，当制造业企业对新技术所创造的价值有了更高的期望和更明确的判断的时候，市场格局将出现重大变化，系统远离平衡态。那些能够顺应变化、积极创新，既能满足产业链用户对产品和价格的需求，又能满足自身利益的制造业企业会逐渐占领市场大部分份额，而不能顺应市场变化的制造业企业将被挤出市场，系统逐渐朝着有序状态发展。东北地区制造业中存在一批行业领先企业，它们之所以在自主创新方面取得突出成绩，并且能够作为行业主导带动其他企业创新，是因为他们最先感知到需求的变化，并且主动应对这种变化，从而先于其他企业远离平衡态，为其后续开展自主创新活动抢占了先机。

东北地区是我国重要的工业基地，为我国现代化建设打下了坚实的基础，长期的粗放型经济发展方式使得东北地区制造业产业自主创新的发展遭遇了"瓶颈"，振兴东北地区老工业基地的迫切要求之一就是以制造业企业为主体，提高企业的自主创新能力，掌握自主知识产权。随着振兴东北地区老工业基地政策的提出，东北地区经济的不断发展，政府对制造业产业自主创新的政策扶持力度在逐渐加大，金融机构对制造业自主创新活动的扶持力度不断加强，企业自主创新的主动性和自觉性不断提高，用户对自主品牌产品的需求也不断增强等。以上这些因素都以某种方式使得制造业产业进行自主创新的动力不断地变化，影响和促进东北地区制造业产业自主创新动力系统的发展，使其不断地远离平衡态。

3. 东北地区制造业产业自主创新动力系统存在涨落

涨落，又称起伏，是系统某一瞬间或某一局部的测量值与统计平均值的偏差。当系统远离平衡态，涨落被放大形成巨涨落，会推动系统跃变为耗散结构。因此说，涨落是耗散结构出现的"触发器"，这就是普利高津提出的"涨落导致有序"。其中，系统内部因素引起的涨落称为内涨落，系统外部环境因素引起的涨落称为外涨落（魏宏森等，1991；吴彤，2001；苗东升，2010）。

创新动力和环境要素都会引起东北地区制造业产业自主创新动力系统的涨落，如产业自主创新政策支持力、产业自主创新资金保障力等动力的变化会引起东北地区制造业产业自主创新动力系统的内涨落，宏观经济环境、产业制度环境等环境要素的变化会引起东北地区制造业产业自主创新动力系统的外涨落。在这些引起东北地区制造业产业自主创新动力系统涨落的因素中，企业家创新特质影响力、产业自主创新技术推动力和产业自主创新政策支持力的作用最为显著。

产业自主创新政策支持力是政府对产业自主创新活动支持的体现。东北地区制造业产业自主创新活动受政府政策影响程度较大。例如，振兴东北老工业基地战略的实施，就对东北地区制造业开展自主创新活动有很强的促进作用，在东北地区制造业产业自主创新动力系统中形成了巨涨落。

正如前文所述，产业自主创新技术推动力对产业自主创新活动有重要促进作用。其中，产业内某项关键技术、重要工艺的新突破对于东北地区制造业产业自主创新动力系统来说，足以构成推动动力系统有序演化的巨涨落，进而能够促进东北地区制造业产业自主创新的实现。

企业家创新特质影响力对于东北地区制造业来说尤为重要，也是调动创新主体进行研发投入的最直接的原因。东北地区制造业以大型国有企业为主，受经济体制的影响，在计划经济时期，其企业家创新特质并不明显。随着经济体制的改革和对外开放的深入，东北地区制造业加快走出去的步伐，注重交流与借鉴，开放程度逐渐加大，企业家特质中的创新精神逐渐体现出来。正是通过企业家思想的转变和创新意识的增强，目前东北地区制造业的产业自主创新能力日益提高，逐渐摆脱自主创新落后的状况。因此，企业家创新特质影响力是引起东北地区制造业产业自主创新动力系统巨涨落的重要因素。

此外，从东北地区制造业产业自主创新动力机制的结构来看，产业自主创新政策支持力、产业链需求拉引力、产业技术附加值诱导力及动力系统的环境因素等都能对企业家创新特质影响力产生相关作用，因此这些因素所形成的涨落又通过叠加效应，累积到企业家创新特质影响力上，更加强化了企业家创新特质影响力在系统内形成的巨涨落，从而更容易触动系统有序发展的开关。

4. 东北地区制造业产业自主创新动力系统存在非线性相互作用

线性和非线性是判断系统能否协同演化的内在依据。若系统是线性的，是不可能出现有序结构的，只有系统内各子系统之间存在非线性作用，这些非线性作用才能导致系统新性质的涌现，系统才可能演化成为有序的耗散结构。

非线性相互作用是复杂系统中要素间存在的相互作用方式，由于描述这种相互作用的方程是非线性微分方程，所以称之为非线性相互作用（苗东升，1990）。非线性相互作用具有线性相互作用所不可能具有的特点和功能。由于线性相互作用是数量上可叠加的相互作用，具有独立性、均匀性和对称性，其相互作用的结果，只能是数量上的叠加，不可能产生质的变化，所以，线性相互作用使系统偏离定态后，要么逐渐回归均匀定态，要么无限发散下去，不可能出现有序演化行为。而非线性相互作用则不同。由于它具有不独立的相干性、时空的不均匀性和多体的不对称性等特点，所以它不是简单地进行数量叠加，而是随时间、地点和条件的不同，呈现出不同的相互作用方式和不同的效应，形成作用对象之间支配与从属、催化与被催化、控制与反馈等复杂的多维关系。因此，非线性相互作用既能阻止偏离均匀定态的系统回归定态，又能确保系统趋向一个新的稳定态，而不会无限发散。可见，非线性相互作用是系统形成有序结构的内在原因（魏宏森等，1991）。

东北地区制造业产业自主创新动力系统同样具有非线性的表征。东北地区制造业产业自主创新动力系统的各动力要素之间，各子系统之间都存在复杂的相互联系，任何一个动力要素的变化都是受到了多种因素的综合作用，而不是一个因素的单一影响，同时，某一要素在某一时刻的变化往往会引发一系列的连锁反应。因此，东北地区制造业产业自主创新动力系统中存在复杂的非线性相互作用。这种复杂的非线性相互作用体现在很多方面，其中一个重要方面为激发动力之间、维持动力之间，以及激发与维持动力之间的关联耦合作用。如前文所述，产业技术附加值诱导力会对企业家创新特质影响力产生一定的促进作用，这种促进作用不是简单的线性叠加，而是通过企业家感知利益、追逐利益的本质，调动起企业家潜在的创新愿望，从而促进企业家创新特质影响力作用的发挥，这是一个复杂的非线性相干过程。又如，产业链需求拉引力也可以通过非线性相互作用促进企业家创新特质影响力的发挥，同时它也可以通过产业技术附加值诱导力的增强，间接影响企业家创新特质影响力，这是产业链需求拉引力对企业家创新特质影响力的双重复杂作用。除此之外，产业自主创新政策影响力也是通过非线性的相干作用促进了产业自主创新人才支撑力、产业自主创新资金保障力和产业自主创新技术推动力作用的发挥。

东北地区制造业产业自主创新动力系统的非线性特性的另一个重要方面体现在系统内部的非线性反馈上。东北地区制造业产业自主创新动力系统的非线性相互作用和反馈无处不在。产业自主创新的资金、人才、技术、政策、信息等要素在企业、政府、科技中介机构、高校和科研机构各部门之间交流、转化，为产业自主创新动力的作用发挥提供了必要的保障；国家、区域经济环境和政策还为东北地区制造业的产业自主创新活动提供了良好的动力条件和外部环境。同时，东北地区制造业产业自主创新活动的开展也为地方经济的繁荣、地方财政和区域发展做出重要贡献，从而，在创新动力、系统环境之间形成互相作用、相互影响的非线性反馈循环机制。

（二）基于耗散结构的定量分析

以上从定性的角度说明了东北地区制造业产业自主创新动力系统具备形成耗

散结构的基本条件。然而，考虑到是否具备失稳的条件和机制，才是东北地区制造业产业自主创新动力系统最终形成耗散结构的关键，也是判断东北地区制造业产业自主创新动力系统能否形成耗散结构的重要依据。因此，本书有必要进一步从定量的角度分析东北地区制造业产业自主创新动力系统的耗散结构判据。

1. 耗散结构的"熵"

熵的概念最初来源于热力学，后来进一步发展到统计力学与信息论等学科，熵是一种不确定性的定量化度量。对于一个系统来说，系统的运行演化一般都伴随着熵的变化，熵表示为 S ，在时间间隔 dt 中熵的改变量为 dS ，称为总熵变（金玲，2007）。在系统的演化过程中，系统的内部和外部会有熵的输出和输入，分别记做 d_eS 和 d_iS ，于是得到系统的总熵变公式如下：

$$dS = d_iS + d_eS \tag{2-1}$$

d_iS 是系统内部不可逆过程产生的，如系统的热损耗、摩擦等，这个系统内部自发产生的熵变总是正值，即 $d_iS > 0$ 。d_eS 是系统与外界环境之间交换物质、能量引起的，称为"熵流"，熵流是指由系统和环境之间交换物质、能量引起的，其正负是由开放系统的性质和条件决定的。如果系统不开放，跟环境之间没有熵交换，即

$$dS = d_iS > 0 \tag{2-2}$$

此时的总熵变完全取决于系统内部熵的产生，由于系统的不可逆性，熵的产生总是在一个方向上进行的，系统的熵在不断增加，没有发生减熵过程，因而就不会出现协同。这表明，系统只有对外开放，从环境中吸取负熵，才可能出现系统的协同运行。系统通过与外界进行物质和能量的交换，形成较大的负熵流，即满足 $|d_eS| > d_iS$ ，从而使 dS 为负值，即 $dS < 0$ ，就会自发地产生协同现象，这意味着系统向着更加有序的方向发展，最终形成耗散结构。

可见，系统如果要演化发展，"耗散结构"是前提条件，动力系统需要开放，需要从外部环境中吸取有用的物质、能量来组织自身，使外界的负熵不断增加，才能远离平衡态，最终实现协同演化。作为一个开放的复杂系统，东北地区制造业产业自主创新动力系统也是如此。下面将从东北地区制造业产业自主创新动力系统的"熵"的变化来分析东北地区制造业产业自主创新动力系统的协同演化特性。

（1）东北地区制造业产业自主创新动力系统的演化发展存在不可逆性，不断产生正熵。由于东北老工业基地改造的不断进行，制造业产业自主创新动力也不断增强，东北地区制造业产业自主创新动力的产生和作用是一个不可逆的过程，包括环境要素等内在的能量转化与消耗也同样不可逆转。随着东北地区制造业产业自主创新动力系统的不断发展和完善，系统内"做功"增多，由此，更多的

"正熵"在这个不可逆的过程中产生。

（2）东北地区制造业产业自主创新动力系统的非线性作用导致系统远离平衡态。该动力系统内部、系统与环境之间存在多种影响和关联关系。例如，动力系统内部存在着激发动力要素与维持动力要素之间的相互作用；系统外部环境中存在着我国区域经济发展的不平衡以及东北地区与其他地区地域环境存在较大的差距等现象。这些非线性作用和相互影响都会使得东北地区制造业产业自主创新动力系统远离平衡态。

（3）东北地区制造业产业自主创新动力系统的协同演化需要外部环境对系统不断输入负熵。该动力系统在发展过程中，受外部环境的影响，由于不可逆的行为带来的"熵"的产生，原本的自主创新动力要素在不断的变化中也在不断消耗，如果没有宏观经济发展、产业制度变革、产业竞争加剧等物质、信息资源的负熵流注入，东北地区制造业产业自主创新动力系统的发展将处于迟缓或停滞状态。

（4）当东北地区制造业产业自主创新动力系统的外界负熵输入大于内部产生的正熵时，该动力系统才能健康、稳定、和谐地发展。根据最小熵原理，若外界没有对系统进行"负熵"补充，则系统会逐渐向平衡态演化。而对于东北地区制造业产业自主创新动力系统来说，平衡则意味着消亡。只有当产业制度变革、产业竞争加剧、宏观经济发展等来自系统外部环境的"负熵"输入大于系统内各动力要素之间相互作用产生的"正熵"时，系统产生涨落，才不会走向消亡。由于系统内存在的非线性作用，所以东北地区制造业产业自主创新动力系统产生的涨落被逐渐放大，进而促使系统向更高层次发展。

综上所述，从"熵"的角度来看，只有耗散结构才能保障东北地区制造业产业自主创新动力系统的开放性、非平衡性，才能保障东北地区制造业产业自主创新动力系统能够持续不断地从外界获得"负熵"，从而向更高层次演化发展。

2. 东北地区制造业产业自主创新动力系统的耗散结构模型

耗散结构建立的数学条件、分析方法和模型是由普利高津所领导的比利时布鲁塞尔学派建立的，称为布鲁塞尔器。本书将根据耗散结构理论，建立东北地区制造业产业自主创新动力系统的布鲁塞尔器模型，并用它来分析该系统失稳的条件及机制。

布鲁塞尔器模型可用如下的反应模型来表达：

$$\left.\begin{array}{l} A \xrightarrow{k_1} x \\ B + x \xrightarrow{k_2} y + D \\ 2x + y \xrightarrow{k_3} 3x \\ x \xrightarrow{k_4} E \end{array}\right\} \qquad (2\text{-}3)$$

在该模型中，A、B 为反应物，不断消耗，由外界来补充；D、E 为生成物，生成之后就会被取走；x、y 为中间生成物，中间生成物的浓度是不确定的，随时间不断变化；$k_i(i = 1,2,3,4)$ 为各种催化条件。从式（2-3）可以看出，x 与四组反应均有关，在第二组和第四组反应中，x 是减少的；在第一组和第三组反应中，x 是增加的。四组反应中有两组与 y 有关，在第三组反应中，y 是减少的；在第二组反应中，y 是增加的。

在此，本书将该模型中 A、B、D、E、x、y 所代表的意义转化为东北地区制造业产业自主创新动力系统协同过程中的因素，那么以上模型就成为东北地区制造业产业自主创新动力系统的布鲁塞尔器模型。其中：A 为各创新利益主体之间的相互关系因素；B 为系统外部的环境因素（如前文所述，主要包括宏观经济环境等）；D 为东北地区制造业产业自主创新的激发动力；E 为东北地区制造业产业自主创新的维持动力；x 为东北地区制造业产业自主创新的条件；y 为东北地区制造业产业自主创新的需求。

根据布鲁塞尔反应模型，东北地区制造业产业自主创新的协同演化取决于各创新利益主体之间的相互关系和系统外部的环境因素，经过中间因素的作用和参与——产业自主创新需求的不断出现和自主创新条件的不断满足，东北地区制造业产业自主创新的激发动力和维持动力不断协作与强化，从而形成了东北地区制造业产业自主创新动力系统的协同运行。

为了进一步从理论上分析东北地区制造业产业自主创新动力系统的演化趋势，本书通过式（2-3）得到如下微分方程（谢丹，1994）：

$$\begin{cases} \dfrac{dx}{dt} = k_1 A - k_2 Bx - k_4 x + k_3 x^2 y \\ \dfrac{dy}{dt} = k_2 Bx - k_3 x^2 y \end{cases} \tag{2-4}$$

进行系数归一化处理，令 $k_4 t \to t$；$(k_1^2 k_3/k_4^3)^{1/2} A \to a$；$(k_2/k_4)B \to b$；$(k_3/k_4)^{1/2} x \to x$；$(k_3/k_4)^{1/2} y \to y$，可得到方程

$$\begin{cases} \dfrac{dx}{dt} = a - bx + x^2 y - x \\ \dfrac{dx}{dt} = bx - x^2 y \end{cases} \tag{2-5}$$

该方程的非零定态解可由以下方程得到

$$\begin{cases} \dfrac{dx}{dt} = a - bx + x^2 y - x = 0 \\ \dfrac{dx}{dt} = bx - x^2 y = 0 \end{cases} \tag{2-6}$$

结果为

$$X_0 = a, \quad Y_0 = \frac{b}{a} \tag{2-7}$$

微分方程的非零解表示该反应在近平衡区的反应状态稳定。这些定态解能否失稳、在何种条件下失稳，是决定系统能否走向有序耗散结构的关键。

由此模型可得到在定态点 $\left(X_0 = a, \ Y_0 = \dfrac{b}{a} \right)$ 附近作线性稳定性分析的特征方程为

$$\lambda^2 - (b - 1 - a^2)\lambda + a^2 = 0 \tag{2-8}$$

式中，λ 为系统特征值，令 $\omega = b - 1 - a^2$，解得系统的特征值为

$$\lambda_{1,2} = \frac{1}{2}\left(\omega \pm \sqrt{\omega^2 - 4a^2} \right)$$

ω 决定着系统的稳定性，根据 ω 的公式可知，它取决于 a、b 两个因素，且与 a 的关系最为密切（金玲，2007）。下面分别进行讨论。

（1）当 $|\omega| < |2a|$ 时，特征方程（2-8）有两个共轭复根，ω 值不同，特征方程的根也不同。主要存在两种情况：当 $\omega > 0$ 时，特征方程有两个正实部的共轭复根，以 (X_0, Y_0) 为中心产生一个极限环，定态点 (X_0, Y_0) 为不稳定焦点，极限环在定态点附近增量发散，系统在一定范围内不断震荡，无法稳定（图2-6），只有通过不断地改变控制因素 A、B，使 $\omega < 0$，才能控制极限环，从而使系统朝着稳定有序态发展；当 $\omega < 0$ 时，特征方程（2-8）有两个负实部的共轭复根，定态点 (X_0, Y_0) 为稳定焦点，随着时间的变化，极限环在定态点附近增量收敛，且极限为0，系统从初始的无序态回到有序态（图2-7）。

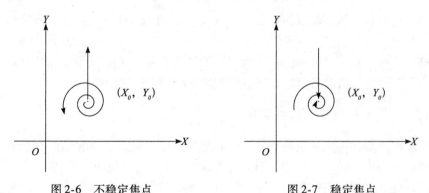

图2-6　不稳定焦点　　　　　　　　　图2-7　稳定焦点

（2）当 $|\omega| > |2a|$ 时，特征方程（2-8）有不相等的两个实根，此时分为以下三种情况：当 $\omega > 0$ 时，特征方程有两个正实根，定态点 (X_0, Y_0) 为不稳定结点，极限环远离平衡点，对定态解的任意扰动，均可使定态点远离原来的平衡点（图2-8）；当 $\omega < 0$ 时，特征方程有两个负实根，定态点 (X_0, Y_0) 趋于

平衡点，为稳定结点（图2-9）；当 $\omega = 0$ 时，两个特征根为异号的纯虚根，中心点是 Lyapunov 稳定的，附近的轨线既不是无限趋向于它也不是无限远离它的，故定态点（X_0，Y_0）为稳定的中心（图2-10），而不是渐进稳定的。

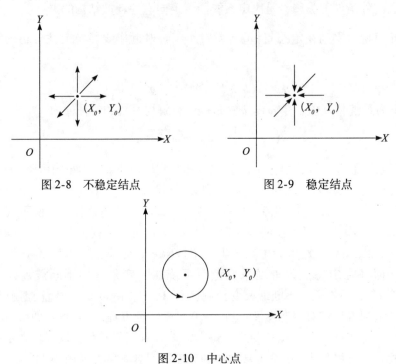

图 2-8　不稳定结点　　　　　　　　图 2-9　稳定结点

图 2-10　中心点

由上述分析可知，系统的定态解（X_0，Y_0）在 $\omega > 0$ 时会产生耗散结构。因此，只要通过调整和控制 A、B、D、E、k_i（$i = 1$，2，3，4），使得 $\omega > 0$，系统就能够远离平衡态，出现失稳，从而向耗散结构过渡。可见，东北地区制造业产业自主创新动力系统具备自组织运行的先决条件——耗散结构。

（三）基于自组织过程的分析

自组织过程是系统各组成部分之间的互动互应过程，是东北地区制造业产业自主创新动力机制功能实现和机制运行的理论基础。形象地说，就是系统一个部分的行为变化，必然引起其他部分的回应，产生与之相应的行为变化，这些变化又反过来作用到最初发生变化的部分，如此连锁反应形成了复杂的网络关系（苗东升，1990）。东北地区制造业产业自主创新动力系统正是在这种错综复杂的关系中"自创生"的，并通过"自生长"、"自适应"、"自复制"、"自修复"等自组织过程逐渐完善，具备了东北地区制造业产业自主创新动力机制的特定功能。

1. 东北地区制造业产业自主创新动力系统的自创生

新系统产生的基本方式是"差异的整合"，即许多被当做未来系统的元素和子系统的事物或实体经过整合而形成统一整体。这种从未被整合的事物集合到经过整合形成新的涌现性的统一整体的过程，就是系统的创生过程。系统的"自创生"，是指在没有特定外力干预下系统从无到有地自我创造、自我产生、自我形成（苗东升，1990）。形象地说，就是指在完全没有样本和母体的条件下，从无到有地自我产生出来。

对最简单的自创生过程可以作以下数学描述。假定环境中有两个小系统$X = \{x \mid x$为系统要素$\}$和$Y = \{y \mid y$为系统要素$\}$，其动力学方程分别为

$$x = f(x) \tag{2-9}$$
$$y = g(y) \tag{2-10}$$

由于环境变迁或自身演化，二者出现耦合，运动方程变为

$$x = f(x) + p(x,y) \tag{2-11}$$
$$y = g(y) + q(x,y) \tag{2-12}$$

式中，$p(x,y)$与$q(x,y)$表示x与y的耦合作用。在数学上，式（2-11）、式（2-12）构成的联立方程组就是一个2维系统$G = \{x, y \mid x, y$为系统要素$\}$。广义地讲，这就是系统的自创生。

东北地区制造业产业自主创新动力系统并非随产业发展"与生俱来"或是"传承有序"。即便产业链需求拉引力、企业家创新特质影响力、产业技术附加值诱导力、产业自主创新技术推动力等一系列东北地区制造业产业自主创新动力相关因素已经存在于产业之中，它们也只是以未来系统元素的身份游离存在，相当于各自独立的系统。在某一特定条件下，当这些游离元素间产生关联耦合，被整合形成具有新的涌现性的统一整体，并共同推动了东北地区制造业产业自主创新活动时，东北地区制造业产业自主创新动力系统由此创生。这一具有新的涌现性的统一整体，就是能激发东北地区制造业产生自主创新愿望，并能够保障产业自主创新活动持续开展的自主创新动力系统。

自创生是东北地区制造业产业自主创新动力系统自组织演化发展的第一步，它对应着后文中产业自主创新动力机制的第一个环节——启动环节。动力系统的自创生过程使东北地区制造业产业自主创新动力机制的激发和维持功能得以实现。

2. 东北地区制造业产业自主创新动力系统的自生长

自生长是在系统形成之后所要经历的自组织成长过程。贝塔朗菲用微分方程描述系统的自生长。他将方程（2-9）展开为泰勒级数，并假定没有要素的"自然发生"，即绝对项为0，因而得到（苗东升，2010）

$$f(x) = ax + bx^2 + \cdots \tag{2-13}$$

忽略高次项，得到式（2-9）的线性近似 $f(x) = ax$，其解为 $x = x_0 e^{at}$，表示线性系统按指数规律增长。这种增长只能在小范围内近似反映真实情况，若要逼近真实系统的自生长，还要考虑式（2-13）中的 2 次项。此时方程的解为 $x = \dfrac{ace^{at}}{1 - bce^{at}}$，它能反映系统的有限增长率，如图 2-11 所示。

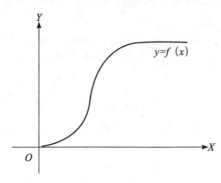

图 2-11　S 形增长曲线

系统的发展和壮大包括两个阶段：一是系统从无到有，二是系统从弱到强。自创生解决了系统"从无到有"的问题，要解决系统"从弱到强"的问题，就要经历发育、完善和成熟的自生长过程（苗东升，2010）。

最简单的生长是系统规模的扩大，也就是系统组分的不断增加（苗东升，2010）。例如，随着东北地区制造业产业自主创新活动的开展，产业自主创新人才队伍不断扩大，促进了产业自主创新人才支撑力的增强；自主创新资金投入强度的增加，促进了产业自主创新资金保障力的增强；关键技术与核心技术的积累，促进了产业自主创新技术推动力的增强等。产业自主创新动力的增强实现了东北地区制造业产业自主创新动力系统规模的扩大，推动了东北地区制造业产业自主创新动力系统的自生长进程。

然而，规模扩大仅仅是东北地区制造业产业自主创新动力系统自生长的最基本要求。东北地区制造业产业自主创新动力系统自生长的更高境界是动力资源的优化配置。东北地区制造业产业自主创新实践表明，产业自主创新动力系统并不是单纯依靠某个单一要素的作用来实现相关功能，而是通过要素耦合实现动力资源的高效配置，进而发挥产业自主创新动力的整体效应。例如，由于国家对东北地区制造业（尤其是装备制造业）产业自主创新活动多年来给予了很大程度的政策倾斜，使得产业自主创新政策支持力在推动东北地区制造业产业自主创新中起着重要作用。但是，只有产业自主创新政策支持力不足以促成东北地区制造业产业自主创新活动，还需要产业链需求拉引力、产业技术附加值诱导力以及企业家创新特质影响力的参与和配合，更需要产业自主创新资金保障力、产业自主创新人才支撑力、产业自主创新信息黏合力等动力间的耦合作用。只有在激发动力和维持动力的共同作用下，东北地区制造业产业自主创新活动才能够持续开展，东北地区制造业产业自主创新动力系统的自生长才能得以实现。

3. 东北地区制造业产业自主创新动力系统的自复制

系统在没有特定外在作用下产生与自身结构相同的子代，叫做自复制（苗东升，1990），如生命系统中的细胞复制过程就是典型的自复制过程。

东北地区制造业产业自主创新动力系统的自复制通过两种途径来实现。

途径一：将成熟的动力系统在自主创新主体中进行自身复制。东北地区制造业产业自主创新主体在成功开展自主创新活动之后，形成了适合于自身自主创新开展的动力系统，并拥有了一些自主创新的有效经验。当再次开展自主创新活动时，前期积累的自主创新经验会被应用于产业创新主体后续的自主创新活动中，产业创新动力也随经验一同被复制到后续的自主创新活动中，从而实现东北地区制造业产业自主创新动力系统的第一种自复制过程。这种自复制是一个传承的过程。

途径二：将系统部分或全部复制到产业内其他自主创新主体。东北地区制造业产业自主创新主体将自身创新的成功模式复制给其他将要开展自主创新活动的产业创新主体，由后者效仿成功者的做法，开展自主创新活动。这是一个学习的过程，在学习的过程中，东北地区制造业产业自主创新动力也随之复制，在学习者处发挥作用，从而实现东北地区制造业产业自主创新动力系统的第二种复制。

自生长和自复制过程对应着后文中东北地区制造业产业自主创新动力机制的第二个环节——传动环节。东北地区制造业产业自主创新动力机制的扩散和传递功能能通过动力系统的自生长和自复制过程得以实现。

4. 东北地区制造业产业自主创新动力系统的自适应

系统与外部环境之间的关系可以用适应与不适应来刻画。适应表现在两方面：一方面，系统与环境之间的物质、能量和信息的交换是以一种稳定有序的方式进行的；另一方面，系统组分之间的合作、竞争、互动、互应是以一种稳定有序的方式进行的。一旦这种稳定有序的方式被破坏，系统就处于不适应的状态。在这种状况下，系统将变革自身以适应新的环境，否则将被迫解体。这种系统对环境的适应如果是依靠系统自身的力量来建立和保障的，就叫做自适应（苗东升，1990）。

受环境因素变化的影响，东北地区制造业产业自主创新动力系统需要通过自适应来实现与环境的和谐相处。对于东北地区制造业产业自主创新动力系统而言，它将不断面对新的环境，即便只是发生作用对象或是作用条件的改变，动力系统同样需要一个适应的过程，才能达到与创新主体的匹配，继而发挥出应有的推动和促进自主创新活动的作用。而产业外部环境的改变，如宏观经济环境的变化、产业制度环境的变化、产业竞争环境的变化等，同样也会对东北地区制造业产业自主创新动力系统产生影响（这部分内容将在第四章影响因素中详细论述）。由于环境变化的不确定性和随机性，东北地区制造业产业自主创新动力系统将时刻处于自适应状态之中。

5. 东北地区制造业产业自主创新动力系统的自修复

除环境因素可能对系统造成影响之外，系统在存续运行中难免出现故障。无论是由环境因素造成的"外伤"，还是系统自身导致的"内伤"，都需要及时修复。在没有特定外部干预下，系统靠自身力量得以修复，称为自修复（苗东升，1990）。

东北地区制造业产业自主创新动力机制能够完成自调节和自修复过程。通过这一过程系统能够实时掌握自身状态，在出现运行"故障"或"偏差"、不能实现既定目标时，及时做出响应，修复自身的"创伤"和"漏洞"，以重新适应环境。例如，由于国际金融危机波及全球，我国宏观经济环境也随之发生变化，东北地区制造业的产业链需求受到较大影响，所以产业链需求拉引力的作用减弱。此时，扩大内需政策的出台使动力系统内部的产业自主创新政策支持力开始发挥作用，对东北地区制造业产业链需求拉引力起到了有效的增强作用，从而缓解了由外部环境突变对东北地区制造业产业自主创新动力系统造成的冲击。系统内部动力要素的这一调整过程就是东北地区制造业产业自主创新动力系统的自修复过程。

自适应和自修复过程对应着后文中东北地区制造业产业自主创新动力机制的第三个环节——反馈环节。东北地区制造业产业自主创新动力机制的反馈功能主要通过自适应和自修复过程得以实现。

第三节　东北地区制造业产业自主创新动力机制的运行分析

一、东北地区制造业产业自主创新动力机制的运行总述

东北地区制造业产业自主创新动力机制的运行主要是研究东北地区制造业产业自主创新动力系统内诸要素如何通过诱导、驱动、转化、传递、反馈等方式作用于产业自主创新主体并推动其开展自主创新活动。

1. 东北地区制造业产业自主创新主体划分

产业自主创新主体是产业自主创新动力的受力者，考虑到产业自主创新主体

的差异性会导致产业自主创新动力作用效果和作用方式不同，因此，有必要进一步明确东北地区制造业产业自主创新的主体，并对其进行分类。

美国著名传播学者 Rogers（埃弗雷特·M. 罗杰斯，2002）在《创新的扩散》一书中，从传播学的角度提出了新事物发展与扩散的五个阶段。

（1）了解阶段：接触新技术、新事物，但知之甚少。

（2）兴趣阶段：发生兴趣，并寻求更多的信息。

（3）评估阶段：联系自身需求，考虑是否采纳。

（4）试验阶段：观察是否适合自己的情况。

（5）采纳阶段：决定在大范围内实施。

创新的受众从了解创新到决定采纳创新，需要一定的时间。根据接受并采纳创新所需时间的长短，Rogers 将创新的受众分为五类：创新者（innovator）、早期采用者（early adopters）、早期大众（early majority）、晚期大众（late majority）和落后者（laggards），如图 2-12 所示。

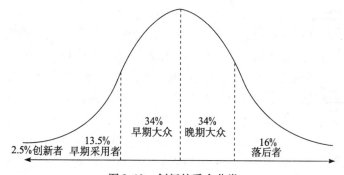

图 2-12　创新的受众分类

基于 Rogers 的创新扩散理论，参考其对创新受众的分类方法，可将东北地区制造业企业分为以下四类。

（1）自主创新先行企业：少部分具有创新和冒险精神，并具备创新能力，能快速感知机会并做出创新决策的企业。

（2）自主创新早期跟随企业：具有创新意识和创新能力，但态度谨慎、决策时间较长，能够在自主创新先行者的影响下开展自主创新活动的企业。

（3）自主创新晚期跟随企业：创新意识和创新能力较弱，不主动采取创新行为，直到多数企业都进行创新并从中受益，进而使自身发展受到严重威胁时才开始创新的企业。

（4）自主创新落后企业：无创新意识和创新能力，通过模仿或引进技术来满足技术需求，不会开展自主创新活动的企业。

在以上四类企业中，前三类企业被认为是东北地区制造业产业自主创新的主体，即东北地区制造业产业自主创新活动主要依靠自主创新先行企业、自主创新早期跟随企业和自主创新晚期跟随企业的共同行动来实现。因此，东北地区制造业产业自主创新动力主要在这三类企业之间传递，其中，自主创新先行企业在东北地区制造业产业自主创新过程中会起到引领和带动其他创新主体开展自主创新活动的重要作用。

2. 东北地区制造业产业自主创新动力机制的运行流程

前已述及，东北地区制造业产业自主创新动力系统的自组织经历了自创生、自生长、自复制、自适应与自修复的过程，与之对应，东北地区制造业产业自主创新动力机制运行过程可以划分为启动、传动与反馈三个环节。

第一个环节——启动环节。东北地区制造业产业自主创新活动由产业内的自主创新先行企业率先开展。首先，产业链需求拉引力和产业技术附加值诱导力直接或间接引发和增强企业家创新特质影响力，并作用于创新先行企业，激发出创新先行企业的自主创新意愿，推动产业内的创新先行企业开始自主创新活动。其次，产业自主创新政策支持力、产业自主创新人才支撑力、产业自主创新资金保障力将产生协同和耦合作用，并进一步转化为产业自主创新技术推动力，保障产业内的创新先行企业完成自主创新活动。因此，在企业家创新特质影响力的激发作用和产业自主创新技术推动力的保障作用下，自主创新先行者开始进行并得以完成自主创新活动，标志着东北地区制造业产业自主创新动力机制的启动。

第二个环节——传动环节。首先，一部分创新先行企业依靠自主创新活动获得高额收益、高市场占有率的事实在东北地区制造业内起到了积极的示范效应，放大了产业自主创新激发动力的作用和效果，激发了创新跟随企业的自主创新意愿。其次，产业内相关信息的流动，促进了产业自主创新政策落地、人员聚集、资金流动、技术扩散，进而将维持动力的作用不断放大和耦合。因此，在创新先行企业的示范效应和产业自主创新信息黏合力的作用下，产业自主创新动力通过不同的模式由产业内创新先行企业传递给创新早期跟随企业和创新晚期跟随企业，最终带动和实现了东北地区制造业整个产业的自主创新活动。

第三个环节——反馈环节。东北地区制造业产业自主创新动力机制是在一定的环境中运行的。环境要素对动力机制存在着或多或少的作用，在环境因素的影响和辅助参与下，产业自主创新动力实现了推动产业自主创新主体开展创新活动的功能。与此同时，东北地区制造业产业自主创新活动又反作用于环境因素和诸动力，通过系统与环境之间的物质、能量和信息的流动，引发环境和动力发生新的变化，产生新的产业自主创新需求。新一轮的自主创新需求又会推动产业自主创新主体在更高的技术层次上开展创新活动，从而使产业自主创新呈螺旋式上升。

东北地区制造业产业自主创新动力机制的运行过程如图 2-13 所示。

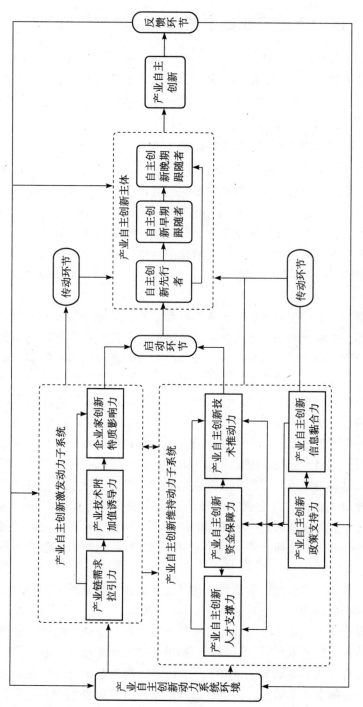

图2-13 东北地区制造业产业自主创新动力机制的运行图

二、东北地区制造业产业自主创新动力机制的启动环节

启动环节是东北地区制造业产业自主创新动力机制运行的最初阶段。通常，激发动力最先被制造业自主创新先行企业感知，在激发动力和维持动力的共同作用下，自主创新先行企业展开自主创新活动，东北地区制造业产业自主创新动力机制开始启动。

1. 启动环节中激发动力的作用分析

激发动力并非瞬间产生的，它平稳地存在于东北地区制造业产业自主创新动力系统之中，根据系统状态和外部环境影响随时产生不同程度的微小涨落。当动力系统中存在正反馈作用时，这些微小涨落被逐渐放大，激发动力被不断增强，使得系统开始失稳，并逐渐远离平衡态。一旦激发动力形成有效的、引发东北地区制造业产业自主创新动力系统自组织演化的巨涨落，东北地区制造业产业自主创新动力机制运行的"开关"就被开启，产业自主创新动力机制的激发功能得以实现。

这个过程相当于机车启动的"点火"环节，企业家创新特质影响力在此过程中起决定作用，原因有两个。首先，东北地区制造业产业自主创新动力机制的结构决定了企业家创新特质在东北地区制造业产业自主创新动力机制运行中起重要作用。由第二章激发动力的关联耦合分析可知，产业技术附加值诱导力和产业链需求拉引力可以激起企业家的创新欲望，进而增强企业家创新特质影响力。其中，产业链需求拉引力对企业家创新特质影响力更是具有直接和间接的双重作用。因此，在东北地区制造业产业自主创新动力机制的运行中，企业家创新特质影响力能够得到来自产业技术附加值诱导力和产业链需求拉引力的加强作用，由此发挥出更强的动力作用。其次，从自主创新实践来看，激发动力通常会被自主创新先行企业最先感知。自主创新先行企业与跟随企业之间最本质的区别就在于，创新先行企业的企业家具有更强烈的创新意识和冒险精神，能够敏锐感知到创新机遇，并快速采取创新行动，因此企业家创新特质影响力对创新先行企业的作用最为显著。

相关数据和实地访谈的结果显示，与其他企业相比，东北地区制造业中的主导企业具备在产业内率先开展自主创新活动的优势。

所谓主导企业，是指在市场上具有明显竞争优势的企业。这些企业通常具有较大的规模、较高的技术水平、较多的市场份额，能够带动和影响一个产业的自主创新发展（孙元媛和胡汉辉，2010）。东北地区制造业中的主导企业通常会成为创新先行企业的主要原因是它们具有强烈的潜在自主创新意愿，主要体现在以下三方面。

（1）主导企业需要巩固行业领先的地位。东北地区制造业主导企业深知其主导优势为其带来的巨大利益，一旦其行业领先的优势不复存在，这些利益将不再属于它们。因此，为了持续保持竞争优势，主导企业必须要重视需求、推陈出新、实现技术引领、巩固行业领先地位。行业领先的位置已经将这些企业置于高速列车之上，惯性作用不容许它们有丝毫懈怠，并要求它们时刻警惕可能的超越。

（2）主导企业缺少可以学习、效仿和为其提供帮助的对象。在经营发展的过程中，当技术落后且与先进技术存在较大差距时，出于能力与风险考虑，一般的企业通常不会选择自主创新，而是选择学习、模仿或引进等途径。但是，对于东北地区制造业中技术领先的主导企业来说，当遇到技术难题时，并不存在能效仿、学习的榜样，更没有为其提供帮助的对象，这时就要求主导企业自主研发新技术、自行攻克技术难关。

（3）主导企业具备良好的创新基因。可以说自主创新是东北地区制造业主导企业的优良基因，因为正是昨天的自主创新造就了今天的主导企业。创新基因经过复制和组织记忆被保留在这些企业的经营活动中，也注定会随着企业的成长遗传下去。优良基因不是体现在制造业主导企业拥有诸如雄厚的资金、优秀的人才、一流的技术、先进的设备等一系列开展创新活动的软硬件条件上，而是体现在这些主导企业浓厚的创新文化氛围上。企业家和员工的积极创新意识、公司的创新文化和创新理念为主导企业的创新先行营造了良好的发展空间。

除具有强烈的自主创新欲望之外，东北地区制造业主导企业成为创新先行企业的另一个主要原因是它们还具有一定的自主创新优势。

（1）主导企业具有规模经济的优势。主导企业的规模经济不单单表现在生产环节上，还表现在包括采购、研发、销售等在内的每一个企业经营的职能环节上。东北地区制造业的主导企业多数以其较大的采购和生产规模、较高的技术水平、较强的企业影响力、较广的销售网络牢牢占据了成本优势，为其开展自主创新活动奠定了基础。

（2）主导企业具有产品差异化的优势。东北地区制造业主导企业在逐渐确立市场优势地位的同时，在用户中间也日益确立了品牌优势。这一优势主要体现在主导企业的品牌、商誉和用户忠诚度方面。在同等条件下，相比于其他企业，用户更愿意相信、尝试和接受主导企业的自主创新产品。

（3）主导企业具有资本的优势。自主研发需要大量的资金投入，在这一点上，主导企业具有明显的优势。东北地区制造业主导企业有能力提供一定的自有资金用于自主研发，并且这一资金支出目前已经成为东北地区大多数甚至所有大型制造业企业的固定项目。此外，主导企业的融资能力也明显强于行业内的其他企业，它们可以利用广泛的融资渠道筹集资金，以开展大型科研项目。

（4）主导企业具有技术优势。东北地区作为老工业基地，其制造业的技术水平在全国处于先进水平，其主导企业的技术更是处于行业领先水平。它们的自主创新活动可以说是建立在较高的技术平台基础上，其自主研发的优势在起点上就已有明显体现，并且这一优势具有累积效应。

（5）主导企业具有政府支持的优势。东北地区制造业内的主导企业大多数是本行业的领头羊，无论在工业总产值还是税收方面，都为地方经济和国民经济做出了巨大贡献，其发展也备受政府关注。由于主导企业的自主创新活动意味着该行业技术水平的提升和区域经济活力的增强，国家和地方政府会给予积极的资金支持和相关的创新优惠政策倾斜。

强烈的自主创新意愿，保证了激发动力能够顺利地调动东北地区制造业主导企业的自主创新热情；而主导企业的自主创新优势，又确保了这种创新热情有条件被付诸行动。因此，激发动力总是最先对东北地区制造业中的主导企业产生作用。

东北地区制造业拥有一批规模大、技术高、市场份额大的主导企业：以大连重工·起重集团有限公司、中国第一重型机械集团公司等为代表的重型设备行业主导企业，以哈尔滨电气集团公司、特变电工沈阳变压器集团有限公司等为代表的电力设备行业主导企业，以沈阳机床股份有限公司、齐重数控装备股份有限公司、齐齐哈尔二机床企业集团等为代表的机床行业主导企业，以中国第一汽车集团公司、金杯汽车股份有限公司等为代表的交通运输设备行业主导企业，以鞍山钢铁集团公司、本溪钢铁（集团）有限责任公司等为代表的冶金行业主导企业，以及以哈药集团股份有限公司、东北制药集团股份有限公司等为代表的医药行业主导企业。多年来，这些行业主导企业积极开展自主创新活动，在东北地区制造业产业自主创新活动中起到了先行作用，在自身自主创新能力和水平提升的同时，也带动了行业整体和上下游产业链自主创新水平和能力的提高，为东北地区制造业产业自主创新发展贡献了重要力量。

2. 启动环节中维持动力的转化分析

要让机车启动，不仅需要"点火"，还需要提供足够的动能。维持动力的主要作用就在于为东北地区制造业产业自主创新提供动能。在推动产业自主创新活动的过程中，产业自主创新维持动力不仅会发挥独立作用、产生相互作用，而且最终会转化为产业自主创新技术推动力，从而促进技术突破，实现自主创新。

首先，产业自主创新政策支持力可以转化为产业自主创新资金保障力、产业自主创新人才支撑力、产业自主创新技术推动力和产业自主创新信息黏合力。政府对产业自主创新活动的支持可以通过政策来体现。政策支持的形式有多种：财政政策、税收政策、人才引进政策、技术保护政策、信息平台建设政策等。这些政策的落实不仅是对产业自主创新人才支撑力、资金保障力、技术推动力和信息黏合力的强化，也是政策支持力向其他维持动力的转化。

其次，产业自主创新资金保障力、产业自主创新人才支撑力和产业自主创新信息黏合力可以转化为产业自主创新技术推动力。其中，产业自主创新资金的投入，可以购买先进的科研设备，改善科研条件，提高技术水平和精度；产业自主创新人才队伍的壮大和素质的提升，可以增强产业自主创新的科研能力，提高技术突破的成功率；产业自主创新信息的流动可以传递前沿科技知识，为技术攻关开拓思路。这些维持动力最终都将转化为技术推动力，为推动技术水平的提升发挥作用。

除了以上所述的维持动力子系统内部动力要素间的转化关系，由产业自主创新动力机制的结构分析可知，激发动力子系统和维持动力子系统间还存在关联关系，因此，激发动力也可以通过这种关联关系达到增强维持动力的效果。例如，企业家创新特质影响力、产业技术附加值诱导力对产业自主创新技术推动力的直接正向促进作用，产业自主创新人才支撑力、产业自主创新资金保障力等对产业自主创新技术推动力的间接正向影响等都可以实现激发动力向维持动力的动能传递，达到增强产业自主创新技术推动力的目的。

可以说，一切自主创新动力的投入，最终目的都是开展和活动，实现技术突破。因此，产业自主创新激发动力和维持动力都可以通过耦合和转化关系对产业自主创新技术推动力产生增强作用，最终推动产业自主创新活动。

3. 东北地区制造业产业自主创新动力机制的平稳启动

追溯东北地区制造业在"一五"计划时期的发展历程，可以帮助人们理解：东北地区制造业产业自主创新动力机制是如何发挥作用，以实现产业自主创新动力系统自组织过程的自创生，进而推动动力机制平稳启动的。

"一五"计划的执行始于1953年。当时，我国处于工业经济发展的起步阶段，国家将苏联援建项目的1/3都投向了东北地区。随着这些项目的建成与投产，东北地区成为我国重要的制造业基地。没有任何前期基础，一切都要从头开始。但也正因为如此，企业家和工人的自主创新欲望十分强烈，创新工作的热情极度高涨，东北地区制造业企业家们的创新特质由此形成。同时，工业经济前期发展所产生的急切的产业链需求和高技术附加值要求，也迫使东北地区制造业必须进行自主创新。此时，自主创新动力要素间产生关联耦合，形成了一个能共同推动产业自主创新活动的统一整体，东北地区制造业产业自主创新动力系统实现了自创生。在国家战略需求、东北地域环境和宏观经济环境等因素的正反馈作用下，产业自主创新激发动力迅速增强并形成巨涨落，成功开启了东北地区制造业产业自主创新动力机制运行的开关。

激发动力和维持动力的共同作用则进一步促成了东北地区制造业产业自主创新动力机制的顺利启动。中国第一重型机械集团公司（简称"一重"）的案例能充分证明这一点。一重是东北地区重型机械制造行业的主导企业，其前身为第一重型机器厂，始建于1954年。1993年，经国家批准，企业以第一重型机器厂为核心组建了一重。12 500吨锻造水压机是"一重"自主研发的最早一批设备的代表。它的研制源于当时的产业生产需求和高技术要求。众所周知，锻造是工业原料加工的重要技术和方法，许多行业的工业原料都需要锻造加工。但是，在我国工业发展初期，锻造机械的生产还很落后，导致许多行业的发展受到制约。迫切的产业链需求和高技术附加值要求强烈地激发了东北地区锻造机械行业中企业家们的创新意识，让"一重"有了自主设计研发属于我国自己的大型锻造水压机的想法。加之国家政策对东北工业基地建设的倾斜，辅之以创新资金和人才的投入，这一切都转化为"一重"自主研发的技术推动力。最终"一重"攻克了技术难关，解决了当时生产的难题，为国家大型装备的生产提供了重要手段，也为我国大型锻造设备的自主创新发展提供了宝贵的经验。

由此可见，产业链的需求拉引力和技术附加值诱导力成功地触发了"一重"企业家创新特质影响力，产业自主创新政策支持力、产业自主创新资金保障力和产业自主创新人才支持力有效地增强了产业自主创新技术推动力，并最终实现了技术突破。可以说，企业家创新特质影响力和产业自主创新技术推动力共同驱动了"一重"的自主创新。

50多年来，"一重"为我国国民经济和国防事业的发展做出了重要贡献，提供机器产品近200万吨，填补工业产品技术空白400多项，开发研制新产品300余项，创造了多项"中国第一"，如我国第一套大方、圆坯连铸机，我国第一套1400毫米超低头连铸机，我国第一台1900毫米板坯连铸机，我国第一套2300毫米宽厚板连铸机等。2007年，"一重"又独立研发了15 000吨自由锻造水压机。专家组经鉴定认为：15 000吨自由锻造水压机已达到国际领先水平。有了这台国内首创、世界最大、技术最先进的锻造设备，就可以解决制约我国电力、冶金、石化、造船等行业发展的瓶颈难题，为我国尤其是东北地区制造业产业自主创新的全面启动奠定了重要基础。

像"一重"这样的自主创新先行者在东北地区制造业中还有很多。这些企业在我国经济建设初期及后来的东北老工业基地改造中，对东北地区制造业产业自主创新活动起到了引领和带动作用，实现了东北地区制造业产业自主创新动力机制的平稳启动，并在后续过程中共同推动了东北地区制造业产业自主创新活动的开展。

三、东北地区制造业产业自主创新动力机制的传动环节

东北地区制造业产业自主创新动力机制的功能不只体现在推动先行企业的自主创新活动上，更重要的作用在于让创新先行企业的高利润率产生示范作用，从而带动更多的企业开展自主创新活动。只有当创新先行企业和跟随企业共同开展自主创新活动时，才能最终实现东北地区制造业的产业自主创新。

Silverberg 和 Lehnert（1993）在其模型中提出，技术创新的模仿者机制是由利润率推动的，具有巨大潜在利润的新技术才会被采纳。从东北地区制造业产业自主创新实践来看，作为创新先行者的主导企业是主动开展自主创新活动的，但这类企业在产业内只占少数。对于其他企业而言，要调动起它们的创新热情，还需要依靠传动环节将创新先行企业的示范效应放大，进而将产业自主创新的动力传递出去。所谓产业自主创新动力的传递，是将产业自主创新动力从一个创新主体传递到另一个创新主体，用创新先行企业自身的运动（自主创新活动）带动创新跟随企业的运动。在这一过程中，产业自主创新信息黏合力起着主要作用。

1. 东北地区制造业产业自主创新信息的传递

Rogers（埃弗雷特·M. 罗杰斯，2002）认为，接收并采纳创新所需时间的长短取决于接受速度。创新被成员采用的速度受以下几方面因素的影响：①创新的性质；②传播渠道；③社会结构与规范；④人际网络。不难看出，几方面影响因素中，除创新的性质以外，其他因素与沟通都是分不开的。Rogers 将沟通定义为参与者互相提供和分享信息的过程，从而达到相互理解的目的。可见，信息在参与者之间的传递是影响创新传播速度的根本原因。

与此相似，产业自主创新动力的传递速度也受到多方面因素的影响，其中最主要的因素就是产业自主创新信息的传递。而信息传递本身又存在会聚与扩散两方面含义。

从会聚的角度来看，信息流通能将分散在产业内，存在于政府、金融机构、高校和科研机构的有关自主创新政策、资金、人才、技术等方面的信息，整合、会聚到中介机构或直接会聚到自主创新企业，从而促进自主创新政策落地、人才聚集、资金流动、技术扩散，将维持动力的作用放大，为东北地区制造业产业自主创新活动提供持续动能，推动其长期开展。

从扩散的角度来看，一方面，信息流通可以将会聚到中介机构的产业自主创新信息扩散到产业自主创新主体，实现产业自主创新信息资源的有效利用；另一方面，产业自主创新信息在产业自主创新主体间顺畅流通，增强了创新主体间的信息交流，方便了产业自主创新主体获取最新的行业创新动态，使创新先行企业

的示范效应得以更好地彰显。创新先行企业的示范效应不仅将产业自主创新激发动力的作用放大，而且通过竞争和学习等途径使创新先行企业自主创新的成功经验和动力模式得到推广，从而令更多的企业加入自主创新的行列，推动产业自主创新规模的扩大。

产业自主创新信息的传递过程可以通过图2-14进行说明。

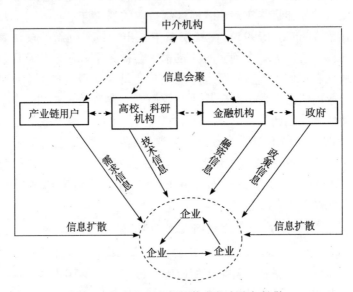

图2-14　产业自主创新信息的会聚与扩散

当然，除产业创新主体之外，东北地区制造业的产业自主创新活动还离不开其他利益主体的参与，如政府、金融机构、高等院校、科研机构、科技中介机构等。它们在对东北地区制造业产业自主创新活动施加动力的同时，也向其发出产业自主创新信息。例如，产业链用户会发出产业自主创新需求信息，政府会发出产业自主创新政策信息，高校和科研机构会发出产业自主创新人才与技术信息，金融机构会发出产业自主创新融资信息。

特别值得一提的是，在创新信息扩散的过程中，信息的供给方与需求方总处于不对称的状态（王帮俊，2011）。在少数情况下，产业自主创新信息可以直接被创新主体接收，为自主创新活动提供决策依据；但在多数情况下，则要依赖于科技中介机构进行传播。由于科技中介机构更了解行业的最新科技资讯和政府的相关政策信息，所以能更加专业、及时地在产业自主创新信息的需求方和供给方之间进行沟通。科技中介机构不仅促进了东北地区制造业企业、科研院所、金融机构、政府之间的信息交流与合作，实现了东北地区制造业产业自主创新动力作用的放大，而且将产业自主创新先行企业的创新成果和创新效益信息在产业内传播，使后者起到较强的示范作用。这种示范效应会引发早期跟随企业和晚期跟随企业的学习和效仿。在此过程中，产业自主创新动力也在各类创新主体中成功传递。由此可见，东北地区的科技中介机构在产业自主创新动力增强和传递的过程中扮演了重要角色。

其中，黑龙江省生产力促进中心着力构建信息储备仓库，跟踪各领域科技发展的现状、最新动态和发展趋势，国内外政府促进科技发展和创新的重大举措，如战略计划和规划、政策法规、研发计划，以及与科技发展相关的新见解、新观念、新思想等科技信息，促进了黑龙江制造业产业自主创新信息的会聚与传递，增大了产业自主创新政策、信息等维持动力的作用。

大庆高新区生产力促进中心着力提高中小型制造业企业技术创新和科技成果转化。该中心吸引76名海外高层次人才，携带62个具有国际先进水平的项目落户大庆，同时引进梁宏宝、王群等14位博士作为高端人才储备，为力神泵业等13家企业提供技术指导，并为当地制造业企业培养了一批技术骨干，促进了产业自主创新人才、技术等保障力的作用发挥。

从2007年起，辽宁努力整合资源，积极搭建包括产学研对接平台、成果转化平台、基础条件平台、科技中介服务平台和产业技术平台、农业科技服务平台等在内的六大科技创新平台。创新平台整合科研院所和高等院校的实验室、仪器设备、学科优势，针对制造业产业技术需求和主要研发方向攻关难题，增强了产业链需求、产业技术附加值等产业自主创新激发动力的作用；整合地区科技资源，实现了装备制造、大型科学仪器和科技文献资料共享；依托龙头企业，建立产业研发中心，增强制造业主导产业自主创新能力和竞争力，强化了企业家创新特质的影响力。这些科技创新平台的建设，实现了区域创新资源的整合，促进了区域创新信息的流通。

科技中介机构促进了产业自主创新信息流动，有效放大了产业自主创新激发动力与维持动力的作用效果。它将东北地区制造业产业自主创新活动的诸多参与者紧密连接到一起，为产业自主创新动力在创新主体间的流动搭建桥梁，促进了东北地区制造业产业自主创新动力的传递。

2. 东北地区制造业产业自主创新动力的传递模式

产业自主创新动力的传递与机械传动有相似之处，本书将其类比，用来解释东北地区制造业产业自主创新动力传递这一抽象的过程。

一部机器要想运转，离不开原动机。原动机是整部机器完成预定功能的动力源。而工作机是用来完成机器预定功能的组成部分。由于原动机的运动形式、运动参数等是有限的，而且是确定的，所以要想将原动机的运动转变为工作机所需要的运动，就要靠传动部分来完成。在东北地区制造业产业自主创新动力机制这部机器中，自主创新先行企业的自主创新可以被看做原动机。它的运动形式、运动参数，未必适合产业内所有企业。因此，在产业自主创新的进程中，需要由传动部分将自主创新动力传递到产业内其他企业，进而推动东北地区制造业整个产业的自主创新。

传动部分在产业自主创新活动中与在机器运行中具有同样重要的作用，原因如下。

第一，在机器运行中，工作机所要求的速度，一般与原动机的最优速度不相符，需要增速或减速。原动机的输出轴通常只做匀速回转运动，但工作机所要求的运动形式却是多种多样的。在东北地区制造业产业自主创新活动中，自主创新先行企业的自主创新活动形成了固定的最优模式，但是其他企业有各自的需求，其能力大小也不相同，不可能完全照搬自主创新先行企业的模式。

第二，在机器运行中，在有些情况下，需要用一台原动机带动若干个工作速度不同的工作机。在东北地区制造业产业自主创新活动中，通常是由自主创新先行企业的成功创新活动，去带动不同规模、不同实力、生产不同产品的多个企业开展创新活动。因此传动部分显得尤为重要。

传动的形式有多种，根据传递的原理不同分为机械传动、流体传动和电力传动。其中，机械传动是最基础，也是应用最广泛的一种传动形式。在机器制造中，通常要根据需要，同时综合可行性、经济性等多方面因素选择适合的传动方式。

David 和 Glinow（1993）在分析创新扩散时指出，某一刺激变量超过一个临界值时，受到刺激的个体会立即产生决策的反应，考虑是否进行创新。而这种刺激没能使所有潜在创新者同时做出创新决策的原因在于激发潜在创新者的刺激临界值不在同一水平上。这一临界值可理解为潜在创新者的创新需求、创新能力等因素（王帮俊，2011）。所以，在东北地区制造业产业自主创新动力传递过程中，也需要依据企业对创新响应的临界值，借助不同的传递方式实现创新动力的传递。下面选择具有代表性的传动方式进行分析。

1）传递模式 I——齿轮传动模式

齿轮传动是利用两齿轮的轮齿相互啮合传递动力和运动的机械传动。它具有结构紧凑、效率高、寿命长、传动比稳定等特点。

齿轮传动模式主要适用于东北地区制造业中自主创新先行企业与早期自主创新跟随企业之间的动力传递。自主创新先行企业与自主创新早期跟随企业具有自主创新能力基本相当的特征。因此，二者之间大多是竞争的关系。创新先行企业更早地洞察创新的机遇，并在强烈的企业家创新特质影响力的作用下，率先开展自主创新活动。

　　齿轮传动的优点是能够直接高效地传递动力，自主创新能力相当的企业之间的创新动力传递类似于齿轮传动。原因在于实力与创新能力相当的企业之间竞争激烈，产品、技术关联度较大，彼此间容易形成"创新—被超越—再创新"的交替创新领先局势。而产业自主创新信息黏合力加速了信息的传递与扩散，加剧了这种竞争局势，从而推动了产业自主创新动力的传递。这一现象，好比两个齿轮间的啮合，结构紧凑、关联紧密、快速响应、传递效率高。如此迅速、精准、高效的响应所需的成本巨大，需要企业有一定的经济实力和技术水平的支撑。经济实力和自主创新能力相当的企业有能力实现这样的竞争，从而能够有效借助信息黏合力的作用，促进产业自主创新动力的传递。

　　创新先行企业为主动轮，跟随企业为从动轮。主动轮与从动轮所受圆周力如图 2-15 所示。图 2-15 中主动轮转速 n_1 所受圆周力为 F_{t1}，从动轮转速 n_2 所受圆周力为 F_{t2}。

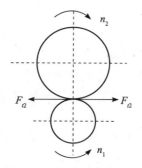

图 2-15　齿轮传动受力图

　　主动轮上的圆周力 F_{t1} 为阻力，方向与回转方向相反。从动轮上的圆周力 F_{t2} 为驱动力，方向与回转方向相同。结合创新实践可以理解为，创新先行企业通过创新，事业得到了一定的发展。由于竞争激烈，创新先行企业日益增长的影响力和市场占有率威胁到跟随企业的利益。应得利益受到威胁，激发了跟随企业的创新意愿，进而促使跟随企业开展创新活动。身为从动轮的跟随企业受到圆周力 F_{t2} 的驱动力，其施力方是创新先行企业。相反，创新先行企业在此过程中受到的力为阻力，阻力来源于跟随企业的创新。跟随企业进行创新后，加剧了与自主创新先行企业间的竞争，对创新先行企业构成障碍，阻碍了创新先行企业扩张的步伐。但是，正如具有持久动力的主动轮一样，拥有强烈创新意愿和霸主欲望的创新先行企业并不会甘拜下风，它会迅速开展新一轮的创新，继而重新占据领先地位。如此往复，便形成了实力与自主创新能力相当的企业之间由竞争而引起的创新的联动扩散，实现了产业自主创新动力的传输。

　　正如齿轮传动的制造和安装精度要求高、传动效率高，但价格贵、振动和噪声较大一样，东北地区制造业产业自主创新动力的齿轮传动模式对相关企业的创新能力要求较高，需要企业进行较大的自主创新投入，同时其所承担的创新风险也会很高。因此只有经济实力和自主创新能力强，存在较强竞争关系的企业间才能够通过这种模式传递自主创新动力。

2）传递模式Ⅱ——带传动模式

带传动由固联于主动轴上的带轮（主动轮）、固联于从动轴上的带轮（从动轮）和紧套在两轮上的传动带组成。当原动机驱动主动轮转动时，由于带与带轮间的摩擦，拖动从动轮一起转动，并传递一定动力。带传动具有结构简单、传动平稳、造价低廉及缓冲吸振等特点，在近代机械中被广泛应用。

带传动模式主要适用于东北地区制造业自主创新先行企业（或自主创新早期跟随企业）与自主创新晚期跟随企业之间的自主创新动力传递。自主创新先行企业（或自主创新早期跟随企业）与自主创新晚期跟随企业之间的关系具有企业实力和自主创新能力差距大、竞争不激烈的特点。它们之间大多是通过学习和效仿来实现自主创新动力传递的。产业自主创新信息黏合力促进了信息的传递与扩散，增加了企业之间的学习与交流机会，自主创新先行企业和早期跟随企业的示范效果得以快速传播，增强整个产业的自主创新氛围，从而促进了产业自主创新动力的传递。相比于齿轮传动而言，带传动的节奏缓和得多。

由于与自主创新先行企业之间存在一定的差距，自主创新晚期跟随企业追赶的步伐不那么急促，它在自主创新先行企业和自主创新早期跟随企业的自主创新示范作用下，慢慢产生自主创新的意愿。所以自主创新晚期跟随企业与自主创新先行企业之间存在足够的缓冲空间。在确保不承担过多风险的前提下，自主创新晚期跟随企业根据自身的能力和特点开展创新活动，逐渐跟上自主创新先行企业的步伐。虽然这种传动方式的效率较低，不能保证高效、准确的动力传动，但是对自主创新能力和技术水平要求较低，创新风险较小，能够满足这些企业的需求，符合他们的实力水平和自主创新能力水平。

图 2-16 为带传动受力图。皮带以一定的初拉力张紧在带轮上，这一拉力记为 F_0。皮带工作前，只受初拉力 F_0 作用，如图 2-16（a）所示。皮带工作时的受力可由图 2-16（b）进行简要分析。带传动工作时，设主动轮以转速 n_1 转动，带与带轮的接触面便产生摩擦力，主动轮靠此摩擦力，通过传动带带动从动轮以转速 n_2 转动。由于传动带的弹性形变，传动带沿带轮的运动是一面绕进、一面伸长，所以皮带的速度逐渐高于从动轮的圆周速度，于是带与从动轮之间发生相对滑动，称为弹性滑动。正常情况下，弹性滑动只是发生在较小范围的接触弧面上，不影响带传动运行。但是随着有效拉力的增大，弹性滑动的区段也将扩大。当弹性滑动的区段扩大到整个接触弧时，带的有效拉力达到最大（临界）值。如果工

作载荷进一步增大，皮带与带轮间就将发生显著的相对滑动，即产生打滑，使传动失效。

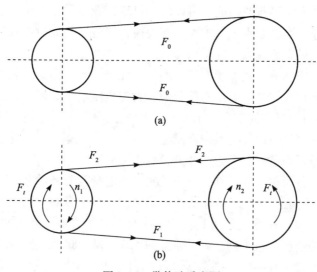

图 2-16　带传动受力图

　　带传动工作前，皮带以一定的初拉力套在两轮，对两轮施以压力，而两轮又始终保持一定的距离。同理，自主创新先行企业（或自主创新前期跟随企业）和自主创新晚期跟随企业之间虽然存在一定的关联，但是由于所处层次不同和实力的差距，加之自主创新晚期跟随企业技术水平相对落后、资金投入有限、抗风险能力较弱，所以，二者之间不存在明显的竞争，始终保持一定的距离，并不像齿轮传动那样结构紧凑、关系紧密，竞争也不激烈。自主创新先行企业的创新活动对自主创新晚期跟随企业的影响，就好像主动轮工作时，通过皮带带动从动轮旋转一样。通常自主创新晚期跟随企业是在自主创新先行企业适当的示范作用影响下，一步步逐渐尝试自主创新的。这一过程的弹性滑动是不可避免的，自主创新先行企业的创新速度大于晚期跟随企业跟随的速度，如果自主创新先行企业的创新速度能控制在一定的范围之内，晚期跟随企业还能够依靠摩擦勉强跟随。这种摩擦的大小取决于晚期跟随企业的创新资金、技术、人员等自主创新维持动力的大小。一旦自主创新先行企业的创新速度过快，对晚期跟随企业的拉动超过了阈值，即创新投入超出了晚期跟随企业的能力范围，维持动力就不足以保障企业的自主创新活动，晚期跟随企业就无法继续跟随主导企业的步伐前进，至此，创新动力传递失效。因此，带传动模式不能像齿轮传动模式那样提供持久稳定的动力传递。晚期跟随企业要想创新，一方面要提高自身的保障能力，增加摩擦力；另一方面，还要根据自身的实力选择合适的学习对象。

3. 东北地区制造业产业自主创新动力的有效传递

机床是先进制造技术的载体和装备工业的基本生产工具，是装备制造业的母机，服务于制造业众多行业领域。可以说，机床行业主导企业的自主创新，不仅能够提升本行业自主创新水平与扩大创新规模，同时还能通过产业链带动制造业产业自主创新规模和整体水平的全面提升。

东北地区机床制造业代表了本行业的国内先进水平，因为它拥有沈阳机床股份有限公司、齐重数控装备股份有限公司、大连机床集团有限责任公司（大连机床）、哈尔滨量具刃具集团有限责任公司、哈尔滨第一工具厂等一批国内知名机床企业。其中，齐重数控装备股份有限公司、大连机床集团有限责任公司、沈阳机床股份有限公司均被行业誉为"十八罗汉"之一。

齐重数控装备股份有限公司（齐重数控），前身为齐齐哈尔第一机床厂，始建于1950年，是国家"一五"时期重点建设的156个项目之一，是我国机床行业大型重点骨干企业和行业排头兵企业。在自主创新方面，齐重数控成绩卓越，是东北地区制造业产业自主创新先行企业的代表。从2000年起，齐重数控开始了自主创新的新探索。几年中，创造了多项拥有自主知识产权的"国家第一"，并获得国家多项奖励：Q1—105数控曲拐专用车床，荣获"中国机械行业科学技术奖"一等奖；国内最大的5米数控重型卧车，荣获我国机床类产品最高奖——"春燕奖"一等奖；数控重型曲轴旋风切削加工中心，结束了我国现有设备无法加工大型船用曲轴、只能依赖进口的历史，使我国成为继德国、日本之后第三个可以自主生产该种设备的国家。

齐重数控在自主创新方面取得的成功影响和带动了同行业的竞争对手，大连机床在其示范作用下逐渐开展自主创新并取得了不错的成绩。大连机床前身为大连机床厂，是新中国成立初期形成的具有一定实力的大型机床企业。由于历史因素，大连机床曾一度陷入困境。其后，在国家政策的鼓励和同行业企业的自主创新示范下，企业意识到单纯的引进与模仿并不能使企业彻底摆脱困境，要想在国际市场占有一席之地必须开展自主创新。2002～2009年，大连机床共开发355种新产品，拥有98项授权专利，其中发明专利9项；拥有168项自主知识产权的核心技术；自行开发出的高速加工中心、九轴五联动车铣复合加工中心机床等产品不但具有自主知识产权，而且达到或接近了当代机床的世界先进水平，其新产品销售收入占全部销售收入的45%。大连机床重新站到了国内机床行业的前列。

伴随着东北地区制造业信息化平台的建设和一系列行业科技中介机构作用的发挥，东北地区制造业产业自主创新信息黏合力的作用逐渐显现，产业内信息流通加速，有效促进了创新主体间的竞争与学习。在齐重数控和大连机床等一批创新先行企业和创新早期跟随企业的带动下，其他具有创新实力的大型制造业企业纷纷做出响应，产业内不断地形成"赶超—被超越—再赶超"的自主创新竞争局面。

在产业自主创新信息黏合力的作用下，东北地区制造业产业自主创新信息的扩散与传播速度加快，自主创新先行企业和跟随企业的自主创新活动的影响逐步扩大，实现了东北地区制造业产业自主创新动力的有效传递，对东北地区制造业产业自主创新的全面拉动效果也逐渐显现。

四、东北地区制造业产业自主创新动力机制的反馈环节

东北地区制造业产业自主创新动力机制运行在一定的环境中，环境要素对其存在或多或少的影响，如东北地区制造业的企业家创新特质是在东北地区这一特殊的地域环境中形成的；特定的宏观经济环境产生特定的产业链需求拉引力；产业自主创新政策的出台离不开产业制度环境；产业自主创新信息黏合力的产生依赖于产业的基础设施环境；产业自主创新动力是在一定的产业竞争环境中传递的。环境要素通过相关的产业自主创新动力而发生作用，从而间接参与了产业自主创新动力机制的运作。

反馈过程是信息传递和误差消除的过程（谭璐和姜璐，2009）。东北地区制造业产业自主创新动力机制的顺利运行离不开反馈。有效的反馈能实时监控动力机制中每一环节的运转是否正常、激发动力和维持动力的作用是否正常发挥、动力资源的利用是否充分合理、相关信息的流动是否畅通、系统与环境的互动是否受阻，从而为东北地区制造业创新主体的自主创新与再创新活动提供决策依据。

在前一节的传动环节中，本书探讨了东北地区制造业产业自主创新信息和动力的传递，下面将从误差消除的角度来分析产业自主创新动力机制运行的另一重要环节——反馈环节。

1. 东北地区制造业产业自主创新动力机制反馈环节的目标、主体与对象

产业自主创新动力的传递过程会受到外界因素的干扰，信息在各部门间的传递也难免出现错误，以致影响产业自主创新动力作用效果的发挥，阻碍动力要素之间的诱导、驱动和转化，以及产业自主创新动力的传递。反馈的目的就是要尽可能地纠正这些错误，保障产业自主创新动力作用的正常发挥和动力机制的顺利运行。

反馈的特点如下：不去监测和事先抵消干扰，只监测实际运行情况，把输出变量的信息反向传送到输入端，与体现目标要求的变量进行比较，形成误差；再根据误差的性质和大小决定指令，来改变机制的运行状况，逐渐缩小、消除误差，达到实施反馈的目的。当然，完全消除误差是不可能的，只能做到将误差控制在一定的范围之内。

东北地区制造业产业自主创新动力机制的反馈目标就是要调动激发动力，并合理配置与运用各维持动力，使之发挥出最大的动力效能。具体来说，对产业自主创新动力机制进行有效反馈的目的有二。首先，要确保动力系统中的激发动力形成巨涨落，启动东北地区制造业产业自主创新动力机制；其次，要对政策支持力和信息黏合力等产业自主创新维持动力有效利用，对产业自主创新资金保障力、人才支撑力、技术推动力等维持动力进行优化配置，保障产业自主创新动力机制良性运行，最大限度地发挥产业自主创新动力的作用效果，最终推动产业自主创新活动的开展。

明确了东北地区制造业产业自主创新动力机制的反馈目标，其反馈主体与反馈对象也就不难理解。东北地区制造业产业自主创新动力的反馈主体是东北地区制造业产业自主创新活动的各参与者，具体包括东北地区制造业产业自主创新主体（自主创新先行企业、自主创新早期跟随企业和自主创新晚期跟随企业）、政府、金融机构、科技中介机构、高校和科研院所。反馈对象则是东北地区制造业产业自主创新动力。

2. 东北地区制造业产业自主创新动力机制反馈环节的运行流程

依据反馈原理以及东北地区制造业产业自主创新动力机制运行过程，本书绘制出东北地区制造业产业自主创新动力机制反馈示意图，如图 2-17 所示（改编自原道谋著《企业系统工程》中的例子），简要反映了在反馈目标的指导下，反馈主体依据反馈信息对反馈对象施加反馈作用的过程。

在图 2-17 中，方框 1～方框 8 分别代表东北地区制造业产业自主创新各参与主体。其中，方框 1 代表东北地区制造业产业自主创新先行企业，方框 2 代表东北地区制造业产业自主创新早期跟随企业，方框 3 代表东北地区制造业产业自主创新晚期跟随企业，方框 4 代表政府部门，方框 5 代表金融机构，方框 6 代表科技中介机构，方框 7 代表高等院校，方框 8 代表科研机构。此外，圆 1～圆 8 代表比较器，表示部门之间沟通比较环节的节点，用于接收反馈信息，并与反馈目标进行对比，从而形成偏差。

$R(t)$ 代表激发动力输入，$H(t)$ 代表环境输入，$S(t)$ 代表维持动力输入，其中，$S_1(t)$ 代表产业自主创新政策支持力输入，$S_2(t)$ 代表产业自主创新资金保障力输入，$S_3(t)$ 代表产业自主创新信息黏合力输入，$S_4(t)$ 代表产业自主创新人才支撑力输入，$S_5(t)$ 代表产业自主创新技术推动力输入。$N(t)$ 代表影响因素输入，影响因素对产业自主创新动力机制运行的作用可以存在于产业自主创新活动的各个环节，为研究方便，这里仅将其作用于产业自主创新动力在自主创新主体间传递的过程中。$E(t)$ 代表输出，即东北地区制造业产业自主创新活动的产出，如产业自主创新技术、产品，以及产业（或社会）影响等。

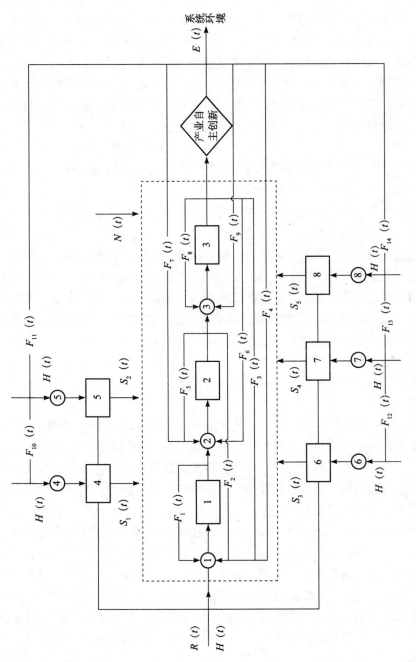

图2-17 东北地区制造业产业自主创新动力机制反馈环节示意图

$F(t)$ 代表携带反馈信息的反馈回路。其中，$F_1(t)$ 是来自产业内自主创新先行企业的反馈信息，包括自主创新先行企业的自主创新产出情况（如自主创新产品、技术的市场反映情况，自主创新活动对产业及社会影响），激发动力的变动情况，维持动力的运作情况等。$F_2(t)$ 和 $F_5(t)$ 是来自产业内自主创新早期跟随企业的反馈信息，包括自主创新早期跟随企业的自主创新产出情况、激发动力的变动情况和维持动力的运作情况等。$F_3(t)$、$F_6(t)$ 和 $F_8(t)$ 是来自产业内自主创新晚期跟随企业的反馈信息，包括自主创新晚期跟随企业的自主创新产出情况、激发动力的变动情况和维持动力的运作情况等。$F_4(t)$、$F_7(t)$、$F_9(t)$，以及 $F_{10}(t)$ ~ $F_{14}(t)$ 是来自产业自主创新活动输出与环境的反馈信息，包括产业自主创新活动的产出情况、激发动力的变动情况和维持动力的运作情况，以及产业自主创新环境变化情况。

从反馈主体利用反馈信息做出决策的角度来看，可以得出如下结论。

$F_1(t)$ ~ $F_4(t)$ 共同作用于自主创新先行企业的比较环节1。相当于分别来自自主创新先行企业自身和其他自主创新企业，以及产业整体自主创新活动的反馈信息共同会聚于自主创新先行企业。自主创新先行企业将这些反馈信息与反馈目标进行对比，找出偏差，从而形成新的自主创新决策，如自主创新先行企业根据产业链需求情况的变动和产业技术附加值实现情况形成新的需求与利润预期，从而强化企业家的创新特质，实现对下一轮自主创新活动的开展意愿的激发。产业自主创新政策、信息、资金、人才等维持动力的运用情况反馈，又会促使企业做出更科学合理的自主创新资源优化配置，从而促进产业自主创新技术动力的提升。

$F_5(t)$ ~ $F_7(t)$ 共同作用于自主创新早期跟随企业的比较环节2。自主创新先行企业的自主创新活动对自主创新早期跟随企业起到示范效应的同时，也是对后者开展自主创新活动、进行自主创新投入的激发。自主创新先行企业的示范效应与产业自主创新活动的良好反馈，共同放大了激发动力的作用，激发了自主创新早期跟随企业的自主创新意愿。

$F_8(t)$、$F_9(t)$ 共同作用于自主创新晚期跟随企业的比较环节3。自主创新先行企业的示范和自主创新早期跟随企业的良好市场反馈，以及产业自主创新大环境的改变与发展趋势形成的影响，促使自主创新晚期跟随企业也开展自主创新活动。至此，产业自主创新活动全面开展。产业自主创新活动产出作用于环境，使环境发生相应的变化，这些变化连同产业自主创新产出情况共同形成反馈信息，作用于产业自主创新活动的参与者，从而为下一轮的产业自主创新活动提供决策依据。

$F_{10}(t)$ ~ $F_{14}(t)$ 分别作用于产业自主创新活动的其他参与者的比较环节。

$F_{10}(t)$ 作用于政府的比较环节 4，政府部门根据产业自主创新的反馈信息，衡量政策制定与执行情况，有利于进一步加强和调整相关产业的自主创新政策，促进产业自主创新政策支持力的发挥。$F_{11}(t)$ 作用于金融机构的比较环节 5，金融机构根据产业自主创新活动的反馈信息，衡量对产业自主创新的资金支持力度，从而做出放宽或收紧产业自主创新贷款要求的决策。$F_{12}(t)$ 作用于科技中介机构的比较环节 6，科技中介机构依据产业自主创新活动的反馈信息，了解产业科技发展现状与需求，从而做出相应的信息发布，一方面使创新参与者及时了解产业自主创新发展情况，以便提供相应的支持来增强产业自主创新维持动力的作用；另一方面加快产业自主创新主体间信息互动，更好地发挥自主创新先行企业的示范效应，促进产业自主创新动力的传递。$F_{13}(t)$、$F_{14}(t)$ 作用于高校和科研机构的比较环节 7 和环节 8，他们根据产业自主创新活动的反馈信息，了解当前产业对技术和人才的需求，从而开展相关的基础研究与人才培养，为产业自主创新技术推动力和人才支撑力的作用发挥提供支撑。

于是，东北地区制造业产业的自主创新动力机制的信息反馈过程可由图 2-17 所示的流程来表达。

第一步，由于东北地区制造业产业自主创新系统的开放性，环境输入 $H(t)$ 作用于产业自主创新各部门，通过对自主创新动力的作用间接参与东北地区制造业产业自主创新动力机制的运行。

第二步，激发动力输入 $R(t)$ 刺激了自主创新先行企业的自主创新意愿和行动，维持动力输入 $S(t)$ 保证了自主创新先行企业能够顺利开展自主创新活动。$R(t)$ 与 $S(t)$ 共同形成对自主创新早期跟随企业开展自主创新活动的触动。

第三步，自主创新先行企业的示范和各方的良好反馈 $F(t)$ 对自主创新早期跟随企业产生影响，并将激发动力和维持动力放大，推动了早期跟随企业的自主创新活动。产业自主创新先行企业与自主创新早期跟随企业又共同带动了自主创新晚期跟随企业加入产业自主创新的队伍，扩大了产业自主创新的规模。随着产业自主创新规模的扩大，其产业及社会影响也逐渐加深。这些变化通过产业自主创新产出作用于环境，并形成新的环境输入反作用于产业自主创新主体及各参与者。

第四步，产业自主创新产出及环境变化的反馈信息 $F(t)$ 增强了产业自主创新参与者对产业自主创新维持动力的输入 $S(t)$，提升了产业自主创新激发动力的作用效果。由于这些方面的变化，产业自主创新先行企业在更高的技术层次上做出自主创新决策，推动新一轮产业自主创新活动的开展。

从图 2-17 中可以看到，除动力的输入外，还有一种输入，那就是影响因素。影响因素也会对东北地区制造业产业自主创新动力机制的运行产生一定的作用，本书将在第四章中对其进行重点研究。

本章小结

在东北地区制造业产业自主创新动力机制中，产业链需求是产业自主创新活动的出发点和产业自主创新动力传递的起点，它会诱发产业技术附加值诱导力、激发企业家创新特质影响力。产业自主创新资金保障力、产业自主创新政策支持力和产业自主创新信息黏合力作为重要的维持动力，对其他创新动力要素起着不同程度的影响作用。同时，激发动力子系统与维持动力子系统之间还存在着单向影响和双向影响。

东北地区制造业产业自主创新动力机制具备激发与维持功能、扩散与传递功能、反馈功能。布鲁塞尔器模型的分析表明，作为一个开放的复杂系统，东北地区制造业产业自主创新动力系统能够具备自组织运行的先决条件——耗散结构。该系统是在"自创生"、"自生长"、"自适应"、"自复制"、"自修复"等自组织过程中逐渐完善，从而实现东北地区制造业产业自主创新动力机制的特定功能的。

根据创新扩散理论，可将东北地区制造业企业分为自主创新先行企业、自主创新早期跟随企业、自主创新晚期跟随企业、自主创新落后企业等四类。其中，前三类企业被认为是东北地区制造业产业自主创新的主体，创新动力主要在这三类企业之间传递。与创新动力系统的自组织过程相对应，东北地区制造业产业自主创新动力机制运行过程可以划分为启动环节、传动环节与反馈环节三个阶段。在启动环节，由于具有强烈的潜在自主创新意愿，制造业中的主导企业通常会成为创新先行企业，它们率先开始进行自主创新活动；在传动环节，产业自主创新动力通过齿轮传动、带传动等不同模式由创新先行企业传递给创新早期跟随企业和创新晚期跟随企业；在反馈环节，东北地区制造业产业自主创新活动反作用于环境因素和诸动力，通过系统与环境之间的物质、能量和信息的流动，引发环境和动力产生新的变化，产生新的产业自主创新需求。

第三章 　东北地区制造业产业自主创新动力机制的影响因素研究

东北地区制造业产业自主创新动力机制在一定的系统环境中运行，因此，会受到多种因素的影响。本章旨在发现东北地区制造业产业自主创新动力机制的影响因素，通过对影响因素的敏感性分析和系统的可控性分析，明确实现东北地区制造业产业自主创新动力机制稳定运行的有效途径。

第一节　东北地区制造业产业自主创新动力机制影响因素的作用分析

一、影响因素的提出

东北地区制造业产业自主创新动力系统、系统环境、动力机制及其影响因素的关系如图 3-1 所示。东北地区制造业产业自主创新动力机制通过动力要素和环境因素的关联耦合建立起的动力系统与系统环境之间的桥梁。影响因素存在于系统环境之中，对动力机制的运行（如动力的形成、转化和传递等）产生影响。前文已对东北地区制造业产业自主创新动力系统环境进行了简要分析，本章在其基

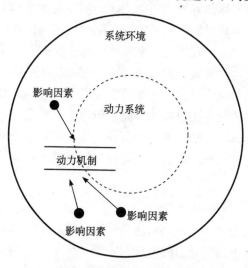

图 3-1　研究对象的关系图

础之上，结合产业自主创新主体行为、产业发展等情况，指出东北地区制造业产业自主创新动力机制的影响因素主要包括宏观经济发展水平、地域文化、地域经济、产业集群、所有制结构、学习能力、技术条件、产业竞争力等。

二、影响因素的作用分析

1. 宏观经济发展水平的影响

自主创新作为一项应用新技术、新知识的商业活动，通常要以一定的经济背景为依托。因此，东北地区制造业产业自主创新在一定程度上会受到国家宏观经济发展水平这样一个大的经济环境的影响。宏观经济发展水平虽然不能直接推动东北地区制造业产业自主创新活动，但是它可以影响创新动力的形成和动力作用的发挥，从而对东北地区制造业产业自主创新动力机制产生一定的作用和约束。具体表现如下：宏观经济发展水平越高，相应地，居民消费水平便会提高，由此而产生较高的消费需求，带动东北地区制造业产业发展和相关产业需求的提升，形成可以诱发创新的激发动力；随着激发动力的增强，通过动力间的耦合作用，其他动力也会随之加快运转，创新活动的步伐就会加快，从而推动东北地区制造业的产业自主创新。另外，宏观经济发展水平对产业创新资金筹措也会产生一定的影响。众所周知，投资资金的来源有两种。一是国内储蓄。从国内储蓄中获得投资资金的数量取决于国内储蓄总量的水平，而国内储蓄的多少则受经济发展水平和速度的制约。一般来说，经济发展水平越高，速度越快，可用于创新发展的国内储蓄就越多。二是国外投资。从国外获得投资资金的数量取决于我国对外国投资的吸引程度和对国际债务的偿还能力。经济发展水平越高，速度越快，我国对国际资本的吸收能力和对国际债务的偿还能力就越强，获得国外投资的条件和效果就越好。因此，在某种程度上，东北地区制造业产业自主创新筹资情况取决于我国宏观经济发展水平及资金的宽松程度（岳军，1998）。除此之外，宏观经济发展水平还会影响到政府行为。宏观经济发展水平越高，政府的财政收入就越多，对自主创新活动进行直接投资的可能性就越大，并且还会通过信贷政策、政府采购、风险分担等方式鼓励、刺激和引导创新主体的投资行为。由此可见，宏观经济发展水平会对东北地区制造业产业自主创新动力机制运行过程产生一定的影响。

2. 地域文化的影响

在东北地区制造业产业自主创新活动开展的过程中，具有地域特色的文化传统和文化体系对其自主创新动力的形成和发展产生了一定的影响。东北地区的地域文化是制造业产业自主创新动力产生的最深层的因素之一，同时也是产业自主创新活动的主观起点。地域文化不仅影响着东北地区的政府行为、经济体制改革的进程及创新支持政策的制定等，也影响着东北地区制造业内部的企业家创新特质的发挥、自主创新文化的形成以及创新人才的培养。东北地区是一个多民族的聚居区，多民族文化构成了东北地区文化的主体。其地域文化所呈现出的多元性和包容性，曾经是东北地区制造业产业在一定时期内得到快速发展并取得显著经济效益的根本保证。然而，在计划经济时期，由于经济模式的计划性与行政权力的集中性牢固结合，东北地区社会生活的整体结构具有极大的稳定性与封闭性，此时东北地区的文化模式也极具单一性和依附性，导致了东北地区的人们依附意识、服从心理逐渐增强，竞争意识、创新意识、市场经济意识日益减弱，靠资源、靠单位、靠政府的思想观念一度盛行。东北地域文化中的这些消极因素，对企业家创新特质的发挥、创新人才的培养产生了较强的抑制作用。在计划经济向市场经济转轨的过程中，东北地区社会生活结构的稳定性与封闭性逐渐被打破，崇尚竞争、开拓、拼搏的东北地域文化重新占据了主流，这种地域文化环境改变着人们的思维方式、价值取向，促进了创新思想的交流，调动了企业家和技术人才创新的积极性，对东北地区制造业产业自主创新的进程起到了一定的促进作用。

3. 地域经济的影响

地域经济环境对创新人才分布的影响，从大学生的就业选择可见一斑。区域经济发展水平和城乡差距促使许多大学生在就业时将"地域经济发达的一线城市和东部沿海城市"作为首选。《2006 全国毕业生就业调查报告》显示，毕业生以"经济发达，机会多，平均收入比较高"为选择工作地区的第一标准。在参与调查的 27 个省（直辖市、自治区）40 所全国重点大学的 58 665 名应届毕业生中，有 53.6% 选取了上海、北京和广东三个地区中的两个作为最愿意工作的地区，并且这一比例呈逐年上升的趋势。一线城市和沿海城市经济发达、就业机会多、收入水平高，而且各种信息资源丰富、公共服务设施齐备、生活水平和质量高，这些都是当代大学生，尤其是高素质人才所追求的。

然而，从全国各省市经济综合竞争力排名中能够清晰地看出，东北地区的经济综合竞争力排名相对靠后（表3-1），整体经济水平相对偏低；加之东北地区气候条件相对恶劣、所处地理位置偏远，因而相比于东部沿海城市和中部省区，缺乏对就业大学生的吸引力，也不利于引进高素质创新人才。可见，东北地区的地域经济现状影响了该地区制造业产业自主创新人才的会聚，从而减弱了东北地区制造业产业自主创新人才支撑力的作用。

表 3-1   东北地区经济综合竞争力全国排名

省份	2001 年	2002 年	2003 年	2004 年	2005 年	2006 年	2007 年	2008 年	2009 年	2010 年
黑龙江	10	11	11	13	14	13	12	15	16	15
吉林	16	21	19	21	20	21	19	21	21	20
辽宁	8	8	8	8	8	8	9	9	9	9

资料来源：全国各省市（区）经济综合竞争力分布及排名，http://wenku.baidu.com/view/1afb4f23482fb4daa58d4ba7.html。

4. 产业集群的影响

产业集群是在某一特殊领域中，相互联系的企业和研究机构在地理上的集聚形式（波特，2005）。它是产业空间布局的一种重要现象。在产业集群区域中，同一产业或相关产业的企业聚集在一起，使得该区域的经济呈现非常强劲的发展势头。在很多产业中，行业的潜在优势在于它的相关产业具有竞争优势。产业集群能够带来相关产业的"提升效应"（即相关产业的出色表现），自然会带动上下游产业的创新（杨公朴，2005）。

地缘因素使得东北地区制造业产业资源和活动的相对集中，促进了相关产业的集群化。产业集群加速了产业内部信息流通的速度，有利于东北地区制造业企业敏锐地洞察市场需求、产业发展趋势，获得有关上下游客户、竞争对手，以及新产品、新技术的演变与革新的相关信息，这些信息是产业自主创新信息黏合力的必要支撑，可见，产业集群对东北地区制造业产业自主创新信息黏合力的发挥具有促进作用。随着产业自主创新信息扩散的加快，东北地区制造业产业自主创新先行企业的示范效应也会扩大，由对传动环节的分析可知，产业自主创新先行企业的示范效应会带动创新跟随企业进行创新，从而将产业自主创新动力在东北地区制造业内有效传递，因此，产业集群对东北地区制造业产业自主创新动力的传递具有间接的促进作用。

马歇尔（Marshall）认为，产业在特定地区的聚集有利于新主意、新知识和新技能的传播和应用，尤其有利于隐性知识的传播和扩散。而这种多以人与人口头交流等非正式形式传播的隐性知识，恰恰是创新所需要的（Lundvall，1992；Feldman，1999）。从这一点来看，产业集群有利于促进东北地区制造业产业自主创新知识、技术的转移与扩散，而知识和技术又是产业自主创新技术推动力的重要构成部分，因此，产业集群有利于东北地区制造业产业自主创新技术推动力作用的发挥。

本书采用侯志茹（2010）的产业集群测度方法，通过计算区域商指数（LQ）对东北地区制造业产业集群进行测度，结果表明，交通运输设备制造业的集群效应最为显著，其区位商指数达到 3.36（通常 LQ 指数大于 1 表示集聚效果高于平均水平）。从东北地区制造业产业自主创新实践来看，以哈尔滨哈飞汽车工业集团有限公司（哈飞集团）、华晨汽车集团控股有限公司（华晨集团）、中国第一汽车集团公司（一汽集团）等企业为代表的东北地区交通运输设备制造业具有较强的自主创新动力，自主创新活动开展积极，并且通过自身自主创新能力的提高，增强了相关产业的"提升效应"，带动了东北地区整个制造业产业自主创新活动的开展。由此看来，产业集群对东北地区制造业产业自主创新动力作用的发挥和传递具有一定的促进作用。

5. 所有制结构的影响

所有制理论是马克思提出的一个重要经济范畴理论，它包括生产资料和生产条件所有制、劳动力所有制、产品和消费资料所有制等，是一个庞大的理论体系。所有制在不同的时代，有不同的表现形式。现阶段，我国所有制的形式主要有三种，即公有制、非公有制和混合所有制（李楠，2008）。所有制结构是我国经济学界在改革开放初期讨论我国所有制问题时提出来的。国务院研究室课题组将所有制结构定义为两层含义：一是指所有制的外部结构，即在社会经济体系中各种所有制类型所占的比重；二是指所有制的内部结构，即所有制的具体实现形式。所谓所有制的实现形式，是指在一定的所有制条件下社会再生产过程中资产的组织形式和经营方式。例如，在公有制条件下，主要有股份制、合作制和股份合作制等实现形式；在私有制条件下，主要有业主制、合伙制、无限责任公司、有限责任公司、股份有限公司等。

从第一层含义来看，所有制外部结构的转变，即非公有制经济比重的增加，通过改善宏观经济运行，可以增强产业链需求拉引力的作用。随着改革开放的深入，我国的国民经济持续增长，综合国力大大增强。1980～2009年，我国GDP平均每年增长9.4%，远高于世界经济平均增长率3%；外商直接投资从64亿元增长到1937亿元，工业制成品外贸出口总额从93亿美元增加到1.14万亿美元，有力地拉动了我国制造业产业的需求。我国经济的飞速增长被世界称为"中国模式"，该模式产生的根本原因在于所有制结构的转变，其中最突出的特点在于非国有经济尤其是私有经济比重的增长（李楠，2008）。这一所有制结构的转变可以在一定程度上刺激制造业的投资和产业需求，增强产业链需求拉引力的作用。

从第二层含义来看，所有制内部结构的转变通过完善产业制度环境，可以增强技术附加值诱导力和产业自主创新政策支持力的作用。业主制、合伙制、有限责任公司、股份有限公司等所有制实现形式的出现，丰富了市场经济的资产组织形式与经营方式，促使经营者更加注重对经济利益的追求，因此技术附加值诱导力的作用更容易得到发挥。另外，所有制实现形式的多元化活跃了市场经营活动，加速了相关法律空白、制度漏洞的显现，使产业制度环境在暴露问题与解决问题的过程中得以逐渐完善。产业制度环境是产业自主创新政策支持力形成和发挥作用的基本条件，因此，所有制内部结构的转变对产业自主创新政策支持力的发挥起到了一定的推动作用。

综上所述，从理论上来说，所有制结构的转变对东北地区制造业产业自主创新动力应产生促进作用。但是，从现实情况来看却并非如此。东北地区长期以来作为国家能源、原材料、装备制造和粮食生产基地，是国家重点投资的地区，因而逐渐形成了东北地区制造业公有制经济比重较大、非公有制经济比重极低的所有制结构。虽然国有企业改革促进了东北地区制造业所有制结构的转变，但是与经济发达地区相比，东北地区制造业的公有制比例仍旧很高，计划经济遗留下来的资产组织形式和经营方式单一、市场活跃程度低等问题仍有待进一步改善。可见，这种所有制结构的历史和现状在一定程度上抑制了所有制结构转变对东北地区制造业产业自主创新动力本应发挥的促进作用。

6. 学习能力的影响

一些学者从知识传播的角度定义学习能力，他们认为学习能力是企业从外界吸收、消化知识的能力（Cohen and Levinthal，1989；Kim，1998）。另一些学者从企业运营的角度定义学习能力，他们认为学习能力是指企业的警觉变化、预估影响、做出反应、调整安排的能力，反映了企业作为一个整体对各种内外信息的认知与反应的能力（David，1993；王振江等，1999）。本书对学习能力的界定更为广义，从产业自主创新动力传递的角度认为：学习能力既包括企业获取新知识和新技术的能力，又包括对产业自主创新信息的认知与反应能力。

盛垒（2010）分析指出，知识溢出和技术转移是否能提高接受者的自主创新能力，这取决于接受者对知识、技术的学习和吸收能力。只有具备了一定的学习和吸收能力，才能将技术知识内生化，形成自身的技术、知识储备。自身技术、知识的储备恰恰是产业自主创新技术推动力形成的必要条件，因此，从获取新知识和新技术的角度来看，学习能力的增强有利于技术储备与扩散，对产业自主创新技术推动力的形成和发挥具有一定的促进作用。

从对产业自主创新信息的认知与反应能力的角度来看，学习能力的增强有利于提高产业自主创新主体捕捉和识别自主创新信息的能力，从而提高产业自主创新信息的有效利用率，使产业自主创新信息黏合力的作用得到发挥。从前文对传动环节的分析可知，产业自主创新信息黏合力是东北地区制造业产业自主创新动力传递的重要动力因素。因此，学习能力在增强产业自主创新信息黏合力作用的同时，也促进了产业自主创新动力的传递。

通过以上分析可知，学习能力对产业自主创新技术推动力和产业自主创新信息黏合力的发挥具有支撑和促进作用。本书对东北地区制造业产业自主创新学习能力进行了调查，从调查问卷的反馈情况来看，该产业获取新知识、新技术的能力，以及对产业自主创新信息的认知和反应能力尚显不足（调查问卷及分析情况将在后文中详述），这将影响东北地区制造业产业自主创新技术推动力和产业自主创新信息黏合力的发挥。

7. 技术条件的影响

技术条件是开展产业自主创新活动的技术保障，其中不仅包括技术研发中心、创新试验室等专门的技术开发部门的保障，还包括先进的研发设备、生产设备等一系列技术装备的保障。

实践表明，创新活动开展良好的制造业企业大多数有完善、先进的技术条件作支撑。对于制造业而言，良好的技术条件是提高产业整体自主创新水平的基础保障。先进与完备的技术条件可以保证创新方案的完成和创新思想的实现，鼓舞研发人员的工作热情，甚至会激发研发人员的创新灵感、开拓研究思路，实现创新突破；反之，落后的技术条件往往完成不了高标准、高技术的创新方案，而且会限制创新活动的开展，挫败研发人员的工作热情，从而影响产业自主创新人才支撑力和产业自主创新技术推动力的发挥，甚至会阻碍产业自主创新人才支撑力向产业自主创新技术推动力的转化。

目前，东北地区制造业内部的技术条件存在明显的两极分化。例如，装备制造业是东北地区制造业中的优势产业，拥有多个国家级研发基地、研发中心，技术条件优越完备；但是，纺织业、家具制造业等其他非优势产业大多不具备自身的技术研发条件，其技术来源仅限于引进、模仿。这一现象使东北地区制造业的产业自主创新整体水平不平衡，对东北地区制造业产业自主创新技术推动力的作用发挥构成了一定的阻碍。

8. 产业竞争力的影响

产业竞争力是指在国际自由贸易条件下，一国产业以其所具有的相对于他国而言更高的生产能力及生产效率，向国际市场提供满足需求的更多产品，并持续获得赢利的能力（金碚，1997；周松兰，2007）。因此，从定义来看，产业竞争力能够影响一个国家或地区的产业需求和获利水平，进而可以通过产业链扩散对产业链需求拉引力产生一定的影响和作用。

另外，从创新生态理论的角度来看，由于处于不同创新生态位的创新种群所拥有的创新资源不同，所以，为了获得更优的创新资源，每个创新种群都具有获得更高创新生态位的原始动力。竞争力强的创新种群将具有较高的创新生态位，处于创新生态链的前端，其拥有的创新资源更优，获得的创新收益也更丰富（傅羿芳和朱斌，2004）。与此相似，在东北地区制造业产业自主创新活动中，具有较强竞争力的产业获得的创新资源和创新收益也会更多。根据前文的分析可知，创新收益的增加会促进下一轮创新资金的投入，从而进一步增强产业自主创新资金保障力。由此可见，产业竞争力对产业自主创新资金保障力具有间接的促进作用。

国家质量监督检验检疫总局根据全国25万多家企业的相关数据计算出我国制造业质量竞争力指数，用以分析我国制造业质量水平（标准与技术水平、质量管理水平和质量监督与检验水平）和发展能力（研发与技术改造能力、核心技术能力和市场适应能力），这一指数对判断我国制造业的分地区、分行业竞争力水平具有很好的借鉴作用。计算结果显示，2009年东北地区制造业质量竞争力指数平均值为80.10，低于全国质量竞争力指数82.14这一平均水平。这一现象说明东北地区制造业的产业整体竞争力尚显不足，它将削弱产业链需求拉引力和产业自主创新资金保障力的作用，进而影响东北地区制造业产业自主创新动力机制的运行。

第二节　东北地区制造业产业自主创新动力机制影响因素的作用路径分析

前文已对东北地区制造业产业自主创新动力机制影响因素的作用进行了分析，为进一步了解这些因素的影响范围，有必要对其作用路径进行研究。本节将基于系统动力学理论中的因果关系思想，采用回路分析和结果树分析相结合的方法分析东北地区制造业产业自主创新动力机制影响因素的作用路径，在此基础上构建系统动力学流图，并通过仿真数据分析影响因素的敏感性。

一、研究方法的相关理论介绍

系统动力学（system dynamics）是一门基于系统论、反馈理论和信息论的综合交叉学科。它借助计算机模拟技术，从微观结构入手建模，模拟和分析系统的动态行为，研究复杂系统随时间变化的问题。1956年，美国麻省理工学院（MIT）的福瑞斯特（Jay W. Forrester）教授创立了系统动力学，其著作《工业动力学》阐明了系统动力学的原理与典型应用，被誉为本学科的经典著作（王其藩，1988）。

系统动力学创立初期主要用于解决工业企业中出现的一些有关经营管理的问题，如产量和雇佣的不稳定性、企业发展中的波动和萧条现象，以及股票市场上出现的跌落现象，因此被称为"工业动力学"。随着学科的发展，研究范围远远超过工业范畴，其应用几乎遍及各种领域、各类系统，所以改称为"系统动力学"（乔治·P.雷恰逊，1987）。

1. 系统动力学的特点

系统动力学以系统论为基础，吸收了控制论和信息论的精髓，通过结构-功能分析和信息反馈来认识和解决系统问题。从系统方法论的角度来说，系统动力学是结构方法、功能方法和历史方法的统一，具有如下特点（王其藩，1988）。

（1）系统动力学可用于研究经济、社会、生态环境等高度非线性、高阶次、多重反馈、多变量、复杂时变的大系统问题。它可在微观与宏观层次上对复杂的多部门、多层次的大系统进行综合研究。

（2）系统动力学的研究对象主要是开放系统。它运用系统的观点、联系发展的观点和运动的观点，认为系统的特征与行为模式主要植根于系统内部的动态结构和反馈机制。

（3）系统动力学研究解决问题的方法是一种定性与定量相结合的方法，系统性思考、分析问题，并对其进行综合性推理，采用简单的技术，优化不良结构，模拟系统的结构与功能。

（4）系统动力学是规范的、有相对标准的建模方法，便于人们清晰地沟通思想，方便研究者对存在的问题进行剖析和对政策实验进行假设。

（5）系统动力学注重结构模型的研究，该模型的建模过程能够实现建模专家、决策者和管理人员的思想结合，还能够实现数据、资料、经验与知识的结合，以及系统科学理论与其他科学理论的有效结合。

2. 系统动力学解决问题的一般步骤

应用系统动力学解决问题大体可以分为五个步骤（王其藩，1988）。

第一步，运用系统动力学的理论、原理和方法对研究对象进行分析，明确建模目的，确定模型边界。

第二步，分析系统结构，确定总体与局部的反馈机制，构建系统因果关系图。

第三步，建立数学的、规范的模型，构建系统流图，确定关系方程。

第四步，对模型进行评估检验。

第五步，以系统动力学理论为指导对模型进行模拟与分析，可进一步剖析系统，得到更多的信息，从而发现问题、解决问题。

二、影响因素的作用路径分析模型

1. 模型边界的确定

所谓模型的边界（boundary）是指该模型的范围，它规定了形成某特定动态行为所应包含的最小数量的部件，边界内为模型本身，而边界外则为与模型有关的环境。因此，在讨论模型的结构时，首先要确定模型的界限在哪里，然后才能研究模型内部的具体结构问题（王其藩，1988）。

由于建立模型并不是要完全重构现实系统，而是对现实系统的简化和抽象，所以需要依据建模目的选择适当的变量以及变量之间的主要关系构建模型。本书构建系统动力学模型是为分析影响因素对东北地区制造业产业自主创新动力机制运行的作用路径与影响程度，研究东北地区制造业产业自主创新动力机制顺利运行所需具备的条件。因此，结合东北地区制造业产业自主创新动力机制结构及影响因素的作用分析，本书对模型边界的确定如下。

首先，模型包含东北地区制造业产业自主创新动力：企业家创新特质影响力、产业链需求拉引力、产业技术附加值诱导力、产业自主创新资金保障力、产业自主创新人才支撑力、产业自主创新技术推动力、产业自主创新政策支持力和产业自主创新信息黏合力。

其次，模型包含东北地区制造业产业自主创新动力机制的影响因素：所有制结构、宏观经济发展水平、产业集群、产业竞争力、学习能力、技术条件、地域经济和地域文化。

最后，模型还应包含必需的辅助变量，辅助变量的具体内容将在东北地区制造业产业自主创新动力及影响因素因果图和流图中给出。

2. 因果关系表达与分析方法

因果关系（causal relationship）是构成系统动力学的基础，一般以箭头和"+"、"-"符号的组合表示两个变量之间的关系，又称因果键（causal link）。带"+"的因果关系键表示正因果关系，简称正键；带"-"的因果关系键表示负因果关系，简称负键。图3-2为因果键示意图。图3-2（a）表示 A 变量为原因变量，B 变量为结果变量，A 变量的增加会引起 B 变量的增加。图3-2（b）表示 C 为原因变量，D 为结果变量，C 变量的增加将会引起 D 变量的减少。

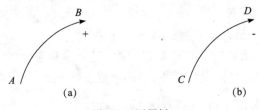

图 3-2　因果键

系统动力学的因果分析方法主要有反馈回路分析法、原因树分析法和结果树分析法。

（1）反馈回路分析法。反馈回路是由一系列具有因果关系与相互作用的链组成的闭合回路（王其藩，1988）。反馈回路分析法的主要做法是列举系统的反馈回路，分析其对系统的增强或稳定作用。

（2）原因树分析法。原因树是对给定的分析变量，列举作用于其上的变量；然后对这些作用变量，再列举作用于其上的变量；依此类推，逐级反向追溯，直到出现给定变量本身的一级为止，就得到了给定分析变量的一个原因树。原因树分析法常用于分析变量的作用来源。

（3）结果树分析法。其主要思想是，对给定的分析变量，列举其作用的变量；然后对这些作用变量，再列举其作用的变量；依此类推，逐级正向追溯，直到出现给定的分析变量的一级为止，就得到了给定分析变量的一个结果树。结果树分析法常用于分析变量的作用去向。

本书分析东北地区制造业产业自主创新动力机制的影响因素，其目的是找出影响因素的作用去向，绘制影响因素的作用路径。该分析有助于明确影响因素在东北地区制造业产业自主创新动力机制运行中的影响范围，为东北地区制造业产业自主创新动力机制顺利运行提供必要指导。因此，结合因果分析方法的特点和研究目的，本书选择回路分析和结果树分析相结合的方法，分析影响因素对东北地区制造业产业自主创新动力机制的作用路径。

3. 影响因素作用路径的确定

本书在分析东北地区制造业产业自主创新动力的关联耦合关系及产业自主创新动力机制影响因素作用的基础之上，构建了东北地区制造业产业自主创新动力及影响因素因果关系图（图3-3）。

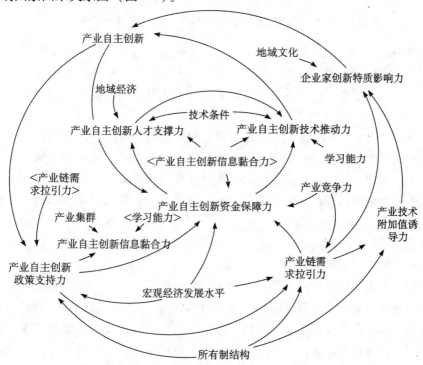

图3-3　东北地区制造业产业自主创新动力及影响因素因果图

东北地区制造业产业自主创新动力之间存在着复杂的耦合关系，决定了图3-3必然包含很多回路，并会产生回路重叠现象。但需要指出的是，本书并非要逐个分析每一条回路，而是要找出因果关系图中的重要回路。

通常情况下，学者们依据最大包络和最小支路的原则对重要回路进行分析。所谓最大包络原则，即指所选择的回路应最大限度地包含所有动力；所谓最少支路原则，即指在最大包络原则的基础上，使所选择的回路条数最少。基于这两条原则进行东北地区制造业产业自主创新动力及影响因素的回路筛选，既可以实现动力分析的全面性又可以兼顾研究分析的简化性。本书依据最大包络和最少支路原则，确定了以下两条重要回路（图3-4）。

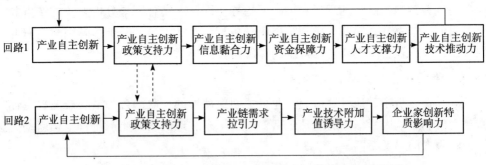

图 3-4 东北地区制造业产业自主创新动力机制的两条重要回路

回路1：产业自主创新—产业自主创新政策支持力—产业自主创新信息黏合力—产业自主创新资金保障力—产业自主创新人才支撑力—产业自主创新技术推动力—产业自主创新。该回路主要代表了东北地区制造业产业自主创新维持动力的作用过程。

回路2：产业自主创新—产业自主创新政策支持力—产业链需求拉引力—技术附加值诱导力—企业家创新特质影响力—产业自主创新。该回路主要代表了东北地区制造业产业自主创新激发动力的作用过程。

两条回路之间的虚线则表明了东北地区制造业产业自主创新维持动力与激发动力之间的关联。

根据结果树分析法的基本原理，本书得到了东北地区制造业产业自主创新动力机制运行影响因素的结果树。

其中，宏观经济发展水平的结果树如图3-5所示。从图3-5中可以看出，宏观经济发展水平对东北地区制造业产业自主创新动力机制运行的影响范围较广，几乎涉及所有产业自主创新动力。结合图3-4、图3-5，可以分析得到宏观经济发展水平对东北地区制造业产业自主创新动力机制的作用路径。首先，由前文影响因素的作用可知，宏观经济发展水平会对产业自主创新政策支持力、产业自主创新资金保障力和产业链需求拉引力产生影响。其次，通过要素间关联耦合，宏观经济发展水平的影响范围将被扩大。这一影响过程可以通过以下三条路径来实现：①以产业自主创新政策支持力和产业自主创新资金保障力为切入点，沿回路1将影响扩大到产业自主创新信息黏合力、产业自主创新人才支撑力和产业自主创新技术推动力，最终影响产业自主创新；②以产业链需求拉引力为切入点，沿回路2将影响扩大到技术附加值诱导力和企业家创新特质影响力；③以产业链需求拉引力为切入点，通过激发动力和维持动力间的关联，由回路2转向回路1，并沿回路1将影响范围扩大。

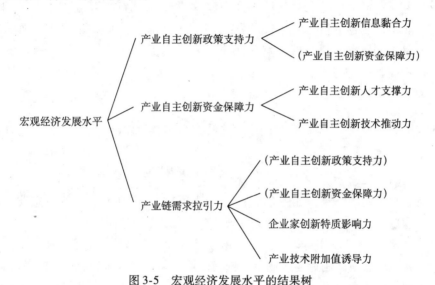

图3-5　宏观经济发展水平的结果树

地域文化的结果树如图3-6所示。该图表明，地域文化这一影响因素的作用对象较为单一。从图3-4、图3-6中可以看出，地域文化对东北地区制造业产业自主创新动力机制的影响范围较小，它仅以企业家创新特质影响力为切入点，通过回路2来影响东北地区制造业产业自主创新。

地域文化 ——————— 企业家创新特质影响力 ——————— 产业自主创新

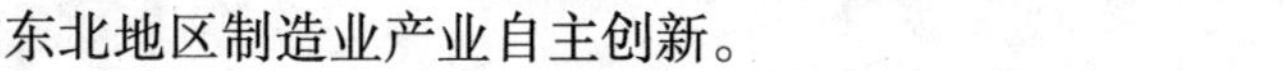

图3-6　地域文化的结果树

地域经济的结果树如图3-7所示。可以看出，地域经济对东北地区制造业产业自主创新动力机制运行的影响有限，仅对产业自主创新人才支撑力和产业自主创新技术推动力产生直接或间接的作用。从图3-4、图3-7中可以看出，地域经济对东北地区制造业产业自主创新动力机制运行的作用路径如下：地域经济因素以产业自主创新人才支撑力为切入点，通过回路1将影响扩散到产业自主创新技术推动力，进而影响东北地区制造业产业自主创新。

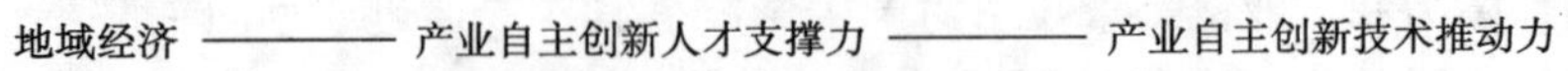

地域经济 ——————— 产业自主创新人才支撑力 ——————— 产业自主创新技术推动力

图 3-7 地域经济的结果树

产业集群的结果树如图 3-8 所示。图 3-8 表明，产业集群对东北地区制造业产业自主创新动力，尤其是产业自主创新维持动力的影响较为广泛。从图 3-4、图 3-8 中可以看出，产业集群对东北地区制造业产业自主创新动力机制运行的作用路径如下：产业集群先影响产业自主创新信息黏合力的发挥，再通过动力之间的耦合作用将影响扩散到产业自主创新人才支撑力、产业自主创新技术推动力和产业自主创新资金保障力；其后，分别以这三个动力为切入点，分别沿回路 1 影响东北地区制造业产业自主创新活动。由此可见，产业集群对东北地区制造业产业自主创新动力机制的影响在回路 1 处得到了三次加强，其影响力度也必然增强。

图 3-8 产业集群的结果树

所有制结构的结果树如图 3-9 所示。图 3-9 表明，所有制结构对东北地区制造业产业自主创新动力机制的作用点较多，直接或间接影响的动力因素较为全面。从图 3-4、图 3-9 中可以看出，与宏观经济发展水平的作用路径相似，所有制结构首先对东北地区制造业产业自主创新政策支持力、产业链需求拉引力和产业技术附加值诱导力产生影响，随后通过三条路径将影响范围扩大：①以产业自主创新政策为切入点，沿回路 1 将影响扩散到产业自主创新信息黏合力、产业自主

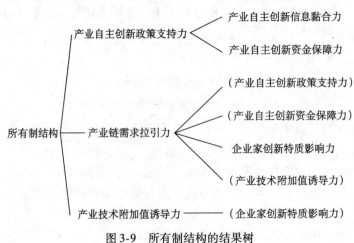

图 3-9 所有制结构的结果树

创新资金保障力，进而影响东北地区制造业产业自主创新活动；②以产业链需求拉引力和产业技术附加值诱导力为切入点，沿回路2将影响扩散至企业家创新特质影响力，进而影响产业自主创新活动的开展；③以产业链需求拉引力为切入点，通过产业自主创新政策支持力转向回路1，沿回路1将影响扩散至产业自主创新资金保障力，进而对后续动力作用产生影响。

技术条件的结果树如图3-10所示。图3-10表明，技术条件对东北地区制造业产业自主创新动力机制的影响范围较小，涉及的动力只有产业自主创新人才支撑力和产业自主创新技术推动力。从图3-4、图3-10中可以看出，技术条件对东北地区制造业产业自主创新动力的影响主要体现在回路1中，它以产业自主创新人才支撑力和产业自主创新技术推动力为切入点，影响东北地区制造业产业自主创新活动和动力机制运行。

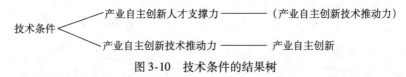

图3-10 技术条件的结果树

学习能力的结果树如图3-11所示。图3-11说明，学习能力的影响范围主要集中在维持动力方面。从图3-4、图3-11中可以看出，学习能力对东北地区制造业产业自主创新动力机制的影响集中体现在回路1中。它以产业自主创新信息黏合力为切入点，通过产业自主创新人才支撑力、产业自主创新资金保障力和产业自主创新技术推动力的共同作用影响东北地区制造业产业自主创新活动。

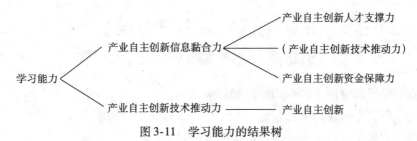

图3-11 学习能力的结果树

产业竞争的结果树如图3-12所示。产业竞争对东北地区制造业产业自主创新动力机制的影响涉及激发动力和维持动力，影响范围较广。从图3-4、图3-12中可以看出，产业竞争力对东北地区制造业产业自主创新动力机制的作用路径如下：①以产业自主创新资金保障力为切入点，沿回路1将影响扩散到产业自主创新人才支撑力、产业自主创新技术推动力，其影响作用在产业自主创新技术推动力处得到加强，最终作用于东北地区制造业产业自主创新活动；②以产业链需求拉引力为切入点，沿回路2将影响扩散至产业技术附加值诱导力和企业家创新特质影响力,其作用在企业家创新特质影响力处得到加强;③以产业链需求拉引力为切入点,通过产业自主创新政策支持力转向回路1,并沿回路1将影响范围进一步扩大,对产业自主创新资金保障力和产业自主创新技术推动力的影响则再次加深。

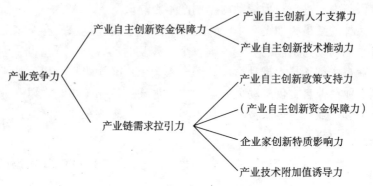

图 3-12　产业竞争力的结果树

综合上述分析,可以得出以下结论:①影响因素对东北地区制造业产业自主创新动力机制的作用路径大多以单一(或多个)动力为切入点,通过动力间的关联耦合,沿动力回路将作用范围扩大,实现对东北地区制造业产业自主创新动力机制运行的影响;②影响因素的作用范围不同,其中宏观经济环境、所有制结构、产业集群、产业竞争力和学习能力的影响范围较广,涉及的产业自主创新动力较多,其他影响因素的影响范围有限,涉及的产业自主创新动力较少。

第三节　东北地区制造业产业自主创新动力机制影响因素的敏感性分析

在明确了影响因素的作用路径和影响范围之后,本书将构建东北地区制造业产业自主创新动力及影响因素的 SD 流图,以进一步分析东北地区制造业产业自主创新动力机制运行对影响因素作用的敏感性。

一、影响因素的敏感性分析模型

基于前文对重要回路和影响因素作用路径的分析,借助 VENSIM PLE 软件,本书构建并绘制出东北地区制造业产业自主创新动力及影响因素的系统动力学模型流图(图3-13),并将以此为基础通过灵敏度分析进一步确定影响因素对东北地区制造业产业自主创新动力机制运行的作用程度。

需要说明的是,为了完成东北地区制造业产业自主创新动力及影响因素的系

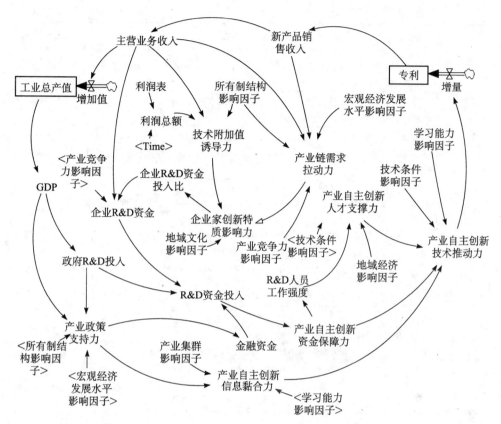

图 3-13　东北地区制造业产业自主创新动力及影响因素的系统动力学模型流图

统动力学模型流图，本书在东北地区制造业产业自主创新动力和影响因素之外，还引入了必要的辅助变量构成必要的物质流。其中，本书选择"工业总产值"和"专利申请量"为状态变量，以衡量在产业自主创新动力及影响因素的作用下东北地区制造业的经济产出和自主创新产出；其余的辅助变量如图 3-13 所示。

东北地区制造业产业自主创新动力及影响因素的系统动力学模型流图中涉及的主要公式见表 3-2。

表 3-2　系统动力学模型流图中的主要公式

序号	公式
（1）	GDP = 3 398.544 + 0.948 工业总产值
（2）	R&D 资金投入 = 政府 R&D 投入 + 企业 R&D 资金 + 金融资金
（3）	R&D 人员工作强度 = 38 417.66 + 0.011 × 产业自主创新资金保障力
（4）	产业自主创新信息黏合力 = 产业自主创新政策支持力 × （产业集群影响因子 + 学习能力影响因子）
（5）	产业自主创新资金保障力 = R&D 资金投入

序号	公式
(6)	产业自主创新人才支撑力 = R&D 人员工作强度 ×（1 + 地域影响因子 + 技术条件影响因子）
(7)	产业链需求拉引力 = 新产品销售收入 ×（1 + 宏观经济发展水平影响因子 + 所有制结构影响因子）/ 主营业务收入
(8)	产业自主创新政策支持力 =（1 + 宏观经济发展水平影响因子 + 所有制结构更影响因子）× 政府 R&D 资金 /GDP
(9)	产业自主创新技术推动力 = 0.935 + 0.652 产业自主创新人才支撑力 + 0.305 产业自主创新资金保障力 + 0.42 产业自主创新信息黏合力 + 0.009 6 技术条件影响因子 + 0.007 2 学习能力影响因子
(10)	工业总产值 = INTEG（增加值，6 402.11）
(11)	技术附加值诱导力 =（1 + 所有制结构影响因子）× 利润总额 / 主营业务收入
(12)	金融资金 = 204 518 ×（1 + 产业自主创新政策支持力）
(13)	企业 R&D 资金 = 主营业务收入 × 企业 R&D 资金投入比 ×（1 + 产业竞争力影响因子）
(14)	企业 R&D 资金投入比 = 0.83 ×（1 + 企业家创新特制影响力）
(15)	企业家创新特制影响力 =（产业链需求拉引力 + 技术附加值诱导力）×（1 − 地域文化影响因子）
(16)	新产品销售收入 = − 2 106.286 + 0.165 专利
(17)	专利 = INTEG（增加值，12 758）
(18)	政府 R&D 投入 = 0.001 × GDP − 10.936
(19)	主营业务收入 = 5 927.869 + 4.621 新产品销售收入
(20)	利润表 = {[（2000，1 000）−（2009，2 200）]，（2000，1 387.54），（2001，1 252.3），（2002，1 313.43），（2003，908.34），（2004，1 230.17），（2005，1 428.94），（2006，1 708.88），（2007，2 157.46），（2008，1 987.6），（2009，1 728.86）}

二、影响因素敏感性分析模型的有效性检验

有效性检验是对所建模型正确性的考查。如果通过了有效性检验，说明模型构建合理，可以用于分析所要研究的问题。系统动力学模型有效性检验的方法可分为直观检验、运行检验和历史检验。

1. 直观检验与运行检验

直观检验与运行检验的主要内容如下：通过对资料进一步分析、与用户对话等方式，检验变量设置、因果关系、流图结构是否合理；对方程进行量纲检验，检测方程两边量纲是否一致；观察模型运行是否产生病态结果。

本书通过调研样本企业、访谈企业有关人员、查阅相关文献，确定了模型变量以及因果关系的合理性；通过 VENSIM 软件构图与运行，确定了方程量纲的一致性、流图结构的正确性和各变量运行的正常性。

2. 历史检验

所谓历史检验，是选择历史时刻为初始点进行仿真，然后用已有历史数据与仿真数据进行误差、关联度等检验。历史检验主要是为了检验模型的运行状态与实际系统行为的相似度，以判定模型能否正确描述系统状态。

本书将东北地区制造业产业自主创新动力及影响因素的系统动力学模型流图中的仿真系数设定如下：初始年为2000年，终止年为2009年，步长为1。状态变量随时间变化的趋势如图3-14、图3-15所示，模拟结果符合实际系统中两个变量的发展趋势。

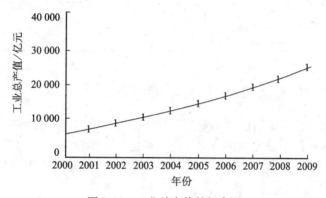

图 3-14 工业总产值的拟合图

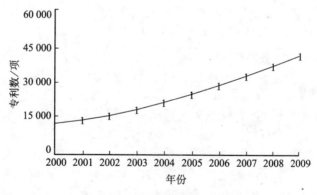

图 3-15 专利申请量的拟合图

通过仿真值与真实值的对比，人们能够更清楚地了解模型的拟合情况。表3-3列出了图3-14、图3-15中相关变量的仿真值、真实值和误差率。从工业总产值和专利申请数的仿真值、真实值和误差率来看，工业总产值的平均误差率为1.5%，专利申请数的平均误差率为2.4%，表明历史数据与仿真数据之间的误差较小、关联度较强，说明模型的拟合效果较好。

表 3-3　仿真值与真实值的误差率

项目	工业总产值			专利申请量		
	仿真值/亿元	真实值/亿元	误差率	仿真值/项	真实值/项	误差率
2000 年	6 402. 11	6 402. 11	0	12 758. 00	12 758	0
2001 年	7 307. 45	7 016. 71	0. 041	14 071. 10	13 811	0. 018
2002 年	8 986. 87	8 314. 19	0. 080	15 955. 40	17 656	−0. 096
2003 年	10 902. 60	9 997. 45	0. 090	18 420. 50	20 784	−0. 113
2004 年	12 997. 40	13 877. 97	−0. 063	21 399. 40	23 271	−0. 080
2005 年	14 990. 30	15 004. 42	−0. 001	24 793. 30	25 823	−0. 039
2006 年	17 174. 70	18 113. 44	−0. 051	28 508. 00	28 165	0. 012
2007 年	19 568. 70	21 640. 43	−0. 094	32 467. 90	32 011	0. 014
2008 年	23 186. 20	25 206. 77	−0. 080	36 616. 10	34 403	0. 064
2009 年	25 037. 60	26 736. 33	−0. 063	40 911. 30	40 751	0. 003
平均误差			−0. 015			−0. 024

三、影响因素敏感性分析模型的仿真及结果分析

本书在保持其他影响因素不变的条件下，通过改变某个影响因素的指标数值来模拟该因素的作用强度变化情况，进而根据模型中状态变量的变化趋势，判断该影响因素对东北地区制造业产业自主创新动力机制运行的作用程度。

1. 影响因素的测度及取值

1）宏观经济发展水平的测度及取值

宏观经济发展水平通常用人均 GDP 来衡量（魏守华等，2010；孙冰，2003）。2000~2009 年，我国人均 GDP 平均值为 14 889 元，最高值为 25 575 元。本书将 14 889 设为宏观经济发展水平的基础值，将 25 575 设为宏观经济发展水平的仿真值。

2）产业集群的测度及取值

产业集群通常采用区位商系数进行测度（侯志茹，2010），公式如式（3-1）所示：

$$LQ_{ij} = \frac{r_{ij}/r_j}{N^i/N} \tag{3-1}$$

式中，分子 r_{ij}/r_j 表示产业 i 在地区 j 的生产总值占地区 j 全部产业生产总值的份额，分母 N^i/N 表示产业 i 的生产总值占全部产业生产总值的份额。

根据相关统计数据可得，东北地区制造业 29 个行业的区位商系数平均得分 1.048，最高得分 3.372。因此，本书将区位商系数的平均得分 1.048 设为基础值，将其最高得分 3.372 设为仿真值。

3）产业竞争力的测度及取值

笔者认为，质量竞争力指数及其评价指标体系（表 3-4）符合本书对东北地

区制造业产业竞争力研究的需要，因此，可以选取质量竞争力指数来定量测度东北地区制造业的产业竞争力。

表3-4 质量竞争力指数评价指标体系

一级指标	二级指标	三级指标	统计指标
质量竞争力指数	质量水平	标准与技术水平	产品质量等级品率
			微电子控制设备比重
		质量管理水平	质量管理体系认证率
			质量损失率
		质量监督与检验水平	产品监督抽查合格率
			出口商品检验合格率
	发展能力	研发与技术改造能力	研究与实验发展经费比重
			技术改造经费比重
		核心技术能力	每百万元产值拥有专利数
			新产品销售比重
		市场适应能力	平均产品销售率
			国际市场销售率

资料来源：国家质量监督检验检疫总局网站（http://zlgls.aqsiq.gov.cn/gzdt/rdgz/201101/t20110120_176243.htm）。

国家质量监督检验检疫总局发布的2009年制造业质量竞争力数据显示，东北三省制造业质量竞争力指数分别为辽宁82.63、吉林82.10、黑龙江76.57，平均值为80.10。因此，本书将东北地区制造业质量竞争力指数的平均值80.10设为基础值，将其最高值82.63设为仿真值。

4）所有制结构的测度及取值

所有制结构通常采用非公有经济占全部经济的比重进行衡量（李楠，2008）。经计算，2000~2009年，东北地区制造业非公有经济的工业总产值占全部经济类型的工业总产值的比重平均为39.6%，最高为61.5%。因此，本书将0.396设为所有制结构的基础值，将0.615设为所有制结构的仿真值。

5）地域经济的测度及取值

本书认为，地域经济可采用该地区GDP占全国GDP的比重来衡量。经计算，2000~2009年，东北地区GDP占全国GDP的比重平均值为9.2%，最高值为9.8%。因此，本书将0.092设为地域经济的基础值，0.098设为地域经济的仿真值。

6）地域文化、技术条件和学习能力的测度及取值

由于东北地区制造业产业自主创新动力机制影响因素中的地域文化、技术条件和学习能力三个因素对地域、产业的限定性较强，不宜选用现有统计指标进行量化。所以，本书通过问卷调查的方式对上述三个指标进行测度。调查问卷量表见表3-5。

表 3-5　调查问卷量表

要素	题项	完全不相符→完全相符
N1：技术条件	N11：制造业企业拥有专门的研发实验室	1 2 3 4 5 6 7
	N12：制造业企业拥有世界—流的专业研发设备	1 2 3 4 5 6 7
	N13：制造业企业能根据研发需要购买或更新研发设备	1 2 3 4 5 6 7
	N14：在东北地区范围内，制造业企业所属行业拥有公共技术实验室或科研基地需求	1 2 3 4 5 6 7
N2：学习能力	N21：制造业企业了解本领域前沿技术、知识	1 2 3 4 5 6 7
	N22：制造业企业有能力掌握本领域前沿技术、知识	1 2 3 4 5 6 7
	N23：制造业企业科研人员经常参加国际学术、技术交流	1 2 3 4 5 6 7
N3：地域文化	N31：东北地区的地域文化是容忍失败的文化	1 2 3 4 5 6 7
	N32：东北地区的地域文化是对新观念、新思想、新知识包容和接纳的文化	1 2 3 4 5 6 7

为验证调查问卷量表的可靠性和有效性，本书使用 SPSS17.0 的可靠性分析和因子分析对问卷进行信度和效度分析，分析结果如表 3-6 所示。

表 3-6　调查问卷量表的信度与效度分析

要素	题项	项目的总数相关系数（CITC）	主成分			克龙巴赫 α 系数	
			1	2	3		
N1	N11	0.744	0.775	0.222	0.278	0.887	0.917
	N12	0.814	0.868	0.214	0.207		
	N13	0.646	0.744	0.373	0.363		
	N14	0.834	0.857	0.255	0.194		
N2	N21	0.664	0.262	0.865	0.263	0.809	
	N22	0.759	0.433	0.771	0.256		
	N23	0.591	0.085	0.804	0.356		
N3	N31	0.855	0.191	0.269	0.9901	0.922	
	N32	0.855	0.257	0.189	0.904		

从表 3-6 中可以看出，N1、N2 和 N3 的克龙巴赫 α 系数均在 0.8 以上，说明该量表设计理想，具有可信度。N11 ~ N14、N21 ~ N23、N31 ~ N32 的 CITC 值（corrected-item total correlation）均在 0.5 以上，说明量表设计的收敛效度良好。通过探索性因子分析结果（component）可以看出 N1、N2 和 N3 具有较明显的区分度，说明量表区分效度良好。信度与效度分析表明该问卷设计合理，数据可靠、可用。

问卷调查变量 N1、N2 和 N3 的描述性统计数据如表 3-7 所示。其中，Min 为调查变量的最小值，Max 为调查变量的最大值，Mean 为调查变量的均值。本书将技术条件、学习能力和地域文化的 Mean 值设为基础运行值，将 Max 值设为仿真值。

表3-7　描述性统计数据

要素	Min	Max	Mean
$N1$	4.58	4.88	4.78
$N2$	4.906	5.01	4.94
$N3$	4.71	4.79	4.75

2. 仿真结果及分析

本书对影响因素作用的仿真模拟共运行 9 次（Run1～Run9），其中 Run1 为基础运行，即选取各影响因素的基础值作为输入进行运行；Run2～Run9 为仿真运行，即分别选取各影响因素的仿真值进行运行。Run1～Run9 的具体运行方案如表3-8 所示，其中各影响因素的仿真值已用括号标出。

表3-8　Run1～Run9 的具体运行方案

运行方案	宏观经济发展水平影响因子	产业集群影响因子	产业竞争力影响因子	所有制结构影响因子	地域经济影响因子	地域文化影响因子	技术条件影响因子	学习能力影响因子
Run1	14 889	1.048	80.10	0.396	0.092	4.75	4.78	4.94
Run2	(25 575)	1.048	80.10	0.396	0.092	4.75	4.78	4.94
Run3	14 889	(3.372)	80.10	0.396	0.092	4.75	4.78	4.94
Run4	14 889	1.048	(82.63)	0.396	0.092	4.75	4.78	4.94
Run5	14 889	1.048	80.10	(0.615)	0.092	4.75	4.78	4.94
Run6	14 889	1.048	80.10	0.396	(0.098)	4.75	4.78	4.94
Run7	14 889	1.048	80.10	0.396	0.092	(4.79)	4.78	4.94
Run8	14 889	1.048	80.10	0.396	0.092	4.75	(4.88)	4.94
Run9	14 889	1.048	80.10	0.396	0.092	4.75	4.78	(5.01)

Run1～Run9 的仿真结果如图 3-16、图 3-17 所示。

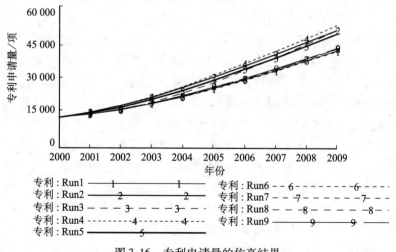

图 3-16　专利申请量的仿真结果

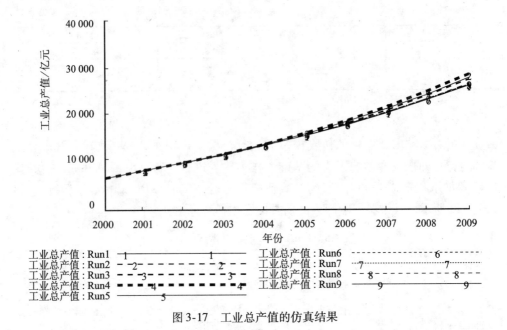

图 3-17　工业总产值的仿真结果

从图 3-16、图 3-17 的仿真结果来看，Run6 ~ Run9 几乎与 Run1 重合，即地域文化影响因子、地域经济影响因子、技术条件影响因子和学习能力影响因子的变化基本没有引起专利申请量和工业总产值这两项指标的变动，表明这些因素对东北地区制造业产业自主创新动力机制的运行影响不显著。Run2 ~ Run5 的仿真曲线与 Run1 曲线分化明显，说明宏观经济发展水平影响因子、产业集群影响因子、产业竞争力影响因子和所有制结构影响因子的变化能够引起专利申请量和工业总产值两项指标的较大变化，表明这些因素对东北地区制造业产业自主创新动力机制运行起到了较大的影响作用。

结合前文对影响因素作用路径的分析，可以对仿真结果做出以下解释：地域经济、地域文化、技术条件和学习能力对东北地区制造业产业自主创新动力机制的作用路径单一、影响范围较小，因此东北地区制造业产业自主创新动力机制运行对其敏感性较弱；而宏观经济发展水平、产业集群、产业竞争力和所有制结构对东北地区制造业产业自主创新动力机制的作用路径复杂、影响范围较广，因此东北地区制造业产业自主创新动力机制运行对其敏感性较强。

本书去除对东北地区制造业产业自主创新动力机制运行影响不显著的地域经济、地域文化、技术条件和学习能力因素的仿真结果（Run6 ~ Run9），主要分析对东北地区制造业产业自主创新动力机制运行影响较为显著的宏观经济发展水平、产业集群、产业竞争力和所有制结构的仿真结果（Run2 ~ Run5）。

笔者分别计算了工业总产值和专利申请量在 Run2 ~ Run5 中相对于 Run1 的灵

敏度值，如表 3-9 所示。

表 3-9　工业总产值和专利申请量对影响因素的灵敏度

年份	工业总产值				
	Run1/亿元	Run2/%	Run3/%	Run4/%	Run5/%
2000	6 402.11	0	0	0	0
2001	7 307.45	0	0	0	0
2002	8 986.87	0.44	−0.05	0.43	0.25
2003	10 902.6	1.24	0	1.25	0.76
2004	12 997.4	2.29	0.28	2.39	1.47
2005	14 990.3	3.48	0.82	3.72	2.32
2006	17 174.7	4.70	1.61	5.13	3.25
2007	19 568.7	5.89	2.60	6.54	4.19
2008	23 186.2	7.00	3.74	7.90	5.12
2009	25 037.6	8.02	4.96	9.18	6.00
年份	专利申请量				
	Run1/项	Run2/%	Run3/%	Run4/%	Run5/%
2000	12 758	0	0	0	0
2001	14 071.1	5.21	−0.55	5.10	3.02
2002	15 955.4	10.77	0.55	11.06	6.72
2003	18 420.5	15.37	3.36	16.42	10.24
2004	21 399.4	18.52	7.13	20.43	13.02
2005	24 793.3	20.41	11.00	23.11	15.00
2006	28 508	21.43	14.49	24.81	16.32
2007	32 467.9	21.91	17.46	25.83	17.18
2008	36 616.1	22.06	19.93	26.43	17.74
2009	40 911.3	22.02	21.95	26.75	18.09

结合图 3-14、图 3-17 和表 3-9，可以分析宏观经济发展水平、产业集群、产业竞争力和所有制结构对东北地区制造业产业自主创新动力机制运行的影响程度和随时间变化的趋势。

从专利申请量对各影响因素变动的灵敏度来看，Run4 能够引起专利申请量的较大幅度变动，表明东北地区制造业产业自主创新动力机制运行对产业竞争力的敏感性较强。因此，产业竞争力是影响东北地区制造业产业自主创新动力机制运行、进而影响东北地区制造业技术成果产出变动的重要因素。Run2、Run3、Run5 对专利申请量的影响次之，说明宏观经济发展水平、产业集群和所有制结构均在一定程度上对东北地区制造业产业自主创新动力机制的运行和制造业技术成果产出起到了影响作用，其影响程度依次减弱。

从工业总产值对各影响因素的灵敏度情况来看，按照工业总产值对各影响因素变动的灵敏度强弱排序如下：Run4、Run2、Run5、Run3。说明在四个影响因素中，产业竞争力同样是引起东北地区制造业经济成果产出变动的主要因素，然后是宏观经济发展水平、所有制结构、产业集群。

从专利申请量与工业总产值的灵敏度对比来看，工业总产值的灵敏度明显弱于专利申请量的灵敏度，说明影响因素对东北地区制造业产业自主创新动力机制运行的影响作用主要体现在东北地区制造业技术成果产出变动上，对东北地区制造业的经济成果产出影响较弱。

从表 3-9 中的数值来看，专利申请量在 2001 年 Run3 中的灵敏度数值和工业总产值在 2002 年 Run3 中的灵敏度数值均为负值，说明产业集群程度提升的最初阶段会对东北地区制造业产业自主创新动力机制运行存在一定的负面影响，但是，这种负面影响并不会持续很久，其积极的促进作用将很快显现，并随着时间的延长而逐渐加深。这一现象不难理解，虽然在理论研究上产业集群会对区域创新产生积极的促进作用，但是在实践中，这一作用的实现需要经历一定的发展过程。在产业集群形成的最初阶段，由于新的秩序（如技术扩散机制、人才流动机制、信息共享机制）尚未形成，产业自主创新动力的作用不仅不能马上或充分发挥，甚至还会因新秩序建立前的混沌状态受到一定程度的干扰，所以产业集群对东北地区制造业产业自主创新动力机制运行的促进作用未能体现；然而，随着集群内秩序的不断完善，产业自主创新动力会逐步发挥其相应的作用，产业集群的积极作用也会逐渐显现。

除 Run3 中的部分灵敏度数值因产业集群处于最初阶段而为负值之外，Run2、Run4 和 Run5 中专利申请量和工业总产值的灵敏度数值均为正值，说明宏观经济发展水平的提升、产业竞争力的提高、所有制结构的转变都对东北地区制造业产业自主创新动力机制的运行起到了积极的促进作用。

各影响因素对东北地区制造业经济成果产出和技术成果产出的影响在第二年和第三年逐渐显现，并随时间的延长逐渐增强，说明影响因素对东北地区制造业产业自主创新动力机制运行的影响存在时滞和累积效应，随着影响因素作用时间的延长，其作用效果日益显著。另外，影响因素的作用通过动力机制的运行，将最终反映在东北地区制造业经济成果产出和技术成果产出上，但是影响因素对东北地区经济成果产出的影响滞后于对技术成果产出的影响。这一现象也符合经济运行的一般规律，即产出对投入的响应存在时滞，且随着经济运行环节的增多，响应时间有所延长，影响效果也将会相应减弱。

第四节 东北地区制造业产业自主创新 动力机制的能控性分析

虽然东北地区制造业产业自主创新动力机制的运行受其他因素的影响不可避

免，但是这种影响并非不可控制。东北地区制造业产业自主创新动力机制的能控性建立在动力系统的能控性基础之上，基于对影响因素的作用路径和作用程度的分析，决策者可以根据反馈环节对动力系统施加控制，以增强这些因素的有利影响，削弱不利影响，从而实现东北地区制造业产业自主创新动力机制的能控性，维持动力机制的顺利运行。

学者王潼（1986）曾在《宏观经济控制论的建模方法》一文中以控制论视角对宏观经济问题进行了深入、透彻的分析。依据系统的相似性规律（周叔俊，1986），本节将基于系统能控性的相关理论和王潼的相关研究，对东北地区制造业产业自主创新动力机制的能控性进行研究，以探讨东北地区制造业产业自主创新动力机制良性运行所需的条件。

一、东北地区制造业产业自主创新动力系统能控性的相关理论分析

1. 自组织系统的他组织转化

前文已经提到，自组织具有"没有外界的特定干涉而自发形成"的含义，与此相对应，如果系统是在外界特定干预下获得空间的、时间的或功能的结构，那么该系统便是他组织的（苗东升，2010）。

他组织建立在自组织之上，是在自组织的基础上发展起来的。自组织建立在组分的自发性基础上，属于随机搜索，有效性很低，并且组分的自发行为必然导致系统整体行为的波动起伏，当系统规模扩大时，这种起伏可能被系统自身的非线性作用放大，导致系统失稳。因此，单纯的自组织系统存在缺陷，需要他组织来完善，可见自组织向他组织的转化是必要的（苗东升，2010）。另外，从自行组织起来的宇宙产生出他组织，也可以看出自组织系统是需要他组织的，只有将自组织和他组织相结合，才能产生更高级的组织形态。

可以说，一切社会系统和经济系统都是自组织和他组织的结合体（苗东升，2010）。只有将自组织和他组织适当结合，依靠自组织激发活力，依靠他组织消除盲目性，系统才能健康发展。任何系统都产生于一定的环境，环境对系统发挥着不可轻视的作用。环境给系统提供资源、施加约束，都会对系统的组织过程产生作用，这就是环境对系统的他组织。

东北地区制造业产业自主创新动力系统的产生是自组织的，但是随着系统的自生长，东北地区制造业产业自主创新动力系统的规模逐渐扩大，它与环境之间的交流更加频繁和密切，因此受到的干扰也会随之增加；并且，随着系统规模的扩大，东北地区制造业产业自主创新动力的耦合关联会更加复杂，随之产生的自组织盲目性也会增加。因此东北地区制造业产业自主创新动力系统需要能够控制

系统自组织盲目性、抑制系统固有缺陷、引导系统有序发展的他组织。他组织和自组织的共同作用会使东北地区制造业产业自主创新动力系统产生最佳的动力作用，推动东北地区制造业产业自主创新活动健康有序开展。东北地区制造业产业自主创新动力机制建立在动力系统的基础之上，对东北地区制造业产业自主创新动力系统施加控制，也就达到了对东北地区制造业产业自主创新动力机制实施控制的目的。

影响因素对东北地区制造业产业自主创新动力机制的运行作用可能为正向的促进作用（即有利影响），也可能为反向的抑制作用（即不利影响），其中的不利影响对于东北地区制造业产业自主创新动力机制的运行而言就会成为干扰。因此，需要他组织的参与来控制影响因素的作用，削弱不利因素的干扰作用，并适度增强有利因素的促进作用，以保障东北地区制造业产业自主创新动力机制的顺利运行。考虑到控制理论是研究他组织的基础科学理论，本书将应用该理论来分析系统的能控性问题。

2. 东北地区制造业产业自主创新动力系统的能控性

所谓系统的能控性，是指在一定的控制输入条件下，使系统的状态发生预定的变化，达到所要求的状态（系统状态能控）或使系统的输出达到预先所期望的输出（系统输出能控）。从认识论意义上讲，系统能控性所要探索的就是实践主体与客体在什么条件下达到统一，以及二者如何统一的问题。而在经济系统中，系统能控性问题就是指经济系统在什么样的变量作用下，才能取得预定的良好经济效益（周松兰，2007）。由此看来，在东北地区制造业产业自主创新动力系统中，研究系统的能控性是要研究在什么样的决策变量的作用下才能发挥最大的动力作用，取得预期的动力效果，以及东北地区制造业产业自主创新动力系统在决策变量的作用下各动力的响应程度等问题。

控制论系统分为施控系统和受控系统两个子系统。基于第三章反馈环节的流程分析，可以将产业自主创新参与者（东北地区制造业企业、政府、金融机构、高校、科研机构和科技中介组织）看做东北地区制造业产业自主创新动力系统的施控系统，而将东北地区制造业产业自主创新动力看做受控系统。就施控系统而言，东北地区制造业产业自主创新动力系统的能控性所要探索的是东北地区制造业产业自主创新参与者需要采取什么控制输入因素对东北地区制造业产业自主创新动力施加控制作用，才能达到要求的动力作用。就受控系统而言，东北地区制造业产业自主创新动力系统的能控性问题就是探求在一定的控制输入因素作用下，东北地区制造业产业自主创新动力的状态或输出转移到所要求的动力作用的可能性。

在明确了东北地区制造业产业自主创新动力系统的能控性之后，就要对东北地区制造业产业自主创新动力系统施加必要的控制，以保障该动力系统的有序发展和动力机制的顺利运行。本书通过"反馈控制和补偿控制并举"、"有效的负反馈和必要的正反馈"，以及"降低系统惯性"等手段对东北地区制造业产业自主创新动力系统施加必要的控制。其中，"反馈控制和补偿控制并举"和"有效的负反馈和必要的正反馈"主要针对影响因素的控制问题，"降低系统惯性"主要针对动力的控制问题。上述问题的综合讨论，就构成对东北地区制造业产业自主创新动力机制的能控性研究。

二、反馈控制与补偿控制并举

通常，克服干扰的途径有三种。第一种途径，是加强对干扰的防护。这种方法实际上是在系统和环境之间建立缓冲器，使外界干扰传导到系统之前就被大大削弱，从而降低干扰对系统的冲击，如修建水库以防洪水或干旱对农田的影响；囤积或储备各种物资以备不时之需等。然而，这种方法对于经济活动来说并不是一种积极的方法，它会给经济部门造成过度的负担，不能有效利用资金以灵活应对市场变化。第二种途径，是平衡偏差的方法（反馈控制），即根据系统的输出值与目标值的偏差来进行调节。第三种途径，是对干扰进行补偿（补偿控制），即通过补偿来抵消干扰对系统的影响。后两种途径是分析系统能控性、对抗经济系统干扰问题的重要方法，其控制原理如图 3-18 所示（彭纪南，1993）。本书认为，对东北地区制造业产业自主创新动力系统的控制应以这两种方法为主。

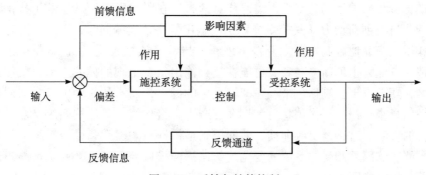

图 3-18　反馈与补偿控制

1. 建立反馈通道，实施闭环控制

系统的输出量没有通过反馈通道重新作用于系统，叫做开环控制系统。在开环控制系统中，既没有对输出量进行测量，也没有将输出量反馈到系统输入端与输入量进行比较。所以，为了满足实际应用的需要，开环控制系统必须精确地予以校准，并且在工作过程中保持这种校准值不发生变化。如果输入量与输出量之

间的关系已知，并且不存在干扰，则可以采用开环。但是，在东北地区制造业产业自主创新动力系统中，动力机制的运行会受到影响因素的干扰，这种干扰随机性强。一旦出现干扰，开环控制就不能完成既定任务了。因此，要想抵抗不利因素对东北地区制造业产业自主创新动力机制的干扰，或者增强有利因素对东北地区制造业产业自主创新动力机制的促进作用，就要建立反馈通道，实施有效的闭环控制，这也是反馈环节存在的意义所在。

在图 3-18 中，系统输出的信息回馈到系统的输入端，这个过程把从输入到输出的链条终端和始端连接起来，形成一个闭合的环，因此，被称做闭环控制。闭环控制实际上就是反馈控制，其核心思想就是利用反馈信息来减小系统误差。而平衡偏差的方法就是通过建立反馈通道，实施闭环控制。

当影响因素作用于东北地区制造业产业自主创新动力系统时，其结果会集中表现在动力输出的变化上，使动力输出产生不同于原定目标值的偏差。例如，宏观经济发展水平恶化会影响国内外市场的需求水平，这一变化作用于产业链需求拉引力，使原本强劲的产业链需求拉引力受到干扰，其动力输出就会变弱，这就与原定目标值形成了偏差。此时，利用闭环控制就可以将输出的偏差信息反馈到输入端，由产业自主创新参与者（如产业链上下游企业、政府等）针对这一偏差及时调整创新动力输入，从而达到缩小偏差的效果。

2. 前馈与反馈兼顾，实施补偿控制

一般而言，用控制论提高经济系统抗干扰能力，就是用负反馈来调节和控制系统做符合目的的运动。然而，需要注意的是，在影响因素所产生的干扰信息作用于产业自主创新动力（受控系统）引起输出信息改变的同时，干扰信息也可以直接作用于东北地区制造业产业自主创新参与者（施控系统）。这就使得东北地区制造业产业自主创新参与者有可能在接到输出信息出现的偏差之前，就能感知到影响，随即发出控制信息来纠正即将发生的偏差，而不是产生了偏差之后再通过反馈信息来纠正。干扰信息对施控系统产生直接作用，且施控系统又能感知这一作用的影响，这种情况叫前馈。前馈控制是根据影响因素和受控系统的变化规律，预测影响因素和受控系统的变化趋势，提前采取控制措施，避免可能出现的系统偏差，它实际上是一种超前的负反馈（陈菲琼，1999）。

与反馈控制不同，前馈控制是根据受控系统在未来运行过程中的可能性偏差，调整施控系统的未来行为。这一过程的关键在于施控系统对未来的感知度。因此，实施前馈控制是建立在准确预测信息的基础之上的。在本书中，可以预测、感知这种未来信息的施控系统就是东北地区制造业产业自主创新参与者。这种预测和感知依赖于科技中介机构和产业自主创新主体的情报部门对东北地区制造业产业自主创新相关信息的搜集和发布。东北地区制造业产业自主创新参与者根据获取的诸如宏观经济环境变动、产业市场变化、产业集群化进程等一系列促进或阻碍东北地区制造业产业自主创新动力机制运行的信息，可以随时调整自主创新动力的施加策略，确保东北地区制造业产业自主创新动力机制的顺利运行。

三、有效的负反馈与必要的正反馈

反馈控制的实施可能产生两种不同的效果：一种是正反馈，正反馈的作用方向与控制变量出现增量的运动方向一致，也就是正反馈的动力作用对受控变量变化的影响是增加了实际值与期望值之间的差距，它使系统的偏差不断扩大，将微小涨落逐渐放大成为巨涨落；另一种是负反馈，负反馈与正反馈刚好相反，负反馈作用的方向与控制变量出现增量的运动方向相反，它是消除系统偏差的过程，使系统稳定，具有鲁棒性，即减少系统输出对系统干扰的敏感度，增强系统的适应能力。东北地区制造业产业自主创新动力机制中的正反馈与负反馈相辅相成，缺一不可。单纯的正反馈会把系统推向崩溃，而单纯的负反馈又无法实现系统的发展和演进。因此，需要在东北地区制造业产业自主创新动力机制中应合理、谨慎地利用正反馈，并建立有效的负反馈，形成"良性循环"。

1. 帮助系统抵御干扰的负反馈

负反馈对东北地区制造业产业自主创新动力机制运行的稳定性是非常重要的。当东北地区制造业产业自主创新动力系统受到随机影响因素的干扰，而使东北地区制造业产业自主创新动力机制运行的稳定性受到破坏时，负反馈能使系统稳定态得以恢复或重新建立。

闭合负反馈回路的建立，可以使东北地区制造业产业自主创新动力系统获得以下几个重要特征：①可以使东北地区制造业产业自主创新动力系统具有鲁棒性，即减小东北地区制造业产业自主创新动力对系统自身变化的敏感度；②可以使东北地区制造业产业自主创新动力系统具有抗干扰能力，即减小外部影响因素对东北地区制造业产业自主创新动力机制的干扰；③可以改善东北地区制造业产业自主创新动力输出的响应特性。

在分析之前，先来了解一下激励 – 响应特性。控制学把系统看做是确定性的，在确定的输入作用的激励下，系统以确定性的输出作响应。输入 $x(t)$ 与输出 $y(t)$ 之间的激励 – 响应关系为

$$y(t) = F[x(t)]$$

从输入 – 输出的观点看，控制系统是一种变换传递装置，其作用是对输入量进行变换，并传递已得到的输出量，激励 – 响应特性就属于这种变换传递特性。控制学中把描述这种特性的定量概念叫做传递函数。它是一种以系统参数表示的系统输入量与输出量之间的关系式，表达系统本身的特性。因此，可以通过传递

函数了解系统。

系统的传递函数定义：初始条件为零时，输出量（响应函数）的拉普拉斯变换与输入量（驱动函数）的拉普拉斯变换之比。

设系统的微分方程为

$$a_0 \overset{(n)}{y} + a_1 \overset{(n-1)}{y} + \cdots + a_{n-1}\dot{y} + a_n y$$

$$= b_0 \overset{(m)}{x} + b_1 \overset{(m-1)}{x} + \cdots + b_{m-1}\dot{x} + b_m x, n \geqslant m \tag{3-2}$$

式中，y 为系统的输出量；x 为系统的输入量。初始条件为零时，对方程两端进行拉普拉斯变换，就可以得到该系统的传递函数式（3-3）。

$$传递函数 = G(s) = \frac{Y(s)}{X(s)} = \frac{b_0 s^m + b_1 s^{m-1} + \cdots + b_{m-1}s + b_m}{a_0 s^m + a_1 s^{m-1} + \cdots + a_{m-1}s + a_m} \tag{3-3}$$

简单的闭环负反馈回路系统如图 3-19 所示。其中，$R(s)$ 为系统输入量；$C(s)$ 为系统输出量；$E(s)$ 为误差信号；$B(s)$ 为反馈信号；$G(s)$ 为前向传递函数，$G(s) = C(s)/E(s)$；$H(s)$ 为反馈传递函数，$H(s) = B(s)/C(s)$。

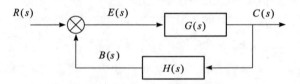

图 3-19　闭环负反馈回路系统

如图 3-19 所示的闭环负反馈回路系统的传递函数可以通过式（3-4）、式（3-5）运算得出

$$E(s) = R(s) - B(s) = R(s) - H(s)C(s) \tag{3-4}$$

$$C(s) = G(s)E(s) \tag{3-5}$$

整理得

$$C(s) = G(s)[R(s) - H(s)C(s)] \tag{3-6}$$

$$[1 + G(s)H(s)]C(s) = G(s)R(s) \tag{3-7}$$

由此得到系统的传递函数如下：

$$传递函数 = \frac{C(s)}{R(s)} = \frac{G(s)}{1 + G(s)H(s)} \tag{3-8}$$

干扰作用下的闭环控制系统如图 3-20 所示。

仿照图 3-20，可以画出影响因素作用下的东北地区制造业产业自主创新动力的反馈控制系统，如图 3-21 所示。

将图 3-21 符号化后，可以得到图 3-22。在此，假设该回路为负反馈回路。

当研究两个输入量（动力输入量和影响因素干扰量）同时作用于系统时，可

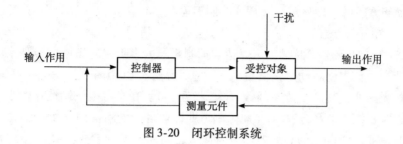

图 3-20　闭环控制系统

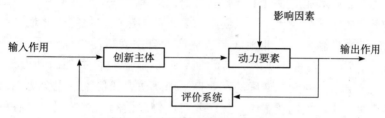

图 3-21　创新动力反馈控制系统

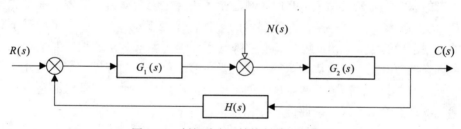

图 3-22　创新动力反馈控制系统方块图

以对每一个输入量单独进行处理，再将输出量叠加，即可得到系统的总输出量。

第一步，假设系统静止，且无误差信号，此时东北地区制造业产业自主创新动力系统对影响因素干扰的响应可由式（3-9）求出

$$\frac{C_N(s)}{N(s)} = \frac{G_2(s)}{1 + G_1(s)G_2(s)H(s)} \qquad (3\text{-}9)$$

第二步，假设影响因素的干扰为 0，东北地区制造业产业自主创新动力系统对动力输入量的响应可由式（3-10）求出

$$\frac{C_R(s)}{R(s)} = \frac{G_1(s)G_2(s)}{1 + G_1(s)G_2(s)H(s)} \qquad (3\text{-}10)$$

第三步，将以上二者叠加，就可以得出东北地区制造业产业自主创新动力的控制系统响应为

$$\frac{C(s)}{R(s)} = \frac{C_N(s)}{N(s)} + \frac{C_R(s)}{R(s)} \qquad (3\text{-}11)$$

根据绪方胜彦（1978）在《现代控制工程》中的分析，随着 $G_1(s)G_2(s)H(s)$ 逐渐增大，$C_N(s)/N(s)$ 趋近于 0，$C_R(s)/R(s)$ 趋近于 $1/H(s)$，从而 $C_R(s)/R(s)$ 趋近于 $1/H(s)$。此时，可以达到抑制影响因素干扰的作用。若要让东北地区制造业产业自主创新动力输出量 $C(s)$ 与动力输入 $R(s)$ 量趋于相等，即动力输入量近似无损耗，就要使传递函数 $H(s)$ 趋近于 1。在东北地区制造业产业自主创新动力控制系统中，$H(s)$ 为东北地区制造业产业自主创新动力评价系统，是在东北地区制造业产业自主创新动力输出与输入之间建立的闭合负反馈回路。其作用是监测东北地区制造业产业自主创新动力输出效果，平衡产业自主创新动力和影响因素对东北地区制造业产业自主创新动力传递的影响，稳定东北地区制造业产业自主创新动力机制。当东北地区制造业产业自主创新动力评价系统臻于精确、完善，相当于 $H(s)$ 趋近于 1 时，东北地区制造业产业自主创新动力传递充分，动力作用效果显著。当然，准确的产业自主创新动力评价系统也会更加有助于东北地区制造业产业自主创新主体掌握产业自主创新活动开展情况，对各种影响因素做出合理的趋势预测和正确的创新决策。此时，东北地区制造业产业自主创新参与者的职能将充分发挥，东北地区制造业产业自主创新动力的激发、保障和传递都将更加通畅。这样一来，影响因素的干扰将趋近于 0，亦即起到了抑制不利影响因素干扰的作用。由此可见，有效降低不利影响因素对东北地区制造业产业自主创新动力机制干扰的重要途径，就是要在形成负反馈的基础上，通过建立科学、合理的东北地区制造业产业自主创新动力评价系统，对东北地区制造业产业自主创新动力输出进行准确评价。

2. 促使系统形成巨涨落的正反馈

正反馈将会使干扰引起的系统偏差越来越大，导致稳定性被破坏的程度越来越严重，最终影响系统目标的实现。因此，一提到正反馈，人们往往将它同恶性循环联系在一起，似乎正反馈只能起到不利作用。其实并非如此，正反馈在很多方面都能起到积极作用。在东北地区制造业产业自主创新动力系统中，正反馈的积极作用体现在以下几方面。第一，正反馈是东北地区制造业产业自主创新动力发挥作用的重要手段，也是东北地区制造业产业自主创新动力系统自创生和自生长的重要手段。正如前文所述，"涨落导致有序"。要想使系统跃变为有序的耗散结构，就要有巨涨落的触发。而巨涨落的形成，无论是内涨落还是外涨落，都是正反馈作用的结果。东北地区制造业产业自主创新动力系统的自创生需要通过正反馈来促进巨涨落的形成，东北地区制造业产业自主创新动力系统的自生长需要通过正反馈不断地从环境中获得物质、能量和信息，进而促进系统规模的扩大。第二，正反馈是东北地区制造业产业自主创新主体获得持续创新动力的重要源泉。无论是企业主体还是个人主体，在自主创新活动中都需要正反馈的激励，正反馈能够促进产业自主创新示范效应的传递。第三，正反馈可以提高东北地区制造业产业自主创新动力系统的效率。在相同的产业自主创新动力输入条件下正反馈能够促进更多的产业自主创新活动，从而提高东北地区制造业产业自主创新动力系统的效率。

需要说明的是，影响因素并非都是阻碍东北地区制造业产业自主创新动力机制运行的不利因素，其中也有能够帮助动力机制形成和运行的有利因素。因此，正反馈也能帮助东北地区制造业产业自主创新动力机制得到影响因素的积极促进作用。例如，由于宏观经济发展水平能够代表一定的消费水平，所以，随着宏观经济发展水平的不断提升，由消费需求增长而引起的产业需求也会增加。这种正反馈会增强宏观经济发展水平对东北地区制造业产业自主创新动力机制的积极作用，让产业自主创新主体感受到日益强烈的产业链需求的拉引，使激发动力更加显著。又如，随着东北地区制造业产业竞争力的增强，产业自主创新主体参与国内外市场竞争的信心会随之增强，其开展自主创新活动的愿望也会增强，行动会更加积极主动，而自主创新活动将进一步提升产业自主创新主体的竞争力，这种良性循环会使东北地区制造业产业自主创新动力不断得到强化。

可见，正反馈的积极作用在东北地区制造业产业自主创新动力机制中是必不可少的。在复杂的高级系统中，往往是负反馈与正反馈同时存在的，形成复合反馈形式。东北地区制造业产业自主创新动力系统便存在这样的复合反馈形式，其中，正反馈起促进作用，负反馈起节制作用，二者各尽其能、缺一不可。可以说，有效的正反馈和必要的负反馈既是东北地区制造业产业自主创新动力系统控制干扰的有效手段，也是东北地区制造业产业自主创新动力系统能控性的体现。

四、降低系统惯性

马克思主义经济学认为：经济是社会物质的运动，是社会物质生产和再生产的过程。单位时间内物质的变化，描述了经济的速度（王潼，1986）。

如果设 $P(t)$ 表示 t 时刻社会物质财富总量，那么，单位时间内 $P(t)$ 的变化量 $dP(t)/dt$ ，就叫做社会总产品 $G(t)$ ，即 $G(t) = dP(t)/dt$ ，它是宏观经济总量的速度。单位时间内经济速度的变化，描述了经济的加速度。因此，社会总产品随时间的变化率 $dG(t)/dt = d^2P(t)/dt^2$ 描述了社会物质财富 $P(t)$ 随时间变化的加速度。

在宏观经济研究中，生产被描述为生产性资产的函数，如式（3-12）所示

$$G(t) = \phi[R(t)] \tag{3-12}$$

式中，$G(t)$ 为社会总产品；$R(t)$ 为单位时间内生产中使用的生产性资产。

东北地区制造业产业自主创新活动是产业自主创新参与者围绕自主创新这一

主题，开发、利用、整合创新资源，并将其转化为创新动力从而推动东北地区制造业产业创新主体开展自主创新的一系列经济活动。它可以被描述为产业内自主创新的生产和再生产过程。因此，也可以进一步将东北地区制造业产业自主创新活动视为自主创新资源的函数。于是，式（3-12）对其也同样适用。其中，$G(t)$为东北地区制造业产业自主创新活动总产出，$R(t)$为单位时间内东北地区制造业产业自主创新活动中使用的自主创新资源，包括产业自主创新人才、产业自主创新资金、产业自主创新技术、产业政策、产业自主创新信息、具有创新特质的企业家等。

于是有

$$\frac{\mathrm{d}G(t)}{\mathrm{d}t} = \phi'_R [R(t)] \frac{\mathrm{d}R(t)}{\mathrm{d}t} = \alpha^{-1}(t) \frac{\mathrm{d}R(t)}{\mathrm{d}t} \tag{3-13}$$

或

$$\alpha(t) \frac{\mathrm{d}G(t)}{\mathrm{d}t} = \frac{\mathrm{d}R(t)}{\mathrm{d}t} \tag{3-14}$$

在东北地区制造业产业自主创新活动中，自主创新资源的变化速度 $\mathrm{d}R(t)/\mathrm{d}t$ 取决于产业自主创新资源的投入 I，当东北地区制造业产业自主创新资源投入全部转化为创新动力资源时，则有

$$\mathrm{d}R(t)/\mathrm{d}t = I(t-T)$$

式中，T 为东北地区制造业产业自主创新资源投入的平均时滞。

故

$$\alpha(t) \frac{\mathrm{d}G(t)}{\mathrm{d}t} = I(t-T) \tag{3-15}$$

即

$$\alpha(t) \frac{\mathrm{d}^2 P(t)}{\mathrm{d}t^2} = I(t-T) \tag{3-16}$$

当 $\alpha(t) = \alpha = \mathrm{const}$ 时，式（3-16）与牛顿第二定律 $F = ma$ 形式上完全一致。$\mathrm{d}^2 P(t)/\mathrm{d}t^2$ 是东北地区制造业产业自主创新系统 t 时刻的加速度，也就是 T 时刻前东北地区制造业产业自主创新动力 $I(t-T)$ 作用的效果。系数 α 则描述了东北地区制造业产业自主创新系统的"质量"，即系统的惯性。我们可以将系统"惯性"理解为固守传统的行为，惯性大则表示产业自主创新主体固守传统，难于开展自主创新活动；惯性小则表示产业自主创新主体与时俱进，易于开展自主创新活动。由此可以得出，当东北地区制造业产业自主创新动力 $I(t)$ 相同时，若系统惯性大，其加速度就小，产业自主创新主体不易被推动从事自主创新活动，动力的作用效果也就不明显（朱宇，2009）。因此，当动力相同时，要想得到更好的动力作用效果，就要想办法降低系统的惯性，使系统获得更大的加速度。

$\alpha(t)$ 是有关 $R(t)$ 函数的倒数，即产业自主创新资源函数的倒数，所以，减小 $\alpha(t)$ 可以通过增加东北地区制造业产业自主创新资源来实现。换言之，增加了东北地区制造业产业自主创新资源，也就增加了创新资源转化为创新动力资源的概率，即增大了产业自主创新人才、技术、资金、政策、信息等资源转化为产业自主创新人才支撑力、产业自主创新技术推动力、产业自主创新资金支持力、产业自主创新技术推动力、产业自主创新政策支持力和产业自主创新信息黏合力、企业家创新特质影响力等资源的机会。随着东北地区制造业产业自主创新动力资源规模的扩大，东北地区制造业产业自主创新的"质量"就会减轻，即惯性降低，从而产业自主创新主体就易于被推动从事自主创新活动，产业自主创新动力的作用效果也就更加显著。

综合上述分析，可以认为，对于东北地区制造业产业自主创新动力系统而言，可以通过加强东北地区制造业产业自主创新资源的投入，来降低系统惯性，增强东北地区制造业产业自主创新动力的作用效果，达到对东北地区制造业产业自主创新动力系统的有效控制。

本 章 小 结

影响动力机制运行的因素存在于创新动力系统的环境之中。本章在分析产业自主创新动力系统环境的基础上，结合产业自主创新主体行为、产业发展等情况，指出了东北地区制造业产业自主创新动力机制的影响因素，主要包括宏观经济发展水平、地域文化、地域经济、产业集群、所有制结构、创新主体的学习能力、技术条件、产业竞争力等。

基于系统动力学理论中的因果关系思想，本章采用回路分析和结果树分析相结合的方法分析了东北地区制造业产业自主创新动力机制影响因素的作用路径。研究发现，影响因素对动力机制的作用路径大多以单一（或多个）动力为切入点，通过动力间的关联耦合，沿动力回路将作用范围扩大，实现对东北地区制造业产业自主创新动力机制运行的影响；影响因素的作用范围不同，其中宏观经济环境、所有制结构、产业集群、产业竞争力和学习能力的影响范围较广，涉及的产业自主创新动力较多，而其他影响因素的影响范围有限，涉及的产业自主创新动力较少。

在明确了影响因素的作用路径和影响范围之后，本章构建了东北地区制造业产业自主创新动力及影响因素的 SD 流图，并通过仿真进行了影响因素的敏感性分析。结果显示，宏观经济发展水平影响因子、产业集群影响因子、产业竞争力影响因子和所有制结构影响因子的变化能够引起专利申请量和工业总产值两项产出指标的较大变化，表明东北地区制造业产业自主创新动力机制运行对这些影响因素较为敏感。而从专利申请量与工业总产值的灵敏度对比来看，工业总产值的灵敏度明显弱于专利申请量的灵敏度，说明影响因素对东北地区制造业产业自主创新动力机制运行的影响作用主要体现在技术成果产出的变动上，而对经济成果产出的影响较弱。

虽然东北地区制造业产业自主创新动力机制的运行受到其他因素的影响不可避免，但是这种影响并非不可控制。根据系统能控性的相关理论，本书认为，可通过"反馈控制和补偿控制并举"、"有效的负反馈和必要的正反馈"，以及"降低系统惯性"等手段对东北地区制造业产业自主创新动力系统施加必要的控制。其中，"反馈控制和补偿控制并举"和"有效的负反馈和必要的正反馈"主要用于实现对影响因素的控制，而"降低系统惯性"则主要用于实现对动力的控制。

第四章 东北地区制造业产业自主创新动力模式的演化机理研究

第一节 协同学概述

协同学（synergetics）是联邦德国杰出理论物理学家赫尔曼·哈肯（Hermann Haken）创立的，其主要思想源于他对激光理论长期、精深的研究（哈肯学派是当代激光理论的两大学派之一，与兰姆学派齐名）。哈肯的专著《协同学导论》和《高等协同学》分别于 1977 和 1983 年出版，标志着这门横断科学的基本形成和臻于成熟。协同学从创立之初起就受到国际学术界的高度重视，它的理论和方法迅速渗透进自然科学和社会科学的众多领域，并在实践中得到卓有成效的广泛应用。

一、协同学的基本概念

按照哈肯的观点，所谓协同，就是系统中诸多子系统的相互协调的、合作的或同步的联合作用、集体行为。复杂系统也好，简单系统也好，只要该系统内各要素之间或子系统之间在演化过程中存在着连接、合作、协调与同步行为，便存在协同。协同学的目的是建立一种用统一观点去处理复杂系统的概念和方法。

在协同学中，经常使用的基本概念主要有竞争、协同、序参量和伺服（吴彤，2001）。

竞争、合作或协同是协同学的基本概念，但是在协同学中，哈肯主要强调了协同。实际上，竞争是协同的基本前提和条件，它也大量地反映在哈肯著作中。竞争是系统演化的最活跃的动力。这是因为系统内部诸要素或系统之间的竞争是永存的。它虽然依条件不同可大可小、或强或弱，但由于运动的永恒，系统内部各个子系统之间的差异就是永恒的，所以它的存在和演化是永恒的。换句话说，只要事物内部或事物之间存在差异，就会存在事物内部的各个子系统之间的或事物之间的竞争。事物发展的不平衡性实际上是竞争存在的基础。再加上系统诸要素或不同系统之间对外部环境和条件的适应与反应不同，获取的物质、能量及信息的质量也存在差异，因而必定存在和造成竞争。而竞争的存在和结果则可能造成系统内部或系统之间更大的差异、非均匀性和不平衡性。从开放系统的角度看，这种竞争一方面造就了系统远离平衡态的条件（至少对这种条件起到了推波助澜的作用），另一方面推动了系统向有序结构的协同运行。竞争的概念，甚至被有的学者称为万物之父、万物之王。（吴彤，2001）

相比于竞争，协同概念在协同学中占据更重要的地位。哈肯多次强调协同学就是一门研究各个学科领域中关于合作、协作或协同的学说。协同是系统整体性、相关性的内在表现。协同系统演化动力来自系统内部的两种相互作用：竞争和协同。子系统的竞争使系统趋于非平衡，而这正是系统协同的首要条件，子系统之间的协同则在非平衡条件下使子系统中的某些运动趋势联合起来并加以放大，从而使之占据优势地位，支配系统整体的演化。（吴彤，2001）

序参量概念和伺服概念是协同学的两个中心概念。在协同学里，序参量是宏观参量和命令参量，它既是子系统集体运动、合作效应的度量，同时也是系统整体运动状态的度量（吴彤，2001）。正如哈肯所述，序参量一方面通知各要素、各子系统如何运动；另一方面还反映了整个系统的宏观有序状态，序参量起着双重作用。序参量和系统内部大量子系统运动状态的相互作用过程就是伺服过程，即大量子系统先产生序参量，后伺服于序参量的过程，伺服原理用一句话来概括，即快变量服从慢变量，序参量支配子系统行为。

二、协同学的基本原理

哈肯认为协同学的核心包括三个原理，即不稳定性原理、支配原理和序参量原理，它们是协同学理论体系的"硬核"。

1. 不稳定性原理

协同学研究的是开放系统怎样从原始均匀的无序结构发展为有序结构，或怎样从一种有序结构转变为另一种有序结构。协同学认为，一个开放系统的稳定状态意味着保守的因素或趋势，而系统不稳定状态的出现则代表着一种变革的甚至是破坏性的因素或趋势。稳定状态和不稳定状态对一个开放系统的生存和发展是十分必要的。不稳定性是一种积极的革命性因素，当目前的陈旧框架或模式不利于系统发展时，就需要有一种变革性的、积极的力量把系统推向失稳，这样才可能产生新的框架或模式来进一步推动系统向前发展。这就是协同学中的不稳定性原理，哈肯称之为"弃旧图新"（苗东升，2007）。

2. 支配原理

在系统走向临界状态的过程中，接近临界点时，系统的稳定性已经被破坏。此时，系统的变量区分为两类：一类变量随时间变化很快，以指数的形式迅速衰减，达到新状态的弛豫时间很短，称为快变量，快变量代表系统的稳定模；另一类变量随时间变化很慢，达到新状态的弛豫时间很长，甚至趋向无穷，称为慢变量，慢变量代表系统的不稳定模。哈肯认为，协同学中系统的有序结构是由慢变量支配快变量，不稳定模支配稳定模，长寿命子系统支配短寿命子系统（赫尔曼·哈肯，2005）。支配原理也称为役使原理或伺服原理。

支配原理的核心思想是系统内部的各种子系统、参量或因素的性质和对系统的影响是有差异的、不平衡的，但是这种影响在不同阶段的表现是不同的（苗东升，2007）。当系统远离临界点时，这种差异、不平衡处于被压抑和被约束的状态，未能表现出来，不可能对系统的结构和行为产生重要影响；随着系统运动不断地靠近临界点，这些差异、不平衡就逐渐暴露出来，系统内的快变量和慢变量的区别也逐渐显现。其中，快变量的作用转瞬即逝，不会影响系统的协同演化；慢变量支配着快变量的行为，对整个系统的协同演化起决定性作用。

3. 序参量原理

序参量是为了描述系统整体行为和标志系统相变出现而引入的宏观状态参量。序参量原本是平衡相变理论提出的概念，哈肯把它推广到激光形成之类的非平衡相变，成为协同学的基本概念，作为处理协同问题的一般判据。序参量来源于系统内的竞争与协同。根据协同学的观点，在系统从无序向有序发展的过程中，协同过程中形成的序参量对系统的有序发展发挥了主要作用（苗东升，2007）。

序参量是宏观参量。协同学研究的是由巨量微观组分构成的系统的宏观整体行为和性质。所有微观组分都有自己的行为特性，它们的特性是构成系统整体行为特性的实在基础。按照还原论的观点，整体是部分之和，只要了解了微观组分的行为特性，就可以了解系统的宏观整体特性。然而，序参量是在组分之间竞争与合作基础上涌现出来的一种整体特性，是巨量微观组分集体运动的产物，无法用低层次的特性来说明（苗东升，2007）。

序参量是慢变量。在接近相变点时，系统内部会形成大量中观的和宏观的集体模式，它们的运动变化快慢不一，对相变的贡献也大小不等。绝大多数集体模式或参量随时间展开而迅速变化，骤起骤落，称为快变量，主要作用是扰动旧结构、旧体制。跟这些集体模式或变量相比，序参量的行为特性稳定持久、变化缓慢，是慢变量，同时能够对快变量进行集成，最终成为系统的支配模式。

序参量是命令参量。序参量一旦形成，就成为系统中支配一切的力量，所有微观组分和其他集体运动模式都得按照它的"命令"行动。序参量原理和支配原理表明，协同学也是一种协同与他组织相结合的系统理论（苗东升，2007）。序参量是系统内部协同地产生出来的，序参量一旦产生，就会取得支配地位，支配其他组分、子系统、模式，因而转化为一种他组织力量。

第二节 东北地区制造业产业自主
创新动力模式研究

如果某个变量在系统演化过程中从无到有地产生和变化，系统处于无序状态时它的取值为0，系统出现有序结构时它取非0值，因而在具有指示或显示有序结构形成的作用时，就成为序参量（苗东升，2007）。序参量是一只"看不见的手"，是指挥系统要素协同运行的宏观力量。东北地区制造业产业自主创新动力系统的协同运行也正是由序参量起支配作用。

一、序参量的确定

根据协同学的观点，在系统从无序向有序发展的过程中，系统在协同运行过程中产生的序参量发挥了主要作用。根据本章第一节中对序参量的描述，可以看出序参量有以下四个主要特征。

（1）序参量是系统内各要素相互作用（相互竞争和合作）形成的产物。

（2）序参量能够体现各要素的特征，是混合要素。

（3）序参量产生后主宰着整个系统的演化进程，起着支配或役使系统、子系统的作用。

（4）序参量具有相对的稳定性。

由序参量的定义和特征可见，对于东北地区制造业产业自主创新动力系统来说，市场导向、政策导向和产业创新资源配置是符合序参量定义的。

首先，市场导向是营销领域的一个重要概念，在这一领域近10年的发展中，营销理论一直关注市场导向对技术创新的影响（Narver and Slater，1990；Ruekert，1992；Jaworski and Kohli，1993）。营销领域对市场导向的研究可以分为两个流派：组织文化流派和行为流派。其中，组织文化流派强调市场导向是企业文化的一部分，首先由 Narver 和 Slater（1990）提出，它包括三个行为要素，即顾客导向、竞争者导向及部门协作，它们共同激励企业为顾客创造卓越的价值。组织文化流派认为，市场导向不仅仅是行为，它同企业的价值体系有关。正如 Narver 和 Slater 所指出的："如果市场导向仅仅是一组行为，与更深层次的组织信念体系没有关系，那么就意味着无论组织的文化是什么，市场导向都能够被移植到任何组织中，这显然不成立。"因此，市场导向隐藏着一种价值共享的态度，引导着企业的行为。而行为流派则侧重于对同市场导向相联系的特定行为的研究（Kohli et al.，1993），强调对顾客当前及潜在的需求信息的了解，它包含三种活动：市场信息的收集、部门间信息的扩散、组织对信息的反应（即技术创新）。值得注意的是，这两个流派的观点并不是对立的，而是相互补充的，它们对市场导向的理解不同只是由于所基于的理论基础存在差异，其本质内容是相同的。

对于激发动力子系统来说，市场导向是激发动力子系统内各要素综合作用的结果，激发动力子系统内的要素主要有企业家创新特质影响力、产业链需求拉引力、产业技术附加值诱导力。根据营销领域的观点，市场导向包含了产业链需求拉引力、产业技术附加值诱导力，同时也涵盖了企业的价值体系。由于企业家创新特质影响力存在于企业的价值体系中，所以，市场导向也涵盖了企业家创新特质影响力。可见，在激发动力子系统内，市场导向是由企业家创新特质影响力、产业链需求拉引力、产业技术附加值诱导力共同作用产生的，产生后又支配着激发动力子系统的运行。因此，市场导向是激发动力子系统的序参量。

其次，政策导向和产业创新资源配置能够体现对产业自主创新政策支持力、产业自主创新人才支撑力、产业自主创新技术推动力、产业自主创新资金保障力、产业自主创新信息黏合力等维持动力的状态描述，是维持动力子系统中的重要宏观参量。

政府作为东北地区制造业产业自主创新的利益主体之一，其政策导向在东北地区制造业产业自主创新动力系统协同运行过程中发挥着关键性作用。改革开放后，国内经济环境和市场环境都发生了较大的变化，东北地区老工业基地以往赖以发展的诸多前提条件逐渐消失，体制性、结构性矛盾日益显现，创新动力明显不足，旧体制和观念的束缚成为东北地区制造业发展的严重障碍。面对改革开放以来东北地区制造业发展的困境，国家提出了振兴东北老工业基地的战略目标，资金投入、人才引进等一系列向制造业倾斜的政策导向为东北地区制造业自主创新活动注入了动力，推动了东北地区制造业自主创新活动的发展。可见，政策导向既是能够反映资金、人才、信息等东北地区制造业产业自主创新维持动力要素状态的宏观经济参量，也是产业自主创新动力系统发展的重要指示器和风向标，支配着维持动力子系统的运行，因此，具有系统序参量的特征。

同样，产业的创新资源配置是对产业自主创新人才、资金、技术、信息等各种自主创新资源配置的宏观表述，是东北地区制造业产业自主创新维持动力子系统状态的体现。产业创新资源配置形成于创新维持动力要素之间的相互作用，同时，这一配置结果的改变也将决定和影响东北地区制造业产业自主创新维持动力子系统的状态。可见，产业创新资源配置也符合系统序参量的定义。

虽然市场导向、政策导向和产业创新资源配置都是东北地区制造业产业自主创新动力系统的序参量，但是三者之间也存在着伺服机制。众所周知，产业创新资源配置方式有两种极端的形式：计划机制下的指令配置方式和市场机制下的价格配置方式。计划机制下的指令配置方式是一种集中型的指令配置方式。这种配置方式的特点如下：几乎各种创新资源的配置都被置于国家计划的直接控制之下；创新资源配置的决策权绝大部分被集中到政府手中，企业缺乏配置的决策权；创新资源配置信号是中央计划部门层层下达的指令性计划及有关行政命令。这种创新资源配置方式实际上是一种用行政手段推行的创新计划，具有明显的政策导向性。它完全依赖于政府决策者的判断和对东北地区制造业未来发展的预测，缺乏资源配置的灵活性，容易造成创新资源配置的不当和低效率。市场机制下的价格配置方式是一种调节型的供求配置方式。这种配置方式的特点如下：各种创新资源的配置由市场机制来完成，创新资源一般按照市场需求和价值规律进行配置；企业和产业在创新资源配置中起到了重要的决策作用；创新资源配置信号是市场上的供求信息。这种产业创新资源配置是由价格杠杆来决定的，具有明显的市场导向性。由以上分析可以看出，产业创新资源配置方式实际上是由市场导向和政策导向来决定的。其中，政策导向决定了计划机制下的产业创新资源配置方式，而市场导向决定了市场机制下的产业创新资源配置方式。目前，东北地区制造业已逐步向计划和市场有机结合的创新资源配置机制转变，在这个过程中，产业创新资源配置这一序参量伺服于市场导向和政策导向两个序参量。由此可见，在以上三个序参量中，市场导向和政策导向是东北地区制造业产业自主创新动力系统协同运行的两个主要序参量。

二、序参量之间主导关系的协同学分析

本书中，东北地区制造业产业自主创新动力系统中有两个子系统，即激发动力子系统和维持动力子系统，两个子系统的序参量分别为市场导向和政策导向。设其中一个序参量为 q_1，另一个序参量为 q_2，这两个序参量随时间的变化率与作用力成正比。根据协同学相关知识（李嘉明和甘慧，2009），得出以下动力学方程：

$$\frac{dq_1}{dt} = -\gamma_1 q_1 + f_1(t) \tag{4-1}$$

$$\frac{dq_2}{dt} = -\gamma_2 q_2 + f_2(t) \tag{4-2}$$

式中，$-\gamma_1 q_1$ 和 $-\gamma_2 q_2$ 为阻碍子系统演化的回弹力；$f_1(t)$ 和 $f_2(t)$ 分别为子系统中各自的反馈机制产生的矫正力，并且 $f_1(t)$ 和 $f_2(t)$ 中至少有一个会对子系统产生非线性作用。在以下的讨论中，我们假设 $f_1(t)$ 为非线性的，并且假定 $f_1(t) = a_1 q_1 q_2^2$，$f_2(t) = a_2 q_1$，于是激发动力子系统和维持动力子系统之间的动力学方程组为

$$\frac{dq_1}{dt} = -\gamma_1 q_1 + a_1 q_1 q_2^2 \tag{4-3}$$

$$\frac{dq_2}{dt} = -\gamma_2 q_2 + a_2 q_1 \tag{4-4}$$

当 $\gamma_2 >> |\gamma_1|$ 时，我们可以采用绝热消去法求出系统的序参量方程。令 $dq_2/dt = 0$，方程（4-4）转化为 $0 = -\gamma_2 q_2 + a_2 q_1$，解方程可得 $q_2 = a_2 q_1/\gamma_2$，将其代入式（4-3），可得到系统的序参量方程

$$\frac{dq_1}{dt} = -\gamma_1 q_1 + \frac{a_1 a_2^2}{\gamma_2^2} q_1^3 \tag{4-5}$$

该方程表明，在东北地区制造业产业自主创新动力系统演化的过程中，q_1 决定了系统的有序程度。但它并不是独立变量，还要受到 q_2 的影响，因此，仍然是两个子系统的序参量 q_1、q_2 之间的合作关系影响着动力系统的演化。两者之间的这种合作关系如图 4-1 所示。

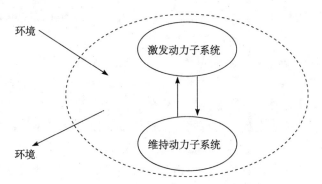

图 4-1　激发动力子系统和维持动力子系统的合作关系

以上的数学分析表明，在东北地区制造业产业自主创新动力系统中，激发动力子系统和维持动力子系统的序参量之间存在着竞争与合作关系，当其中一个子系统的序参量占据了主导地位，成为整个系统的序参量时，就会控制整个系统的协同运行。至于究竟是哪个子系统的序参量会占据主导地位，又会形成怎样的创新动力模式，这些问题将在下文中进行讨论。

三、东北地区制造业产业自主创新的动力模式

产业自主创新动力模式是指产业自主创新动力系统在序参量的支配作用下协同运行，从而推进产业自主创新活动的方式。根据序参量的主导作用变化，本书将东北地区制造业的产业自主创新动力模式分为三类：市场导向创新动力模式、政策导向创新动力模式和市场政策协同导向创新动力模式。

市场导向创新动力模式主要是指东北地区制造业产业自主创新动力系统以产业链需求拉引力、产业技术附加值诱导力、企业家创新特质影响力等动力要素为

主导，以激发东北地区制造业产业自主创新为目的，根据市场导向进行产业创新资源配置，从而推动东北地区制造业产业自主创新的方式。在市场导向创新动力模式中，东北地区制造业企业根据市场导向确定创新活动的方向，完成产业创新资源的配置，掌握着自主创新的主动权。首先，从理论上看，产业链需求拉引力、产业技术附加值诱导力和企业家创新特质影响力是企业进行自主创新活动的最直接的动力，这些动力受市场导向的影响较大，因此，受其驱动的产业自主创新活动基本都是主动围绕市场导向开展的。其次，从客观实践上看，产业链需求是产业自主创新活动的重要起点。相关资料表明，与市场需求结合紧密的自主创新活动，其成功率达2/3以上，只有13.8%左右的自主创新活动是失败的（来兴显等，1995）。而且产业链需求本身就是一个重要的市场导向信号，因而能够更充分地调动制造业企业的自主创新积极性。可见，由于市场导向能够主导东北地区制造业产业自主创新动力系统的协同运行，市场导向创新动力模式在推动东北地区制造业产业自主创新过程中起着不可替代的作用。

政策导向创新动力模式主要是指东北地区制造业产业自主创新动力系统以产业自主创新政策支持力、产业自主创新人才支撑力、产业自主创新技术推动力、产业自主创新资金保障力、产业自主创新信息黏合力等动力要素为主导，以维持东北地区制造业产业自主创新为目的，根据政策导向进行产业创新资源配置，从而推动东北地区制造业产业自主创新的方式。在政策导向创新动力模式中，东北地区制造业企业以政府的政策体系为指导，确定自主创新活动的方向和计划，甚至直接借助政府的职能进行产业创新资源的配置。目前为止，几乎各国政府都曾经通过政策导向来加强自主创新动力的作用，进而达到支持和激励本国企业开展自主创新活动的目的，可见，政策导向创新动力模式在国外也同样存在。东北地区是我国计划经济体制建立最早、发展最完善，也是受计划经济体制影响最深的地区。因此，政策导向创新动力模式广泛存在于东北地区国有企业中，是计划经济时期东北地区制造业产业自主创新的主要动力模式。

市场导向创新动力模式和政策导向创新动力模式各自存在着不足之处。完全市场导向的创新动力模式缺乏产业自主创新活动的计划性，可能会导致重复的自主创新活动，所以不可避免地会产生竞争性的创新资源浪费，使产业自主创新的成本增加；而完全政策导向的创新动力模式实际上是在用一种行政手段推行创新计划，它依赖于政府部门的判断和对未来发展的预测，缺乏根据市场变化及时调整创新计划的灵活性，也存在着方向失误的可能性。相比之下，市场政策协同导向创新动力模式则弥补了以上两种动力模式的不足。

市场政策协同导向创新动力模式主要是指东北地区制造业产业自主创新动力系统以激发和维持东北地区制造业产业自主创新为目的，以市场导向为依据、以政策导向为指引进行产业创新资源配置，从而有效、合理地推动东北地区制造业产业自主创新活动的方式。从以上定义可知，市场政策协同导向创新动力模式克服了单一动力模式的缺点，整合了市场导向和政策导向这两个重要序参量，使其有效合作、协同运行，进而共同推动东北地区制造业的产业自主创新活动。

第三节　东北地区制造业产业自主创新
动力模式的动态演化研究

一、演化的含义

自 Nelson 和 Winter 的《经济变迁的演化理论》一书 1982 年出版以来，"演化"一词在西方经济学界越来越成为时髦的术语。"演化（evolution）"一词起源于生态学的概念，目前在经济学中尚无统一的定义。在普通意义上，英文"evolution"一词来自拉丁文，《美国传统词典〈双解〉》对它的解释是：一事物向另一种更复杂、更好事物的渐进过程，与"development"一词同义，在这个意义上，它的反义词是"revolution"，即特定状态下的突然或重大的变化，破坏性的激进变化。简而言之，演化即渐变，或者对应于汉语中的"演变"一词，即相对于剧变而言的难以察觉的、长期的、缓慢的变化过程（宋胜洲，2008）。在哲学中，演化的含义是物质的整合及与之相伴随的耗散，在此过程中物质由不定的、支离破碎的同质状态转变为有条理的异质状态，而且演化是一切物质的发展规律。在经济学中，关于演化的含义，学者们也提出了自己的观点。Nelson 和 Winter（1982）认为，在经济学中，演化意味着进入和退出模式的历史变化，是一个变化、选择、保持的过程；Witt 提出，演化是我们所考察的系统沿时间轨迹的一个自我变化过程；Backhaus 认为 Witt 的定义对于分析经济体系而言非常有效，它包括了经济体系的历时变化能力；Ziman 认为，所谓演化不仅仅是指一个逐渐发展的过程，它还包括了遗传、变异和自然选择，这个过程是为适应外部环境变化而自然发生的；Vromen 详细探讨了演化在经济学中的确切含义，他认为在通常的语言中，演化指的是渐进的变化和发展过程（与革命不同，革命指的是破坏性的激进变化）（陈劲和王焕祥，2008）。

基于以上学者对于演化的观点，本书认为，东北地区制造业产业自主创新动力模式的演化是一种历时较久的逐渐发展的过程，主要表现为动力模式由低级到高级的逐渐发展变化，包含了动力模式的变异—选择—保留过程，这个过程是为适应外部环境变化而自然发生的。

二、东北地区制造业产业自主创新动力模式的动态演化轨迹

哈肯在协同学中指出，序参量之间的关系是这样的：在一段时间内，一个序参量占主导地位，支配另外的序参量和系统内其他要素，规定它们的运动；不久后，这个序参量失去其主导地位，把这个位置让给另一个序参量，并依次重演。根据本章第二节的分析，东北地区制造业产业自主创新动力系统存在两个重要序参量，这两个重要序参量会伴随相互竞争和协同作用的发生，各自占据主导地位，支配系统的运行。基于以上的原理和分析，本书认为，东北地区制造业产业自主创新动力模式的演化是与序参量之间的主宰、替代与伺服规律相联系的，序参量之间的作用规律影响了东北地区制造业产业自主创新动力模式的演化路径。

《中国统计年鉴》的数据显示，1949 年黑龙江、吉林、辽宁的工业总产值分别为 7.5 亿元、3.54 亿元和 8.3 亿元，东北三省工业总产值占全国工业总产值的13.8%。从新中国成立到改革开放初期，东北地区制造业由于得到了国家政策的大力扶持而发展迅速，东北三省工业总产值占全国工业总产值的比例不断提高，1949~1978 年，东北三省的工业总产值占全国工业总产值的比重始终处于 13%~21%，至改革开放前夕，东北地区已经初步奠定了工业化的基础。改革开放后，东北三省的工业总产值占全国工业总产值的比重逐年下滑，截至 1996 年，该比重已下滑至 7%。随着国家振兴东北老工业基地政策的出台，东北地区制造业开始逐渐复兴。2010 年，东北三省的工业总产值占全国工业总产值的比重已达到8.6%。尽管这个数字与新中国成立初期东北地区工业的辉煌成就相比还有很大差距，但是从绝对产量上来看，东北地区制造业主要产品的产量已呈现出不断提高的趋势。在本书的研究时限内，东北地区制造业主要产品产量的发展轨迹如图 4-2、图 4-3 所示。

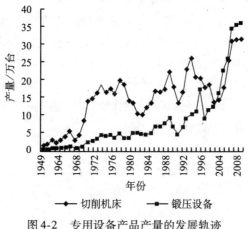

图 4-2　专用设备产品产量的发展轨迹

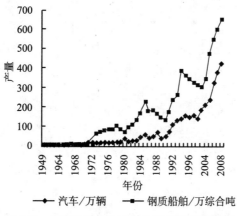

图 4-3 交通运输业主要产品产量的发展轨迹

当前，自主创新对产业发展的巨大作用已经为世人所公认，许多学者也从多个角度对自主创新活动与产业发展之间的内在联系进行了论证。考虑到自主创新与制造业发展的关联性，本书根据制造业的发展轨迹和阶段性将东北地区制造业产业自主创新动力模式的演化划分为三个阶段：起步阶段（1949～1978年）、成长阶段（1979～1996年）和起飞阶段（1996年至今）。与此划分相对应，东北地区制造业产业自主创新动力模式的发展先后经历了三种形态，即政策导向创新动力模式、市场导向创新动力模式和市场政策协同导向创新动力模式，进而形成了"政策导向—市场导向—市场政策协同导向"创新动力模式的动态演化轨迹。

1. **起步阶段——政策导向创新动力模式（1949～1978 年）**

新中国成立后，东北地区制造业产业自主创新的发展进入了重要的历史阶段，作为国家"一五"计划重点建设地区，全国 156 个工程项目有 54 项安排在东北地区，其中，辽宁 24 项，吉林 8 项，黑龙江 22 项，总投资达 300 多亿元，占全国重点建设投资总额的 37.3%。以这些重点工程为核心，利用自然资源优势，东北地区在全国统一计划的部署下，对区域内原有工业进行了技术改造和扩建，成为全国最大的重工业基地。区域经济的有计划开发和工业基地的大规模建设，使东北地区的产业结构和生产力布局发生了显著变化，在政策指导下，东北地区迅速转向了面向全国优先发展重工业的工业化轨道，加速了技术更新，促进了制造业的产业自主创新，并为以后的区域经济发展奠定了雄厚的基础。经过几个五年计划的建设，东北地区制造业产业自主创新水平不断提高，经济结构、工业结构、产业布局都随之发生了根本变化。可以说，这一时期是东北地区制造业产业自主创新发展最为辉煌的时期。

20 世纪 40 年代末至 70 年代末，东北地区制造业产业自主创新动力模式表现为政策导向创新动力模式。在国家政策的指向和推动下，东北地区制造业开始了大规模的技术改造，加速启动和开展了一系列产业自主创新活动，使东北地区制造业实现了快速发展。该阶段东北地区制造业产业自主创新动力模式的基本特点如下。

（1）政府作为自主创新投资主体，对东北地区制造业产业自主创新活动进行严格的计划和控制，产业的创新资源完全掌握在政府的手中，由政府统一调拨和配置。东北地区制造业产业自主创新完全由政府政策推动。

（2）东北地区制造业自身既缺乏技术改造、自主创新的资源和决策权，也缺乏主动进行技术改造、自主创新的动力。

（3）东北地区制造业产业自主创新是政府行政指令硬性要求下的、对若干重点领域和重点产品的自主创新，而非普遍的、持续的自主创新动力作用。

2. 成长阶段——市场导向创新动力模式（1978~1996 年）

1978 年以后，我国开始了市场取向的经济体制改革。计划经济体制基础十分牢固的东北地区，尽管在体制转轨过程中阻力重重，但在全国改革开放大潮推动下，还是走上了市场经济的发展之路。国家指令性计划调拨的品种和数量逐渐压缩，市场调节份额逐步扩大，市场机制在东北地区制造业创新资源配置中的作用越来越显著。这同时也意味着，东北地区制造业以往开展自主创新活动的诸多前提条件逐渐消失，进一步发展也出现了诸多的问题。作为我国计划经济体制建立最早、发展最完善的地区，以往的政策导向创新动力模式不仅不再适用于东北地区制造业产业自主创新的发展，而且成为了东北地区制造业产业自主创新发展的严重障碍。

伴随东北地区制造业的产业发展由计划经济向市场经济的过渡，以市场导向为主的自主创新动力模式在产业中逐步建立。这一时期，东北地区制造业产业自主创新动力模式的基本特点如下。

（1）在由计划经济向市场经济过渡的初期，政策导向创新动力模式的缺陷明显暴露，其惯性阻碍了市场导向创新动力模式作用的发挥，使东北地区制造业产业自主创新动力机制暂时无法在新的经济环境中正常运转。

（2）随着产业发展逐渐面向市场经济，制造业的自主创新动力模式开始由政策导向创新动力模式转变为市场导向创新动力模式。

（3）东北地区在基本完成由计划经济向市场经济的过渡之后，其制造业的产业自主创新动力系统运行开始完全转向市场导向创新动力模式。制造企业拥有了自主创新的决策权，产业创新资源配置逐步优化，产业的技术改造能力、设备更新能力及自主创新能力逐渐增强。

3. 起飞阶段——市场政策协同导向创新动力模式（1996 年～）

20 世纪 90 年代，虽然东北地区制造业的产业发展速度不断加快，但是相对东部沿海地区仍然比较慢。东北三省的工业总产值加在一起只相当于广东的 60%，这种现象引起了中共中央和国务院的高度重视。为此，在"九五"和"十五"期间（1996～2005 年）国家出台了《中共中央、国务院关于实施东北地区等老工业基地振兴战略的若干意见》，明确了装备制造业的振兴目标：到 2010 年，发展一批有较强竞争力的大型装备制造企业集团，增强具有自主知识产权重大技术装备制造的能力，基本满足能源、交通、原材料等领域及国防建设的需要；依靠区域优势，发挥产业集聚效应，形成若干具有特色和知名品牌的装备制造集中地；建设和完善一批具有国际先进水平的国家级重大技术装备工程中心，初步建立以企业为主体的技术创新体系；逐渐形成重大技术装备、高新技术产业装备、基础装备、一般机械装备等专业化合理分工、相互促进、协调发展的产业格局。

自 20 世纪 90 年代中期以来，由于国家政策的大力倡导和支持，东北地区制造业的产业自主创新开始步入起飞阶段。在逐渐适应了市场导向创新动力模式之后，东北地区制造业产业自主创新动力系统的运行逐步转向市场政策协同导向创新动力模式。这一时期，东北地区制造业产业自主创新动力模式的基本特点如下。

（1）国家区域发展战略和政策改变了东北地区制造业的格局，并对东北地区制造业产业自主创新产生了巨大的政策推动效应和投资拉动效应。在市场政策协同导向的动力模式下，东北地区制造业产业自主创新动力不断增强。

（2）产业链需求拉引力、产业技术附加值诱导力等激发动力要素和产业自主创新政策支持力、产业自主创新资金保障力等维持动力在已得到市场导向的强化作用后，又受到了政策导向的二次强化，并产生了关联耦合和优势互补作用，从而进一步激发和保障了东北地区制造业产业自主创新活动的开展。

（3）在市场政策协同导向创新动力模式的作用下，东北地区制造业产业自主创新动力系统的运行效率不断提高，许多传统制造业的产业自主创新活动也开始步入成熟和良性发展的阶段。

第四节　东北地区制造业产业自主创新动力模式演化的条件及过程

由本章第三节可知，东北地区制造业产业自主创新动力模式的动态演化也是在各种条件的作用下有序进行的。本节将从动力模式演化的前提、诱因、重要环节三个方面来分析东北地区制造业产业自主创新动力演化的条件，进而总结其演化过程。

一、动力模式演化的前提

从本章第三节中关于动力模式动态演化轨迹的分析可以看出，自新中国成立以来，东北地区制造业产业自主创新动力模式的演化实际上是伴随着我国经济体制的变化而缓慢进行的，可以说，动力模式的改变是对经济体制变化做出的积极回应。出现在计划经济时期、计划经济向市场经济转轨时期、社会主义市场经济时期的各种经济体制，均不同程度地影响了东北地区制造业产业自主创新动力模式的演化轨迹。

新中国成立后，我国以苏联的计划经济体制为范式，开始实行严格的计划经济，并且与"中国的具体实践相结合"，以"国家所有"的形式发展出一整套高度集中的计划经济体制（宁一和冬宁，2004）。该体制的主要特点就是政府直接掌握社会投资资金。应该说，在当时的历史条件下，计划经济是非常成功的，使我国集中力量在短时期内迅速建立了较为完整的工业体系。同时，计划经济体制还造就了政策导向的创新动力模式，该模式促进了东北地区制造业产业自主创新活动的开展，并使许多核心技术项目的研发取得了重大突破，提高了制造业的产业经济效益。但是，这一经济体制也存在着两大弊端：一是并没有把制造业所取得的创新效益完全用于制造业本身，以使其进行技术改造、自主创新来进一步提高创新效益，而是将资金用于其他产业的建设，来"填补国内空白"；二是并没有把资金用于产生效益的优势企业，以使其优势和实力进一步提升，而是将资金用于效益和实力较弱的其他企业的建设。由此可见，在计划经济体制时期，政策导向创新动力模式为推动东北地区制造业产业自主创新曾经做出了巨大的贡献，但是随着国家经济建设的发展，计划经济体制的弊端越来越突出，政策导向创新动力模式也逐渐成为无法有效推动东北地区制造业产业自主创新的动力模式，于是，新动力模式的产生成为必然。

1978 年以后，我国开始了由计划经济体制向市场经济体制的改革，东北地区制造业产业自主创新的动力模式也随之向市场导向的创新动力模式演化。在改革初期，对于东北地区制造业来说，开展产业自主创新活动是非常困难的，因为以往有利于制造业产业创新发展的诸多有利条件已经消失。一直习惯于政府政策指导的东北地区制造业，其产业自主创新活动短时期内还无法完全适应市场导向创新动力模式。在这一时期，东北地区制造业产业自主创新活动衰退趋势显现，产业自主创新动力明显不足，产业自主创新动力模式的演化也暂时遇到了瓶颈。随着市场经济体制的逐渐确立，东北地区制造业的产业自主创新活动才逐渐适应了市场导向创新动力模式，又重新活跃起来。"九五"、"十五"计划期间，我国的经济体制改革不断深化，随着振兴东北老工业基地战略目标的提出，国家对东北地区制造业的产业自主创新活动开始了新一轮的大力扶持，市场经济与政府政策的共同引导推动了东北地区制造业产业自主创新动力系统的运行，于是，东北地区制造业产业自主创新动力模式又开始逐渐向市场政策协同导向创新动力模式演化。

从以上的发展过程可以看出，东北地区制造业产业自主创新动力模式的演化是伴随着经济体制改革的进程而发生的，因此，本书认为，经济体制改革是东北地区制造业产业自主创新动力模式演化的前提。

二、动力模式演化的主要诱因

前已述及，系统状态参量对其平均值的偏离称为涨落。任何涨落都具有两面性：既是系统稳定在平衡态的动力，又是对系统平衡态的破坏。涨落是不变性、对称性、均匀性的破坏因素。它可以由系统内部因素引起，也可以由环境的随机变化引起。涨落是东北地区制造业产业自主创新动力系统形成有序结构的诱因，同时也是东北地区制造业产业自主创新动力模式演化的诱因。

1. 协同演化过程的随机涨落现象

随机涨落现象是系统协同演化过程的重要诱因。在演化的过程中，系统会存在某种相对均衡的宏观状态，而涨落则是对这一均衡宏观状态的局部偏离。当一个系统与外界没有联系时，称之为有序的"平衡结构"；当一个系统与外界发生了非线性相互作用，即系统处于非平衡条件之中时，"耗散结构"就成为系统演化的起点。在系统内部的竞争与协同作用下，各要素之间、子系统之间的不稳定性超过某一临界点，出现全局性的非平衡状态，系统将会发生倾斜而出现对流现象。这种现象出现的根本原因就是系统出现的涨落现象（才华，2006）。

系统内部涨落的示意图如图 4-4 所示。假设存在一个独立的变量函数 $Y = f(X)$，且该独立变量 X 出现的幂次是大于 1 的，即 X 与 $f(X)$ 之间是非线性关系。令 $dX/dt = f(x)$，则可以将 $f(X)$ 分解为两个函数 $f_+(X)$ 和 $f_-(X)$，其中 $f_+(X)$ 可以看做是 $f(X)$ 的增益，$f_-(X)$ 可以看做是 $f(X)$ 的损耗。从图 4-4 中函数变化的曲线可以假设 $f_+(X) \geqslant 0$，$f_-(X) \geqslant 0$，即有 $f(X) = f_+(X) - f_-(X)$，则可以得到 $Y = f(X)$ 的定态就是两个函数 $f_+(X)$ 和 $f_-(X)$ 的交点，即 $dX/dt = 0$ 时，$f_+(X) = f_-(X)$。图 4-4 所示的点 SI、SS、IS、II 为 $Y = f(X)$ 的定态点，下面本书将从这四个定态点来分析其中要素发生的变化情况。

第一种情况，$0 \rightarrow SI$ 阶段，$f_+(X) > f_-(X)$；$SI \rightarrow SS$ 阶段，同样存在 $f_+(X) > f_-(X)$，可以说在 SI 点，$f(X)$ 的损耗是稳定的，增益是不稳定的，即增益大于损耗，此时 $f(X)$ 出现正向涨落：由于 $f_+(X) > f_-(X)$，当系统稍稍向左偏离开

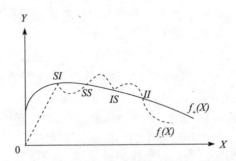

图 4-4　复杂系统演化发展的内在表现形式——涨落现象的形成

SI，结果将是偏离被减少而回到 SI；若系统是向右偏离，那么这种偏离会被放大，使系统进入下一个定态点 SS，在这个过程中，增益决定了系统的正向涨落。

同样可以看出，在点 SS 处，$f(X)$ 的增益和损耗都是稳定的，即正向涨落和负向涨落同时发生，且由于在 $SI \rightarrow SS$ 和 $SS \rightarrow IS$ 阶段正向涨落的绝对值小于负向涨落的绝对值，所以系统表现出来的是负涨落。同理，我们可以判定在点 IS 发生的是负向涨落，而在点 II 发生的涨落需要进一步衡量增益和损耗的大小进行判断。

该模型仅仅是在系统内部发生的一种最小规模涨落的示意图，仅仅是一种微观的系统涨落现象。对于耗散结构来说，系统内部的各种变量处于外界参数的控制下，竞争与协同作用不断地引导各要素出现正向和负向涨落，当涨落的偏离值超出一定范围时，这种小涨落会带动周围其他要素发生反应，进而形成系统的"巨涨落"，使得系统的结构发生跃迁，进而演化成为新的有序结构。

2. 东北地区制造业产业自主创新动力模式演化的涨落

东北地区制造业产业自主创新动力模式的演化可以看做是动力系统内不同功能的非线性子系统之间相互作用发展的过程，子系统之间、各动力要素之间、系统与环境之间都可能发生这样非线性的"力"的作用。在这种相互作用的过程中，会出现一些没有规则、无法预料的因素波动，如宏观经济环境的变化、产业竞争环境的变化、产业制度环境的变化等。它们在东北地区制造业产业自主创新动力模式演化的过程中能够影响动力要素，如影响动力要素的强度、增强各动力要素之间的关联耦合等，进而引发更多的反应可能。这种现象就是涨落。

涨落的存在是客观的，实际的系统在存续运行中都会遇到涨落。涨落是随机发生的，无法从宏观上加以预测。涨落的特点是忽大忽小、随机生灭，这也是系统产生不确定性的重要根由。系统的演化是通过涨落来实现的，涨落是系统演化的诱因，没有涨落，就没有非线性相干作用的关联放大和序参量的形成，系统就无从形成新的有序结构，也就不可能有系统的演化。基于此，本书认为，东北地区制造业产业自主创新动力系统的随机涨落是动力模式演化的诱因。

东北地区制造业产业自主创新动力系统时刻存在着随机涨落现象。它们通过东北地区制造业产业自主创新动力系统的外部环境向系统内渗透，并引起系统的一系列变化。本书用以下几个涨落为例来进行说明。

（1）基础设施环境的改善。基础设施环境的改善能够对东北地区制造业产业自主创新动力系统产生积极影响。比如，公共图书馆、公共实验室等基础设施的增加，提高了东北地区制造业产业自主创新的能力，促进了产业内技术的不断进步，增强了产业自主创新技术推动力；又如，网络和数据库等基础设施的建设为东北地区制造业各类服务与其关联服务机构之间、与科技机构与政府之间、与技术供需方之间提供了一个方便快捷的交流平台，增强了自主创新信息的传递、扩散，使产业自主创新各利益主体之间的联系更为紧密，增强了产业自主创新信息黏合力。因此，基础设施环境的不断改善增强了东北地区制造业产业自主创新动力系统的正向涨落的趋势。

（2）产业制度对自主创新的支持。自1996年以来，国家出台了一系列振兴东北老工业基地的政策，使得制造业产业制度环境不断优化。产业制度环境的改善首先有利于产业自主创新政策的落实，增强了产业自主创新政策支持力；其次，有利于构建完善的制造业产业自主创新融资体系，增强了产业自主创新资金保障力；最后，也有利于建设充分发挥人力资源优势的制度，增强了产业自主创新人才支撑力。可见，产业制度对自主创新的支持使东北地区制造业产业自主创新动力系统的正向涨落处于优势地位。

（3）地域环境的限制。地域环境的限制对东北地区制造业产业自主创新动力产生了一定的负面影响。比如，东北地区地域文化中的消极因素对制造业产业自主创新的制约仍然存在，不利于推动产业自主创新活动的开展；又如，东北地区特殊的地理位置和气候条件也不利于招揽各类自主创新人才，减弱了产业自主创新人才支撑力和产业自主创新技术推动力。可见，地域环境的限制使动力系统的负向涨落加剧。

（4）宏观经济的发展。近年来，我国宏观经济的发展带动了东北地区经济发展的速度，提高了对科学技术成果的需求水平，促进了东北地区制造业的产业创新活动从以技术的引进、仿制为主发展到以自主创新为主的进程。产业自主创新对人才、资金、技术等方面的要求进一步引起了产业链需求拉引力、产业自主创新人才支撑力、产业自主创新资金保障力、产业自主创新技术推动力等动力要素的共同发展，使得东北地区制造业产业自主创新动力系统的正向涨落趋势增强。

（5）模仿创新的影响。东北地区制造业的产业竞争较为激烈，企业都期望通过掌握新技术、新产品来获得竞争优势。而相对于自主创新活动来说，模仿创新能够节省创新成本、降低创新失败风险、加快新产品上市速度，因此，更容易受到东北地区制造业企业的青睐。随着创新模仿的不断开展和规模的扩大，产业技术附加值诱导力不断降低，从而造成东北地区制造业产业自主创新动力系统的负向涨落。

这些随机涨落是东北地区制造业产业自主创新动力模式演化发展过程中的诱导因素，它们可以通过系统内部各动力要素之间的非线性耦合作用加以放大并形成巨涨落，进而影响东北地区制造业自主创新动力模式的演化方向。

东北地区制造业自主创新动力模式演化发展的涨落示意图如图4-5所示。

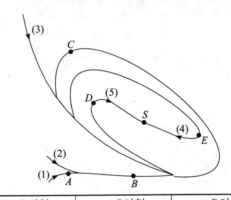

$t=A$ 时刻	$t=B$ 时刻	$t=C$ 时刻	$t=D$ 时刻	$t=E$ 时刻
基础设施环境的不断改善，增强了产业自主创新技术推动力和产业自主创新信息黏合力，使得东北地区制造业产业自主创新动力系统的正向涨落趋势增强	产业制度环境的改善有利于增强产业自主创新政策支持力、产业自主创新人才支撑力、产业自主创新资金保障力等动力要素的作用，会使东北地区制造业产业自主创新动力系统的正向涨落处于优势地位	东北地域环境的限制，如东北地区地域文化中的消极因素、特殊的地理位置和气候条件等，对制造业自主创新的制约仍然存在，减弱了产业自主创新人才支撑力和产业自主创新技术推动力，使系统的负向涨落加剧	宏观经济的发展会引起产业链需求拉引力、产业自主创新人才支撑力、产业自主创新技术推动力等动力要素共同发展，使得东北地区制造业产业自主创新动力系统的正向涨落趋势增强	随着创新模仿的不断开展和规模的扩大，产业技术附加值诱导力不断降低，会造成东北地区制造业产业自主创新动力系统的负向涨落

图4-5　东北地区制造业产业自主创新动力系统中涨落示意图

S 为东北制造业产业自主创新动力系统发展过程中某一阶段的定态（宏观均衡值）；（1）基础设施环境的改善；（2）产业制度对自主创新的支持；（3）东北地域环境的限制；（4）宏观经济的发展情况；（5）模仿创新的影响。

图 4-5 中，S 为东北地区制造业产业自主创新动力系统演化发展过程中某一阶段上的"定态"（宏观均衡值），（1）、（2）、（3）、（4）、（5）分别为达到这一定态时外界的输入条件。通过分析 A、B、C、D、E 等处的涨落现象可以看出，在这个演化的过程中，由于正向涨落和负向涨落随机发生，所以系统可能会形成不规则的演化路径，这在图 4-5 中表示为几个环形路径。可见，无论是何种涨落处于主导地位，东北地区制造业产业自主创新动力系统最终都会朝着定态点 S 逼近。

涨落是系统有序结构形成的触发器，它的出现是随机的和不可测的。若涨落出现在系统刚刚偏离平衡态的近平衡区域，那么此时的涨落对系统演化成为耗散结构是没有意义的；只有当涨落出现在系统远离平衡态时，才能够起到耗散结构触发器的作用，此时的涨落才有实际意义。在东北地区制造业产业自主创新动力系统协同演化过程中，无论是正向涨落还是负向涨落的出现，都有很强的偶然性和随机性，无法准确地控制和预测。但是，由涨落引起的东北地区制造业产业自主创新动力系统对均衡的偏移，则可以由外界不断输入"负熵"来弥补。例如，政府可以不断地加大对东北地区制造业产业自主创新的资金、信息等的投入，这些负熵的输入可以使整个东北地区制造业产业自主创新动力系统处于"低熵"状态。

总之，无论是微观的"小涨落"，还是宏观的"巨涨落"，都能够触发东北地区制造业产业自主创新动力系统原有状态的失稳。此时，系统内部动力要素之间的协同效应，加上外界负熵的不断供给，必然会使东北地区制造业产业自主创新动力模式实现有序结构。系统形成新的有序结构的过程，也是动力模式演化发展的过程。因此，系统的随机涨落就成为东北地区制造业产业自主创新动力模式演化发展的诱因。

三、动力模式演化的重要环节

从 20 世纪 80 年代起，演化经济学开始广泛地使用进化生物学理论体系中的知识和方法来描述经济体系，越来越多的学者将大量生物学隐喻，如变异、选择、保留等，应用于演化经济学领域。因此，本书也将尝试采用生物学隐喻的方式对东北地区制造业产业自主创新动力模式演化的重要环节进行分析。

1. 变异

在进化生物学中，变异是新物种产生的微观基础。虽然变异并不一定在显型中得到呈现，但新的显型却一定是基因出现变异所致。生物学中的变异原则强调生物个体的种类和多样性作用，在经济学中被引申为经济体系已有特征的变化，即系统内新奇事物的创造（陈劲和王焕祥，2008）。演化经济学中则认为变异是对原有惯例的破坏，尤其强调现实中经受的挫败推动了对新奇或变异的积极主动搜寻（Nelson and Winter，1982）。

从东北地区制造业产业自主创新动力模式的动态演化轨迹可知，东北地区制造业产业自主创新动力模式的发展分为三个阶段，即起步阶段（1949～1978 年）、成长阶段（1979～1996 年）和起飞阶段（1996 年至今）。以起步阶段为例，在该时期，政策导向创新动力模式在计划经济体制环境中得以形成并发挥主导作用。在国家政策的引导和推动下，东北地区制造业开始了技术改造，加速了自主创新，实现了产业的快速发展。但是到了成长阶段，随着市场经济体制的确立，外部环境发生了剧烈变化，原有的创新动力模式不再适用于改变后的新环境，于是一种新的创新动力模式——市场导向创新动力模式应运而生。这种创新动力模式的改变过程类似于生物学中的变异。因此，变异是东北地区制造业产业自主创新动力模式演化的重要环节。

2. 选择

达尔文式的自然选择包含着两种机制：选择机制和复制机制。基因遗传被假定为对基因物质的精确复制，而作用于有机体显型的自然选择被假定产生群体动力学——选择在群体而非个体层次上起作用。一个包含变异的显型能否被“自然”选择出来并成为有效的基因传播者，是新物种形成的关键（陈劲和王焕祥，2008）。Nelson 和 Winter（1982）指出，在经济体系中，营利性的惯例将以营利性较差的惯例的消失为代价在一个产业中传播。

对于东北地区制造业产业自主创新动力模式来说，新旧模式的交替就是选择的结果。例如，1972 年之后，东北地区的宏观环境发生了很大改变，市场经济体制的确立使得产业制度环境、产业竞争环境、人们的思想观念等方面都发生了很大变化，原有的政策导向创新动力模式已无法满足制造业自主创新的需求，此时类似于生物学中的选择机制开始发挥作用，政策导向创新动力模式被淘汰，市场导向创新动力模式被环境选择；同样，1996 年以后，随着国家振兴东北老工业基地等一系列政策的出台，东北地区的经济环境、基础设施环境、产业制度环境等得到了进一步的改善，此时更加有利于制造业产业自主创新发展的市场政策协同导向创新动力模式又被选择出来。可见，选择在东北地区制造业创新自主创新动力模式演化过程中发挥了重要的作用。

3. 保留

在保留周期中，被选择出来的动力模式将被保留和传衍，成为新的东北地区制造业产业自主创新动力模式。

在保留周期中，东北地区制造业产业自主创新动力系统内各要素会在新的创新动力模式的作用下逐渐增强它们之间的协调性与一致性，完成一个连续变化的过程。新动力模式对系统的作用不断加强，最终高度内嵌于东北地区制造业产业自主创新动力系统的行为之中，成为动力系统运行的"新惯例"。以市场导向创新动力模式为例，市场经济体制的确立使得市场导向创新动力模式被选择成为东北地区制造业产业自主创新动力系统运行的新模式，经过一段时间的积累，深深地嵌入各动力要素的行为之中，于是，市场导向创新动力模式被保留下来并逐步确立其主导地位。

四、动力模式的演化过程

基于上述分析，本书认为东北地区制造业产业自主创新动力模式的演化主要体现在两个方面：首先，动力模式是在一定的系统环境中形成与发展的，其演化过程首先必然要受到环境的约束；其次，东北地区制造业产业自主创新动力模式能对环境变化做出积极主动的反应，并通过变异来适应外界环境的变化。该演化过程包括了变异—选择—保留等重要环节，按照学者王翔（2006）的观点，本书将其简称为创新动力模式的 VSR 过程。东北地区制造业产业自主创新动力模式的演化过程如图 4-6 所示。

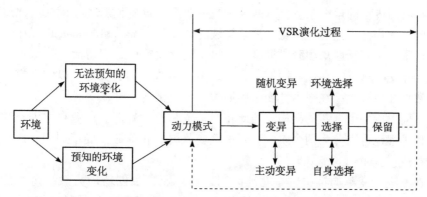

图 4-6 东北地区制造业产业自主创新动力模式的演化过程

第五节 东北地区制造业产业自主创新
动力模式演化过程阶段模型

史蒂芬·杰伊·古尔德曾经有句名言："世纪上任何一个地区的历史，都像一个战士的生涯一样，大部分时间风平浪静，只有短暂的惊涛骇浪。"（王翔，2006）这句话也深刻地揭示出东北地区制造业产业自主创新动力模式演化存在的过程规律。借鉴生物进化论、演化经济学理论、生命周期理论等观点，本书总结和提炼出东北地区制造业产业自主创新动力模式演化过程的间断均衡式阶段模型，如图4-7所示。

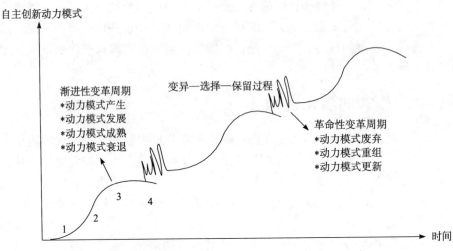

图4-7　东北地区制造业产业自主创新动力模式演化过程模型

　　从时间进程的角度来看，东北地区制造业产业自主创新动力模式演化过程是符合间断性均衡理论的。演化经济学领域的学者 Tushman 和 Romanelli（1985）曾清晰地阐述了间断性均衡阶段模型：在组织演化过程中，保留周期和根本性变革周期相互交替进行。在保留周期中，组织主要精炼结构、资源，以增强它们之间的一致性和协调性；在根本性变革周期中，组织结构、性质等都会发生根本性变化，从而形成一个全新的架构。与此相似，东北地区制造业产业自主创新动力模式演化过程也可以分为两个阶段：渐进性变革周期和革命性变革周期，这两个周期交替进行。

　　在渐进性变革周期中，东北地区制造业产业自主创新动力系统内的某个序参量占据主导地位，系统内各动力要素、各子系统在序参量的支配下协同运行，形成一个连续变化的周期，此时动力模式会沿着一个特定的路径不断地改善，呈现路径依赖的特性；其后，东北地区制造业产业自主创新动力模式的演化过程会被一个革命性变革时期打断，在革命性变革周期中，原来的序参量失去其主导地位，把这个位置让给另一个序参量，系统内各动力要素、各子系统在新的序参量的支配下实现新的协同运行，动力模式的演化从现有的路径跳跃到一个全新的路径，发生不连续的变化，显现路径打破的特征；然后，又会进入一个稳定的渐进变革时期，而后者又将被一个革命性变革时期打断，如此循环往复。

一、渐进性变革周期

东北地区制造业产业自主创新动力模式演化的渐进性变革周期包括四个阶段：动力模式产生阶段、动力模式发展阶段、动力模式成熟阶段和动力模式衰退阶段。

1. 动力模式产生阶段

东北地区制造业产业自主创新动力模式演化的渐进性变革周期始于动力模式产生阶段。当东北地区制造业产业自主创新动力系统的主导序参量产生时，一个新的动力模式由此产生。

例如，新中国成立后，东北地区成为了国家"一五"计划重点建设地区，其制造业的发展进入了重要的历史阶段。此时由于历史及国情等，我国采用了计划经济体制，东北地区制造业的产业自主创新活动也因此处于严格的计划管理体制之下。制造业企业的生产经营和创新活动都要围绕政府的政策和计划进行，自主创新资源也完全由政府统一调拨。此时，政策导向成为东北地区制造业产业自主创新动力系统的主导序参量。制造业的自主创新活动完全服从于政府的行政命令和政策导向，企业家创新特质影响力、产业链需求拉引力、产业技术附加值诱导力等激发动力要素在产业自主创新动力机制中只是起着配合、辅助作用。政策导向创新动力模式由此产生，支配着整个东北地区制造业产业自主创新动力系统的运行。

2. 动力模式发展阶段

当东北地区制造业产业自主创新动力系统按照某种动力模式有序地组织并且运转起来后，动力模式进入发展阶段。在这一阶段中，动力模式通过对各种可行发展方案的搜寻和经验积累而得以发展。

20世纪50年代，东北地区踏入了面向全国优先发展重工业的工业化轨道，快速实现了工业化起飞，加速完成了制造业的技术更新和自主创新。在政策导向创新动力模式的主导下，东北地区制造业产业自主创新动力系统也实现了快速发展，系统内各动力要素开始协同运行，产业自主创新政策支持力、产业自主创新人才支撑力、产业自主创新技术推动力、产业自主创新资金保障力、产业自主创新信息黏合力等维持动力要素为自主创新活动提供了充分的保障，使东北地区制造业的自主创新活动取得了一系列开创性成果，如中国第一只晶体管在黑龙江研制成功，大庆油田凭借着聚合物驱油技术等科研成果保证了油田长期稳产5500万吨，创下了当时的世界之最等。通过不断地摸索和发展，东北地区制造业产业自主创新政策导向创新动力模式逐步确立。

3. 动力模式成熟阶段

在成熟阶段，动力模式得以维护和强化，其功能稳定在一定的水平上。动力模式的持续运行推动着东北地区制造业产业自主创新活动的开展。随着时间的推移，这种动力模式越来越深地内嵌于东北地区制造业产业自主创新动力机制运行的过程中，成为惯例化的动力模式。

在计划经济模式下，经过几个五年计划的建设，东北地区的经济结构、工业结构、产业布局都发生了根本性变化，东北地区的老工业基地作用大大加强，制造业的产业自主创新也不断取得巨大成就，在此仅以东北地区的机车工业为例进行说明。新中国成立后，在国家政策的大力支持下，机车工业企业从 1954 年开始自主开发大功率货运蒸汽机车，1956 年 9 月 18 日生产出第一台和平型货运蒸汽机车，该型机车技术经济性能达到了当时世界蒸汽机车的先进水平；1958 年，制成第一台国产干线货运内燃车，成为国产第一代内燃机车的主力；1964 年，在巨龙型机车基础上又成功制造了东风型内燃机车，该机车成为我国内燃化初期的主型干线机车。可见，通过嵌入动力机制运行和参与自主创新实践，政策导向创新动力模式逐步成熟，东北地区制造业产业自主创新也在这一动力模式下取得了巨大的成功。

4. 动力模式衰退阶段

当产业自主创新动力系统的外部环境和内部条件发生变化时，在原环境中发挥重要作用的动力模式也会因为时过境迁而逐渐失去其原有的优势，这时，动力模式开始进入衰退阶段。动力模式的衰退通常会比较缓慢，但有时也可能会比较迅速。

由于计划经济体制的种种弊端日益显现，与之相适应的政策导向创新动力模式也逐渐失去了往日的辉煌，甚至开始阻碍东北地区制造业产业自主创新的进一步发展。比如，政策调整的时滞性使东北地区制造业企业缺乏自主创新活力，创新资源配置的计划性导致部分制造行业的技术条件和研发设备老化，政府购买的保护性则使很多制造行业的技术改造能力、设备更新能力及自主创新能力明显下降。东北地区制造业产业自主创新动力机制运行效率的日益低下，标志着政策导向在产业自主创新动力机制运行中的主导作用逐渐减弱，也意味着政策导向创新动力模式开始走向衰退。

二、革命性变革周期

在现实中，东北地区制造业产业自主创新动力模式不可能周而复始地沿着产生、发展、成熟、衰退的逻辑顺序向前发展。当外界环境发生剧烈的变化从而阻碍动力模式的渐进性变革周期正常发展时，动力模式就会发生阶段跳跃或突变，革命性变革周期也就会随之开始。一般来说，东北地区制造业产业自主创新动力模式的革命性变革周期主要包括三个阶段。

1. 动力模式废弃阶段

当原有动力模式不再符合东北地区制造业产业自主创新动力系统的发展时，意味着原有的动力模式将会被废弃。

在政策导向创新动力模式下，过于依赖政府指导的创新惯例严重地制约了东北地区制造业产业自主创新动力系统作用的发挥，过分严格的行政计划极大地限制了制造业的自主创新进程，使得对生产工艺和现有产品作任何一点的改变都变得极其困难。例如，一汽解放牌载重汽车自 1956 年投产以后，30 多年如一日，没有任何变化，直到改革开放后才开始有了改进和完善。另外，创新资源的政府配置机制阻碍了跨行业、跨地区的创新人才和技术交流，尤其是对"国家机密"或者"军事用途"有所涉及的技术更是受到政府的严格控制，使得一个行业发明的新技术无法迅速推广、应用到别的行业。特别是当市场经济体制确立之后，政策导向创新动力模式更是难以促进东北地区制造业产业自主创新动力系统的运行，甚至制约了动力系统的发展，因此，这一创新动力模式会逐渐被淘汰。

2. 动力模式替代阶段

当原有的创新动力模式被废弃之后，将会有新的动力模式来替代原有的动力模式，在推动东北地区制造业产业自主创新的过程中发挥作用。

随着计划经济体制向市场经济体制转轨，政策导向这一序参量逐步失去了在东北地区制造业产业自主创新动力系统中的主导地位，政策导向创新动力模式也因无法满足东北地区制造业产业自主创新的发展需求而逐渐被废弃。与此同时，市场导向替代政策导向成为东北地区制造业产业自主创新动力系统的主导序参量，市场导向创新动力模式也随之开始逐步确立其主导地位。在这一替代过程中，市场需求导向逐渐促使企业家创新特质影响力、产业链需求拉引力、产业技术附加值诱导力等动力要素发挥启动和激发创新的作用，而创新资源的市场化配置也开始引导产业自主创新人才支撑力、产业自主创新技术推动力、产业自主创新资金保障力、产业自主创新信息黏合力等动力要素配合激发动力，为产业自主创新活动提供维持和保障动力，从而使东北地区制造业产业自主创新动力系统开始遵循新的运行和协同模式。

3. 动力模式更新阶段

新的动力模式替代原有的动力模式之后，东北地区制造业产业自主创新动力模式实现了更新，正式进入一个全新的发展阶段。

市场经济体制完全代替计划经济体制之后，东北地区制造业产业自主创新动力模式的演化进入了一个全新的发展阶段，市场导向创新动力模式的主导地位逐渐确立，创新动力模式的更新得以完成。在该动力模式作用下，东北地区制造业产业自主创新动力系统协调有序地运行。更新后的创新动力模式开始稳定下来，依照渐进性变革的周期规律不断完善、发展，并在新的发展路径上逐渐走向成熟。然后，在新一轮渐进性变革周期的某个时点上又会发生新的革命性变革，如此循环反复。

综上所述，东北地区制造业产业自主创新动力模式演化总体上呈现间断性均衡的规律，其演化过程既包括路径依赖性的渐进性变革周期，也包括路径创造性的革命性变革周期，两个周期相互交替进行。

第六节　案例研究——以东北地区汽车产业为例

一、东北地区汽车产业现状

当今世界，汽车作为普遍但又具有较高效率的交通运输工具，已成为现代社会的一个重要标志。汽车产业被称为"工业中的工业"，是国民经济中产业关联度高、规模经济效益明显、资金和技术密集的重要制造业产业。汽车产业自身的发展不仅可以带来直接的经济效益，而且还是现代化国民经济发展必不可少的前提条件。以汽车产业发展为基础的公路运输有着铁路运输、水路运输不可比拟的优势。正因为这样，无论是发达国家还是发展中国家都不约而同地走上了大力发展汽车产业的道路。近年来，我国的汽车产业一直处于较好的发展态势，并且在2003年第一季度首次成为我国工业中的第五大支柱产业。

改革开放以来，东北地区汽车制造业的生产规模不断扩大，近年来更是出现了迅猛发展的良好势头，在我国汽车制造业发展格局中处于举足轻重的地位。目前，东北地区汽车产业已经形成了以长春为核心，以沈阳、哈尔滨为"两翼"的汽车产业发展大格局，在汽车整车生产及零部件供给上具有优势互补的特点。东北地区汽车产业集群基础较好，发展条件优越，拥有较多知名的汽车企业。例如，吉林有全国三大汽车集团之一的一汽集团，黑龙江有哈飞集团，辽宁则有华晨集团、德国宝马汽车公司与华晨集团合资建立的华晨宝马汽车有限公司。此外，东北地区的汽车零部件企业也具有较强的实力，吉林还是我国汽车工业人才培养和科学研究的重要基地。

吉林长春的汽车产业以全国三大汽车集团之一的一汽集团为主体，还有一汽光洋转向装置有限公司（一汽光洋）、一汽东机工减振器有限公司（一汽东机工)、长春海拉车灯有限公司（长春海拉）、长春富奥-江森自控汽车饰件系统有限公司（长春富奥-江森）、一汽-凯尔海斯汽车底盘有限公司（一汽-凯尔）、长春塔奥金环汽车制品有限公司（长春塔奥）、长春西门子威迪欧汽车电子公司[西门子（长春）]、吉林北方捷凯传动轴有限公司等众多有实力的汽车零部件企业。作为中国汽车工业的发源地，长春汽车产业已拥有包括一汽集团在内的规模以上企业330家。同时，在汽车科研与人才培养方面，吉林也在全国处于领先地位。比如，吉林大学汽车工程学院是我国汽车工业人才培养和科学研究的重要基地，其汽车设计制造学科是国内汽车专业领域最早并且是唯一的国家级重点学科，因荟萃众多著名学者而享誉国内汽车界。此外，一汽集团技术中心是中国汽车产业成立最早、规模最大的产品研制开发和试验检测基地。近年来，该中心紧跟汽车工业发展趋势，快速推出"四大"产品和具有当代国际水平的"奥威"重卡、"悍威"中卡等系列产品，大大提高了一汽集团自主品牌的竞争力，充分展示了技术中心的自主研发能力。目前，一汽集团正在致力于建设以长春为核心，无锡、青岛、天津互为补充，企业为主体、市场为导向、产学研相结合的自主创新体系。

辽宁沈阳目前拥有华晨集团，华晨宝马汽车有限公司，以及金杯通用汽车公司；此外，还有沈阳航天三菱汽车发动机制造有限公司等三大发动机企业及28家汽车零部件配套企业。汽车制造业已经成为辽宁经济发展的新亮点。自2003年以来，德国宝马公司、上海通用汽车有限公司等整车企业进入沈阳后，美国伦福德公司、美国李尔公司、德国德科斯迈尔汽车公司等零部件企业也纷纷落户沈阳。随后，我国上海、浙江、江苏等地的资本也向沈阳汽车产业涌来，为沈阳汽车产业的强劲发展提供了动力。目前，沈阳已经聚集了7家汽车整车制造厂、4家汽油发动机生产企业及95家汽车零部件生产企业，汽车整车生产能力接近40万辆，发动机生产能力超过30万台。可以说，汽车制造产业已经具备了发展为沈阳市第一大支柱产业的实力。

黑龙江哈尔滨的汽车产业经过多年的开发建设，其基础设施、科技水平和整体功能都有了较大增强，目前已形成了以哈飞集团为主的整车制造企业，以哈尔滨东安汽车发动机制造有限公司为主的零部件配套企业，一汽集团哈尔滨轻型车厂、黑龙江客车厂、黑龙江龙华汽车有限公司等一批骨干企业互补协作的发展格局。创建于1994年的哈飞集团属于后起之秀，它在自主开发汽车方面全国闻名，是我国汽车产业实现自主创新的少数企业之一。哈飞集团的生产能力、产销量排名在国内并非名列前茅，但是整车出口却有着不俗的成绩，其产品大量出口的法宝就是自有技术。截至2010年12月底，哈飞汽车整车出口达36 000辆（套），在我国汽车企业中位列第五，其中微型车出口突破35 000辆，居全国首位。作为我国自主品牌汽车中第一个实现批量出口的汽车厂家，哈飞集团不断增强市场开拓能力，进一步加快走出去步伐，实现了在全球 40 余个国家和地区的扎实布局，已形成了以叙利亚、阿尔及利亚、巴西等市场为轴心向世界其他国家和地区辐射的海外营销体系。随着出口规模的不断扩大，哈飞集团出口产品的技术附加值不断提高，并向准入门槛较高的发达国家市场逐步延伸。截至目前，哈飞集团累计出口突破 180 000 辆。近年来，哈飞集团的国际市场出口格局开始由初具规模向纵深化挺进，在整车出口的基础上进一步实现了技术出口，在马来西亚建立汽车生产线标志着整车出口、CKD（completely knocked down）出口两翼齐飞的出口策略逐步形成。可以说，海外发展战略已成为促进哈飞集团发展的又一个有力支撑点。

2010 年，东北三省汽车产量共计 139.21 万辆，占全国汽车总产量的 14.9% 左右。在汽车产量迅速增加的同时，东北地区的汽车生产制造能力、企业管理水平及自主创新能力都得到了质的提高，各种高新技术和先进设计制造方法被引入汽车产品开发中，同步工程、各类计算机软件、虚拟现实技术等先进手段正逐步普及，并开始涉及一些新技术研究领域。

二、东北地区汽车产业自主创新动力分析

根据第三章的分析，东北地区制造业产业自主创新动力要素可以分为两类，即激发动力和维持动力，下面本书将从这两个方面对东北地区汽车产业的自主创新动力进行分析。

1. 激发动力分析

东北地区汽车产业自主创新的激发动力主要包括企业家创新特质影响力、产业链需求拉引力、产业技术附加值诱导力。在东北地区汽车产业自主创新活动中，这些动力起着直接的促进作用。

1）企业家创新特质影响力分析

东北地区汽车产业的自主创新活动能够蓬勃开展，与汽车产业内的一批优秀企业家是分不开的，汽车产业内优秀企业家的精神、个性、气质是产业自主创新成功的最关键而且不可复制的因素，也是该产业自主创新成功的最重要的动力。

以一汽集团为例，在东北地区几大汽车集团中，一汽集团是中国汽车产业的领军企业，对东北地区乃至全国汽车产业的自主创新活动均起到了极其重要的表率作用。一汽集团的历任领导者，如饶斌、郭力、刘守华、耿昭杰、竺延风等不仅自身极富创新精神和领导才能，积极倡导和支持企业开展自主创新活动，而且还引进和选拔了一批具有开拓进取精神的骨干技术人员，让他们带领更多的人去实施自主创新。一汽集团技术中心主任李骏博士就是其中的典型代表。李骏博士称得上是一汽集团在技术方面的领军人物，他 20 多年来一直工作在科研第一线，

带领研究团队攻克了无数技术难题，并在汽车发动机、混合动力汽车和汽车电子等领域取得了众多研发成果。其中，由李骏博士及其研究团队成功开发的中国一汽解放 J6 型汽车，从底盘、发动机到变速箱、桥等全套设备完全实现了自主研发。作为吉林汽车产业的主导企业，一汽集团的自主创新活动同时也带动了整个吉林汽车产业的自主创新。通过实现解放 J6 型汽车的整车国内配套生产，一汽集团也将产业链上下游企业的积极性充分调动起来，使这些企业与自己携起手来共同实现自主创新。可见，优秀企业家的创新特质不仅影响了所在企业的创新活动，而且带动了整个东北地区汽车产业的自主创新发展。

2）产业链需求拉引力分析

现阶段，一切行业的发展都要以"市场"为导向，市场上需要怎样的商品，供给者便提供相应的商品，汽车市场也是如此。2009 年，我国汽车消费量达到 666.34 万辆，而 2005 年和 1995 年时我国汽车消费量分别为 591.82 万辆和 144.18 万辆。从汽车的实际购买看，汽车作为中国居民家庭拥有率最低的高档耐用消费品，随着人们收入水平的提高和国家对于汽车消费相关政策的放开，正在快速进入普通家庭，成为新一代的领航消费品，可以说，目前我国私人汽车消费已经开始进入快速增长阶段。

通过全球著名市场研究集团益普索（Ipsos）对已购车用户购车原因的调查可以发现，汽车在中国主要大城市已相对处于刚性需求状态，这主要体现在两个方面：一方面，在主要城市中，汽车已经成为中产阶层的一种身份标志；另一方面，随着我国农村城市化改革进程的推进，主要大城市的面积不断扩张，更多人考虑到房价的影响会购买城市边缘地带的住房，因此上下班、接送孩子等就需要用汽车作为代步工具。这一现象正是当今社会结构变迁以及消费需求结构升级在汽车市场的突出反映。由于中国汽车市场目前较低的千人保有量，汽车的刚性需求是必然存在的，这意味着我国汽车产业的发展已经完成了由"供给约束型"向"需求约束型"的转变。

2010 年，益普索对北京、上海、广州等六大城市 18～50 岁网民进行的一项调查显示：76% 的普通网民在未来两年内有购车计划，其中一年内计划购车的比例达到 32%。与此同时，随着人们生活方式的不断改变，物流业、旅游业、建筑业等行业近年来发展迅速，这些行业对汽车产品的需求数量也在快速增长。可以看出，未来中国汽车市场的需求依然旺盛。

通过以上对我国汽车产业的需求分析可知，对于东北地区汽车产业来说，国内的汽车市场仍然存在着广阔的市场和发展空间。因此，汽车产业的市场需求以及相关产业的产业链需求将对东北地区汽车产业的自主创新活动产生持续的拉动作用。

3）产业技术附加值诱导力分析

对于汽车产业来说，对利益的追求与实现是其进行自主创新活动的主要目的。由于技术附加值能够带来更高的利润率和更强的竞争力，所以，追求更高的技术附加值成为东北地区汽车产业开展自主创新活动的重要动力。

近年来，国内汽车产业的快速发展、汽车产品市场需求的日益多元化、新车型市场生命周期的不断缩短等因素使得各汽车厂商之间的竞争越来越激烈，为了保持较高的利润率和稳定的市场占有率，各汽车厂商竞相开展自主创新活动，以提升产品的技术附加值。相关资料显示，未来汽车产业竞争的重点是提高产品的性能和品质，汽车电子将成为竞争的焦点和核心。目前，发达国家的新车车载电子装配率已达到30%，而中国仅为3%~4%，这意味着，汽车电子将逐渐成为汽车产业的高技术附加值点。有鉴于此，一汽集团所属的启明公司在高技术附加值的诱导下开始致力于研发汽车电子技术，其重点攻关领域是车控电子，包括动力和电驱动系统、底盘和安全系统、车身和网络系统的各种电控技术等。通过对关键技术的持续研发，公司取得了一系列的创新成果，并获得了较好的经济效益。目前，汽车电子业务已成为启明公司的业务重心，公司规划2015年实现100亿元收入，其中汽车电子将占到60%。与一汽启明公司相似，为了保持在行业内的技术领先性和获取高技术附加值，哈飞、华晨等东北地区汽车产业的领军企业在汽车电子方面也同样进行了大量的自主研发活动。可以说，高技术附加值诱导力正在有力地推动着东北地区汽车产业自主创新活动的开展。

2. 维持动力分析

东北地区汽车产业自主创新的维持动力主要包括产业自主创新政策支持力、产业自主创新人才支撑力、产业自主创新技术推动力、产业自主创新资金保障力、产业自主创新信息黏合力等五个动力要素。在这些动力要素的维持和进一步推动下，东北地区汽车产业自主创新活动得以顺利开展和完成，进而从最初的设想变为现实。

1）产业自主创新政策支持力分析

自2001年我国加入世界贸易组织（WTO）后，随着国内外对汽车产品技术要求的逐渐提高，提高我国汽车产业自主创新能力的呼声日益高涨，中国汽车必须要发展自主品牌的观点渐成主流，并引起政府的高度重视。为此，国家陆续发布了一系列政策规范来支持我国汽车产业的自主创新，这已在《中国汽车产业"十一五"规划》中得到了明确体现。在国家着力培养自主创新能力的背景下，东北地区汽车产业的自主创新活动得到有力支持，并从相关的支持政策中受益良多。

2006年2月，我国相继发布了《国家中长期科学和技术发展规划纲要

(2006—2020年)》及其若干配套政策。其中，配套政策共60条，主要包括科技投入、税收激励、金融支持、政府采购等10个方面的内容。"60条配套政策"不仅为汽车产业自主创新提供了政策支持，更重要的是为自主创新活动提供了良好的社会环境、融资环境和政策环境，特别是关于"要建立以企业为主体的创新体系"的提法，对汽车产业的创新发展推动作用巨大。

目前，国家出台的自主创新支持政策和采取的税收、投资、利率、贴息、折旧等多种手段大多是针对企业自主创新活动的，而企业自主创新的发展正是所属产业自主创新发展的基础，因此，国家的相关政策和手段实质上也是对产业自主创新活动的有力支持。经过归纳，在我国现行的财税政策中，与汽车产业和企业相关的促进技术创新的内容可以概括为以下四个方面（唐杰等，2009）。

第一，鼓励企业加大技术开发资金投入的政策，主要包括两个方面的内容（唐杰等，2009）。

（1）为保护生态环境，推进汽车产业技术创新，促进替代污染排放汽车的生产和消费，对生产销售达到低污染排放值的小轿车、越野车和小客车减征30%的消费税。

（2）自2003年1月1日起，国有企业、集体企业、股份制企业、联营企业等各种所有制的工业企业，研发新产品、新技术、新工艺所发生的各项费用，（包括新产品设计费，工艺规程制定费，设备调整费，原材料和半成品试验费，技术图书资料费，未纳入国家计划的中间试验费，研究机构人员的工资，研究设备的折旧，与新产品的试制，技术研究有关的其他经费，以及委托其他单位进行科研试制的费用）不受比例限制，计入管理费用。

第二，促进企业加强与科研院所、高等学校合作的政策，主要包括两个方面的内容（唐杰等，2009）。

（1）企业技术开发和新产品研制，在依靠自身技术力量的同时，应通过多种形式与科研院所、高等学校开展合作，增强企业技术开发能力。对企业单位（不包括外商投资企业和外国企业）资助非关联的科研机构和高等学校研发新产品、新技术、新工艺所发生的研发经费，经主管税务机关审核确定，其资助支出可以全额在当年度应纳税所得额中扣除。

（2）企业技术开发可以采取自主开发的方式，也可以采取委托其他单位开发或与其他单位联合开发的方式。

第三，加速企业技术成果转让的政策，主要包括两个方面的内容（唐杰等，2009）。

（1）对企业从事技术开发、技术转让业务，以及与之相关的技术服务、技术咨询业务所取得的收入，免征营业税。

（2）对企业进行技术转让，以及在技术转让过程中发生的与技术转让有关的技术咨询、技术服务、技术培训所得，年净收入在 30 万元以下的，暂免征收所得税，超过 30 万元的部分，依法缴纳所得税。

第四，推进企业制造装备更新的政策，主要包括四个方面的内容（唐杰等，2009）。

（1）企业科研机构，包括研究所、技术中心等，直接用于科学研究、科学试验的进口仪器、设备、化学试剂和技术资料的费用，免征进口关税和进口的增值税。

（2）为鼓励企业加大投资力度，支持企业技术改造，促进产品结构调整和经济稳定发展，对投资于符合国家产业政策的技术改造项目的企业，其项目所需国产设备投资的 40%，可从企业技术改造项目设备购置当年比前一年新增的企业所得税中抵免；如果当年新增的企业所得税税额不足抵免时，未予抵免的投资额，可用以后年度新增的企业所得税税额延续抵免，但抵免的期限最长不得超过5 年。

（3）企业有下列情况可缩短折旧年限：企业技术改造采取融资租赁方法租入的机器设备，折旧年限可按国家规定的折旧年限和租赁期限孰短原则确定，但最短折旧年限不短于 3 年；外购的达到固定资产标准或构成无形资产的软件最短折旧年限为 2 年；企业购入的计算机应用软件，单独购入的，作为无形资产管理，按法律规定的有效期限或合同规定的受益年限进行摊销，随同计算机一起购入的，计入固定资产价值，没有规定有效期限或受益年限的，在 5 年内平均摊销；企业为补充、验证相关数据，确定完善技术规范或解决商品化、产业化的关键技术而进行中间试验，报经主管财税机关批准后，中试设备的折旧年限可在国家规定的基础上加速 30%～50%。

（4）企业为开发新技术、研制新产品所购置的试制用关键设备、测试仪器，单台价值在 10 万元以下的，可一次或分次摊入管理费用，其中达到固定资产标准的应单独管理，不再提取折旧。

纵观国内外汽车工业发展历史，任何一个国家的汽车工业，无一例外都是在国家和国人的大力支持下成长起来的。东北地区汽车产业自主创新活动的开展和持续进行，也离不开国家和国人的大力支持。正如华晨集团董事长祁玉民所说："要实现汽车工业自主创新，要发展自主品牌，必须是国家和企业双管齐下，需要国家的政策扶持和企业的自身努力。"

2）产业自主创新资金保障力分析

在竞争日趋激烈的世界汽车市场上，汽车产品的开发速度日益加快，新技术得到广泛应用，产业的资本密集程度越来越高，新产品开发的投资规模越来越大。国外各大跨国公司为了开发新技术产品，不惜投入大量资金用于研发。在英国商业、创新和技能部2010年11月下旬公布的2009年全球研发投入前1000名企业名单中，有72家汽车及零部件制造企业入围。入围的整车企业中，除了传统的欧美日韩汽车企业，还有三家中国企业，分别是东风汽车集团股份有限公司（东风）、上海汽车集团股份有限公司（上海汽车）和比亚迪股份有限公司（比亚迪），东北地区的汽车企业无一入选。

随着我国汽车产能和市场规模的不断扩大，东北地区汽车产业的R&D经费投入总额也在不断加大，保障了东北地区汽车产业自主创新活动的持续进行。然而，东北地区的这一数据却并不令人乐观。因为虽然从绝对数量上看，东北地区汽车产业R&D经费投入总量在增长，但是，从相对比重来看，其R&D经费投入强度（研发投入占年销售额的比重）始终在0.9%左右徘徊，并没有明显改善。

相关数据显示，研发投入最多的两家汽车公司——大众和本田汽车公司，2009年其研发投入强度已分别达到5.7%和5.6%，而一汽集团的研发投入强度却仅为1.09%（表4-1）。可见，与国外同行业相比，东北地区汽车产业的R&D经费投入无论是在绝对数量方面还是在相对数量方面都存在很大的差距，这种经费投入强度只能在较低水平上维持和推动产业自主创新活动的进行。

表4-1　2009年国内外部分企业研发投入比较

公司名称	研发投入强度/%	研发投入总额/万元	研发投入与大众相比
大众	5.7	5 581 652	1
一汽集团	1.09	355 839	0.06
华晨集团	1.04	68 973	0.12
哈飞集团	0.68	22 351	0.004

资料来源：《中国汽车工业年鉴2010》。

3）产业自主创新人才支撑力分析

我国的汽车产量在2008年已跃居世界第一位，而汽车产业研发人员的数量却并没有相应增长，研发人才的拥有数量与产业开展自主创新的人才需求之间存在着明显的缺口，同汽车工业强国的人才拥有量相比则差距甚大。据统计，欧美发达国家汽车产业的研发人才一般占全行业就业人数的30%以上；而《中国汽车工业年鉴》的数据显示，2009年我国各类汽车企业共有职工209.4万人，其中工程技术人员为25.4万人，占职工总数的12.1%；而从事研发工作的人数只有4.48万人，仅占职工总数的2.1%。可见，研发人才的缺乏已成为制约我国汽车产业自主创新的瓶颈。

近年来，东北地区汽车产业技术发展快速，对汽车技术人才的需求也随之猛增，但由于汽车技术人才的供给增长速度远远落后于汽车产业的发展速度，所以东北地区汽车产业研发人才短缺的情况仍十分严重。目前，东北地区汽车产业从业人员中技术人才所占比重不足 1.7%；作为东北地区汽车产业领军企业的一汽集团，其研发人才所占比重也仅为 2.6%。而相关数据显示，国际知名汽车企业——丰田汽车公司的研发人才所占比重则已达到 9.8%，在一汽—大众奥迪的研发机构中研发人员达到 8000 人之多，相当于我国汽车产业全部研发人员数量的 1/6。

人才短缺是东北地区各汽车企业普遍面临的问题，也是汽车产业自主创新有效开展不可逾越的障碍。近年来，东北地区汽车企业通过采取与国外公司联合开发、参与委托开发、引进紧缺人才和派出国外短期培训等方式，特别是通过参与自主研发的实践工作等形式，在产业内部培养了一批研发人才，使汽车产业研发人才队伍逐渐壮大，保障和推进了产业自主创新活动的开展。同时，高等院校也加大了对汽车技术人才的培养力度，招生规模连续几年不断扩大，但是由于人才培养周期等方面的因素，东北地区汽车产业研发人才短缺的现状并未得到有效缓解。由此可见，相比于东北地区汽车产业自主创新活动的蓬勃发展，研发人才的供给增速明显缓慢，这种研发人才供给不足的现状，致使汽车产业自主创新活动的开展缺乏充足的动力和后劲。

4）产业自主创新技术推动力分析

近年来，东北地区汽车产业自主研发意识和能力逐渐增强，每年推出的新车型数量不断增加，满足了不同消费层次的多样化需求。与此同时，在一些关键技术领域，东北地区汽车产业的自主研发水平也有了大幅提高（李庆文，2007），取得了多项标志性技术成果。

（1）计算机辅助设计制造技术（CAD）。一汽集团科技人员自主开发了具有国际先进水平的用于汽车研发的大型驾驶模拟器和一批小型、实用、符合我国汽车产业特点的设计软件，如汽车冲压工艺分析与模具技术、独立悬架开发系统、汽车外流空气分析系统、微机汽车车身 CAD/CAM 系统等，这些设备和技术对提高汽车产品设计水平发挥了重要作用。

（2）汽车电子技术。东北地区众多汽车企业在车用柴油机电控高压燃油喷射技术领域，围绕电磁喷射控制阀、电子控制单元、软件控制算法、匹配标定方法等共性关键技术取得了一系列重要进展；在发动机控制领域，拥有了一批达到国际先进水平的自主专利技术；在安全与速度控制领域，对汽车防抱死制动系统（ABS）、安全气囊、电子控制自动变速器及无级变速器等方面的研究也取得了一定成果。此外，在智能化交通运输系统（ITS）技术领域，围绕电子计算机辅助驾驶、主动避让、卫星定位导航等方面的研究也已开始起步。

（3）新能源汽车技术。"九五"以来，为响应国家启动的"空气净化工程——清洁汽车行动"，东北地区汽车产业开展了燃气汽车的开发与应用研究工作，产业内的骨干企业在燃气汽车主要技术研究上取得了很多重要的成果，在总体设计、专用电机、控制系统、汽车管理系统、电池管理系统等关键技术方面已有很大突破。目前，东北地区汽车产业对混合动力汽车开发、燃料电池汽车的开发工作正在稳步推进。

可以说，以上一系列技术成果的涌现不仅展示了东北地区汽车产业的技术水平和研发实力，同时也为汽车产业继续开展自主创新活动提供了重要推动力。然而，我们也必须看到，尽管东北地区汽车产业在部分技术领域已经有了快速发展，但是，在技术成果的规模和水平方面尚存在欠缺。表4-2中列示了国内外部分汽车企业2011年3月之前已在我国申请的专利数。通过比较这些数据，尤其是比较申请的发明专利数，可以从一定角度显示出东北地区汽车产业自主创新能力仍与国外有较大差距。

表4-2　部分汽车企业在我国申请专利数统计　　　　单位：项

公司	申请专利总数	发明专利	实用新型	外观专利
本田汽车公司	7267	5305	137	1825
丰田汽车公司	9177	7603	80	1494
一汽集团	1771	334	1044	393
华晨集团	586	71	238	277
哈飞集团	195	7	87	101

资料来源：根据国家知识产权局网站（http://www.sipo.gov.cn/mtjj/zl2011/）资料整理。

通过以上分析可以看出，东北地区汽车产业自主创新技术推动力尽管有所强化，但是由于原始性创新成果相对较少，没能实现自主知识产权与产业自主创新能力的良性循环，所以，东北地区汽车产业自主创新技术推动力的作用尚显不足。

5）产业自主创新信息黏合力分析

在人类社会进入信息时代的今天，信息资源在东北地区汽车产业自主创新活动中扮演着更加重要的角色。有了创新相关信息的及时传递，汽车产业可以更快地了解国内外最新技术，有利于推进自主创新活动。

自1992年我国第一家生产力促进中心成立至今，经过17年的建设与发展，生产力促进中心已成为我国行业规模最大的科技中介服务机构。在此期间，东北地区的生产力促进中心也得到迅速发展，2009年东北三省辖区内生产力促进中心数已达到217家，它们为汽车产业提供了较好的信息服务平台。

近年来，东北地区各省份十分重视产业信息服务平台的建设，除了生产力促进中心外，行业协会、创新中心、技术交易市场、信息服务中心、科技开发中心、网络中心等信息平台的建设也取得了很大进展。以黑龙江为例，作为技术成果供需双方的重要信息平台和交流平台，技术交易市场继续保持良好的发展态势，全省技术交易总量2001~2006年呈现连续小幅增长，2007年以后实现了快速增长，2008 年合同成交金额首次突破 40 亿元。东北地区的各种信息服务平台为汽车产业自主创新活动提供了大量的创新相关信息，对汽车产业的自主创新活动开展起到了巨大的推进作用。

三、东北地区汽车产业自主创新动力模式的演化过程

1953 年 7 月，第一汽车制造厂在长春破土动工，中国的汽车工业正式从这里起步，东北地区由此成为我国建立最早、最重要的汽车工业基地之一。历经 60 多年的发展，汽车产业已经成为东北地区制造业的重要组成部分，其主要汽车产品的产量逐年攀升（图 4-8）。从图 4-8 中可以看出，与东北地区制造业产业自主创新动力模式的演化轨迹相似，东北地区汽车产业自主创新动力模式同样经历了起步阶段（1949～1978 年）、成长阶段（1979～1996 年）和起飞阶段（1996 年至今）的演化发展过程，其产业自主创新动力模式总体上也呈现出间断性均衡的规律：既包括路径依赖性的渐进性变革周期，也包括路径创造性的革命性变革周期，两个周期相互交替进行。

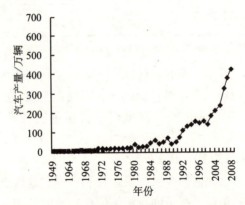

图 4-8　汽车产业主要产品产量演化轨迹

1. 起步阶段——政策导向创新动力模式（1949～1978 年）

新中国成立之后，我国效仿苏联实行了计划经济体制。计划经济的主要特点就是，自上而下地制订计划、下达计划、完成计划。该体制能够集中控制、调拨国家有限的财力、物力和人力，有利于国家总体规划和产业结构的合理布局。东北地区汽车产业正是在这种体制下开始建立的。1953 年 7 月 15 日，列入国家第一个五年计划的第一汽车制造厂在长春动工兴建；1956 年 7 月 15 日，第一辆"解放"牌卡车在一汽下线；1958 年 9 月 28 日，一汽生产的第一辆"红旗"牌轿车装配完成。从此，中国汽车产业迈出了建设国产汽车品牌的第一步。

20 世纪 60～70 年代是世界汽车工业发展最快的阶段之一。特别是日本和韩

国的汽车工业，由于充分吸收和借鉴了欧美国家汽车工业的技术，产业自主创新能力和技术水平得到了飞速发展。然而，此时的东北地区汽车产业还处在计划经济体制条件下，产业发展处于相对封闭的环境中，产业的技术成长主要依靠自身的科研摸索。在这一阶段，自主创新并未成为东北地区汽车产业发展的重要战略，技术引进在产业自主创新活动中扮演了至关重要的角色。通过消化和吸收国外技术，东北地区汽车产业初步具备了各类型汽车产品的仿制能力。不过，由于汽车产业的生产经营计划都是按照国家或地方政府的指令来制订的，企业的组织结构以及企业之间的供需关系也是由国家或地方政府确定的，所以不存在按市场需求生产和竞争的机制，也不存在企业层面的技术创新机制。

在这一阶段，由于受多种因素影响，特别是在长期封闭政策下主要依靠自身力量"闭门造车"，东北地区的汽车产业一直未能形成完整的自主创新体系。产业的自主创新动力主要来自政府政策，技术引进的决策权集中于政府部门，其实施过程也基本上依靠政府的财力与物力来支持。显而易见，此时东北地区汽车产业自主创新动力模式主要为政策导向创新动力模式。在该模式作用下，东北地区汽车产业的自主创新活动基本上服从于政府计划的安排，与市场需求严重脱节；产业的自主创新能力较弱，无论是在产品的开发设计方面，还是在制造工艺、新材料应用等方面，都与国际水平有很大的差距。在这一时期，东北地区汽车产业自主创新动力模式的演化过程处于渐进性变革周期，政策导向创新动力模式自身经历了产生—发展—成熟—衰退等四个阶段，政策导向的作用也随之从最初的促进汽车产业自主创新逐渐演变为后来的阻碍汽车产业自主创新。伴随着经济体制改革进程的启动，东北地区汽车产业的自主创新活动急需一种新的动力模式来促进。

2. 成长阶段——市场导向创新动力模式（1978～1996 年）

从 20 世纪 80 年代开始，随着我国改革开放的不断推进，东北地区汽车企业的经营管理发生了重大变化。汽车企业的产品开发、生产管理和市场营销，开始从计划经济模式转变为面向市场、面向用户、开拓经营的市场经济模式。在这个阶段，东北地区汽车产业的自主创新动力模式也发生了相应的转变。

20 世纪 80 年代，为了满足人们日益增长的对汽车产品的需求，东北地区汽车产业从最初的"闭门造车"转向对外开放，开始了 20 年的汽车产业资本合作的探索。汽车产业开展资本合作主要基于以下考虑：第一，开发一款新型汽车大约需要 10 亿～20 亿美元的费用，国内的投资者尚无这一实力，而汽车企业必须具有相当的规模才能承担巨额的开发费用；第二，我国暂时不具备自主开发新型汽车的能力，而自主开发一款汽车则需要 10 年甚至 20 年的时间。因此，要尽快发展我国的汽车产业，走合资之路是一条捷径。事实证明，这一选择是完全正确的。在开展资本合作的这段时间里，东北地区汽车产业生产和创新的积极性空前高涨，丰富了汽车产品的品种，形成了比较完整的产品系列和生产布局，一汽大众的奥迪、捷达也于 20 世纪 90 年代中期开始生产并渐成规模。

在该时期内，东北地区汽车产业自主创新的动力主要来自于用户和市场，以市场导向创新动力模式为主。动力模式的转变为东北地区汽车产业自主创新带来了新的生机和活力。尽管该时期的自主创新以技术引进基础上的再创新为主，合资企业主要生产国外品牌汽车，自主品牌汽车的发展受到抑制，但是，东北地区汽车产业自主创新已经进入了全面成长的阶段。在市场经济的初期，东北地区汽车产业自主创新的演化过程处于革命性变革周期，经历了废弃—重组—更新三个阶段，政策导向创新动力模式被市场导向创新动力模式替代。在此之后，东北地区汽车产业自主创新进入了一个新的演化周期，即市场导向创新动力模式的渐进性变革周期。

3. 起飞阶段——市场、政策协同导向创新动力模式（1996 年至今）

近年来，为了支持东北地区汽车产业的发展，政府对该产业中的重点企业采取了扶持政策。在不断增加和多样化的市场需求，以及政府扶持政策导向的双重作用下，东北地区汽车产业自主创新动力不断增强，自主创新活动的范围不断扩大，成果日益显著。例如，一汽集团正在逐步形成以长春为核心，无锡、青岛、天津互为补充，企业为主体，市场为导向，产学研相结合的自主创新体系。与此同时，汽车产业中的民族企业也逐渐形成了一定的气候，它们也在政策导向和市场导向的双重作用下，积极开展自主创新活动，在不断的自主创新中打造自有品牌，并带动东北地区汽车产业走上了自主创新之路。其中，黑龙江的哈飞集团和辽宁的华晨集团是这些民族企业的典型代表。

2002 年，由中央拨款，辽宁省政府批准成立了国有独资公司——华晨集团，2004 年，定位于高端客户的自主知识产权产品——"中华轿车"上市。近年来，华晨集团秉持"品质先，方敢天下先"的企业经营理念，实施以品质为核心的"品质、品牌、品种"三品工程，坚持"通过自主创新、拥有自有技术、做好自主品牌"，全力打造出具有国际品质的绿色国民精品车。除与德国宝马汽车公司合资生产销售 3 系、5 系宝马轿车外，华晨集团高起点打造了"中华、金杯"两大自主品牌。经过不断创新发展和研发合作，该两大品牌已成为中国重要的知名汽车品牌，产品技术与世界同步，拥有完全自主知识产权，已立足国内市场，同步进入国际市场，成为海内外汽车市场竞争的重要参与者和竞争者。

1996 年，黑龙江的哈飞集团与意大利 Pininfarina 汽车设计制造公司建立了良好的合作伙伴关系，双方强强联手走上了联合开发的道路。从那时起，哈飞找到了一条利用世界一流的汽车设计技术开发生产具有自主知识产权、自主品牌、自主商标车型的民族汽车工业振兴之路。哈飞集团没有与国外大的汽车公司合资的背景，完全依靠自主研发、不断创新、自力更生地在残酷的市场竞争中谋生存、求发展；通过20多年来的自主研发，逐步探索出了引进开发、联合开发、自主开发三种相互作用、相互融合的开发模式，从而不断地做大做强。事实证明，这条自主研发的道路是非常适合东北地区乃至国内的汽车产业的。同时，这一做法解决了民族汽车产业发展中自主创新的热点、难点和关键性问题，也为民族汽车产业自主创新的发展起到了较强的示范、带动和扩散作用，从而进一步提高了东北地区汽车产业的整体技术水平、竞争能力和系统创新能力，促进了产业结构的调整优化以及产品的更新换代。

可见，随着振兴东北老工业基地政策的提出，东北地区汽车产业的自主创新动力模式再一次进入革命性变革周期，由市场导向创新动力模式演化发展为市场政策协同导向创新动力模式。华晨集团和哈飞集团的创新成功案例已证明该动力模式是有利于推进东北地区汽车产业自主创新活动的。在该动力模式作用下，东北地区汽车产业的自主创新活动日益活跃，并已逐步由原来的技术引进再创新向自主研发转变，实现了产业自主创新的快速发展。

本 章 小 结

根据协同学及其基本原理可知，东北地区制造业产业自主创新动力系统的协同运行是由序参量起支配作用的。对于东北地区制造业产业自主创新动力系统来说，市场导向、政策导向和产业的创新资源配置是符合序参量的定义和基本特征的。通过研究该动力系统协同过程中三个序参量之间的竞争、替代、主宰与伺服规律，可以发现，市场导向和政策导向决定了产业创新资源配置方式，它们是东北地区制造业产业自主创新动力系统协同运行的两个主要序参量。根据协同学相关知识得出的序参量方程表明，在东北地区制造业产业自主创新动力系统中，激发动力子系统和维持动力子系统的序参量之间存在着竞争与合作关系，当其中一个子系统的序参量占据了主导地位、成为整个系统的序参量时，就会控制整个系统的协同运行。

根据序参量的主导作用变化，本书将东北地区制造业的产业自主创新动力模式分为三类：市场导向创新动力模式、政策导向创新动力模式和市场政策协同导向创新动力模式。本书根据制造业的发展轨迹和阶段性将东北地区制造业产业自主创新动力模式的演化划分为三个阶段：起步阶段（1949～1978年）、成长阶段（1979～1996年）和起飞阶段（1996年至今）。与此划分相对应，东北地区制造业产业自主创新动力模式的发展先后经历了三种形态，进而形成了"政策导向—

市场导向—市场政策协同导向"创新动力模式的动态演化轨迹。

东北地区制造业产业自主创新动力模式的演化是伴随着经济体制改革的进程而发生的，据此本书认为，经济体制改革是东北地区制造业产业自主创新动力模式演化的前提。无论是微观的"小涨落"，还是宏观的"巨涨落"，都能够触发东北地区制造业产业自主创新动力系统原有状态的失稳，因此，系统的随机涨落就成为东北地区制造业产业自主创新动力模式演化发展的诱因。与生物的进化过程相似，东北地区制造业产业自主创新动力模式的演化过程包括了变异（variation）—选择（selection）—保留（reservation）等重要环节。创新动力模式的演化总体上呈现间断性均衡的规律，即其演化过程既包括路径依赖性的渐进性变革周期，也包括路径创造性的革命性变革周期，两个周期相互交替进行。其中，渐进性变革周期包括四个阶段：动力模式产生阶段、动力模式发展阶段、动力模式成熟阶段和动力模式衰退阶段。革命性变革周期包括三个阶段：动力模式废弃阶段、动力模式替代阶段、动力模式更新阶段。

为了对东北地区制造业产业自主创新动力模式演化过程进行验证，本书选择东北地区汽车产业为案例进行实证研究。案例研究中，分析了东北地区汽车产业自主创新动力要素的构成和作用情况，指出东北地区汽车产业自主创新动力模式的演化也经历了起步阶段（1949~1978年）、成长阶段（1979~1996年）和起飞阶段（1996年至今），其创新动力模式的演化过程总体上也呈现出渐进性变革周期和革命性变革周期交替进行的间断性均衡的规律，从而验证了东北地区制造业产业自主创新动力模式演化过程的事实拟合性。

第五章 东北地区制造业产业自主创新动力状况评价研究

考虑到产业自主创新动力评价在动力机制能控性中的重要作用，本章将构建东北地区制造业产业自主创新动力状况的评价模型，并运用该模型对东北地区制造业产业自主创新动力状况进行实证评价和结果分析，为有针对性地提出保障动力机制运行的相关政策提供依据。

第一节 东北地区制造业产业自主创新动力状况评价模型

一、东北地区制造业产业自主创新动力状况评价指标体系

为了对东北地区制造业产业自主创新动力状况进行科学、合理的评价，本书基于东北地区制造业产业自主创新动力和主要影响因素的分析，并遵循以下原则构建东北地区制造业产业自主创新动力状况评价指标体系。

（1）科学性原则。科学性原则强调指标选择科学合理，实际意义明确。同时，还要求评价模型的建立，应以产业自主创新动力的相关理论为依据，根据指标间的逻辑关联构建指标体系，并采用科学的方法进行数据处理。

（2）实用性原则。指标体系的建立要简单实用，避免因过于复杂而增加评价操作的难度。对于东北地区制造业产业自主创新动力状况评价而言，应避免层次划分和指标分解过细；如果变量过多，会使评价失去实际意义。

（3）可操作性原则。可操作性要求选择指标时不仅要概念明确、定义清楚、具有代表性，还要保证数据易于获取。在保证评价结果的客观性、全面性的前提下，要求指标体系对建立数学模型、采集数据、评价考核、综合分析等都是可操作的。

（4）定性与定量相结合的原则。产业自主创新动力和影响因素中的一些指标是可以通过相关统计资料得出的定量指标，另一些指标则是很难通过相关统计资料获得数据的非量化指标，因此需要从定性的角度对这些指标进行评价。在设计评价指标体系时，为保证评价结果的科学性，本书应力争做到多选取定量指标、少选取定性指标。

本书构建的东北地区制造业产业自主创新动力状况评价指标体系由分类层、

要素层和测度层三层指标构成，包含了东北地区制造业产业自主创新动力和主要影响因素（表5-1）。其中，主要影响因素的选取基于敏感性分析的结果，其测度指标在第四章中已作详细说明，不再赘述。下面仅对激发动力和维持动力的评价指标进行解释说明。

表5-1 东北地区制造业产业自主创新动力状况评价指标体系

分类层		要素层			测度层	
代码	名称	代码	名称		代码	名称
A1	东北地区制造业产业自主创新动力	B11	产业链需求拉引力		C111	新产品比重
					C112	产品销售率
		B12	产业自主创新技术附加值诱导力		C121	主营业务收入
					C122	利润总额
		B13	企业家创新特质影响力		C131	企业创新投入强度
					C132	企业家创新精神
		B14	产业自主创新政策支持力		C141	政府 R&D 资金投入强度
					C142	自主创新政策引导与支持情况
		B15	产业自主创新资金保障力		C151	R&D 资金总额
		B16	产业自主创新人才支撑力		C161	R&D 人员全时当量
		B17	产业自主创新技术推动力		C171	专利申请数
		B18	产业自主创新信息黏合力		C181	自主创新信息获取与传播情况
A2	主要影响因素	B21	产业集群		C211	区位商系数
		B22	宏观经济发展水平		C221	人均 GDP 指数
		B23	产业竞争力		C231	产业质量竞争力指数
		B24	所有制结构		C241	非国有经济所占比重

1. 激发动力的评价指标

1）产业链需求拉引力的评价指标

产业链需求拉引力在制造业的生产实践中一方面以订单需求的形式体现，另一方面以产品销售情况体现。考虑到产品销售情况亦能体现订单需求情况，因此，本书选择新产品比重和产品销售率这两项指标来衡量东北地区制造业自主创新的产业链需求拉引力，其计算公式如下：

$$新产品比重 = \frac{新产品销售收入}{主营业务收入} \times 100\% \tag{5-1}$$

$$产品销售率 = \frac{工业销售产值}{工业总产值} \times 100\% \tag{5-2}$$

2）产业自主创新技术附加值诱导力的评价指标

产业自主创新技术附加值诱导力主要反映利益对东北地区制造业产业自主创新主体创新意愿的调动情况。考虑到在制造业的生产实践中，利益通常通过主营业务收入和利润的形式来体现，因此本书选择主营业务收入和利润总额两项指标对东北地区制造业产业自主创新技术附加值诱导力进行衡量。

3）企业家创新特质影响力的评价指标

企业家创新特质影响力评价指标的选择基于两方面考虑，即思想层面和行动层面。企业家创新精神能从思想层面衡量企业家创新特质影响力，而企业对自主创新的投入强度则是从行动层面对企业家创新特质影响力的体现。因此，本书通过制造业企业创新投入强度和企业家创新精神两项指标对东北地区制造业企业家创新特质影响力进行评价。

2. 维持动力的评价指标

1）产业自主创新政策支持力的评价指标

魏守华等（2010）在评价政府在创新中的支撑作用时曾采用政府 R&D 资金占 GDP 比重进行衡量。考虑到产业自主创新政策支持力同样反映了政府在东北地区制造业产业自主创新中的支撑作用，因此本书采用政府 R&D 资金投入强度对东北地区制造业产业自主创新政策支持力进行衡量，计算公式如式（5-3）所示。除此之外，本书还将选择"产业自主创新政策引导与支持情况"这一指标对产业自主创新政策支持力进行定性评价。

$$政府\ R\&D\ 资金投入强度（\%）= \frac{政府\ R\&D\ 资金投入额}{GDP} \times 100\% \qquad (5\text{-}3)$$

2）产业自主创新资金保障力的评价指标

产业自主创新资金保障力主要用于反映东北地区制造业产业自主创新活动中创新资金所起到的积极作用，是对东北地区制造业产业自主创新活动资金投入力度的刻画指标。该指标可以通过 R&D 资金投入情况来体现，因此，本书选择 R&D 资金总额对其进行评价。

3）产业自主创新人才支撑力的评价指标

产业自主创新人才支撑力主要用于反映东北地区制造业产业自主创新活动中创新人才投入所起到的积极作用。对自主创新人才投入，学者们通常采用 R&D 人员全时当量对其进行定量描述（魏守华等，2010），本书也将采用该指标对东北地区制造业产业自主创新人才支撑力进行评价。

R&D 人员全时当量是国际上为比较科技人力投入而制定的可比指标，指 R&D 全时人员（全年从事 R&D 活动累计时间占全部工作时间的 90% 以上的人员）工作量与非全时人员按实际工作时间折算的工作量之和，计算公式如式（5-4）所示。

$$R\&D\ 人员全时当量（人·年）= R\&D\ 全时人员数 \times 1 +$$
$$\sum R\&D\ 非全时人员数 \times \frac{从事\ R\&D\ 活动工作时间}{全部工作时间} \qquad (5\text{-}4)$$

4）产业自主创新技术推动力的评价指标

产业自主创新技术推动力主要用于反映东北地区制造业产业自主创新活动中

技术这一要素的积极推动作用。对技术的定量评价通常是通过创新主体所拥有或申请的专利数来进行的，因此，本书将选取专利申请数对东北地区制造业产业自主创新技术推动力进行评价。

5）产业自主创新信息黏合力的评价指标

产业自主创新信息黏合力主要用于反映东北地区制造业产业自主创新活动中信息的获取途径、来源渠道、传播速度等情况所起到的积极作用。考虑到信息自身及其传播情况等难以定量测度，本书将采用自主创新信息获取与传播情况这一定性指标对其进行评价。

二、东北地区制造业产业自主创新动力状况评价方法

前已述及，因子分析法是一种从变量群中提取共线性因子的统计方法。其目的是找出众多变量中隐藏的具有代表性的因子，从而减少需要分析的变量数，降低问题分析的复杂程度。该方法既保证了信息的全面性和完整性，又避免了信息的重叠，具有科学合理、可操作性强等特征（何晓群，2006）。

本书将选择东北地区制造业的 29 个制造行业进行产业自主创新动力状况的综合评价。考虑到评价对象和评价指标众多，分析具有一定难度，并且指标之间不可避免地存在相关性，会造成不必要的信息重叠，不利于问题归一，本书选择了因子分析方法，旨在通过指标降维找到变量之间的隐含关系和代表性因子，从而化繁为简，使复杂问题简单化，有利于相关问题的发现和分析。

本书将利用 SPSS17.0 软件实现因子分析的过程。为了使评价结果更加科学，本书将首先采用未加权的最小二乘法提取因子，然后运用最大方差法对因子进行正交旋转，使得每个因子上具有较高载荷的变量数目最小，最后采用回归法计算因子得分。

第二节　东北地区制造业产业自主创新动力状况评价

一、数据获取与加工

本书中定量指标的数据主要来源于 2009 ~ 2010 年的《中国统计年鉴》、《中国科技统计年鉴》、《黑龙江统计年鉴》、《吉林统计年鉴》、《辽宁统计年鉴》、《中国统计调查年鉴》，以及国家统计局第二次 R&D 普查公报和项目组对东北地区制造业企业的相关调查统计结果。

而企业家创新精神、自主创新政策引导与支持情况、自主创新信息获取与传

播情况等三项定性指标的量化方法与第四章中影响因素的量化方法基本相同，此处不再赘述。调查问卷量表、量表的信度与效度分析见表5-2、表5-3。

表5-2　问卷调查量表

要素	题项	完全不同意——完全同意
N1：企业家创新精神	N11：制造业企业高层领导重视研发部门的建设与发展	1　2　3　4　5　6　7
	N12：制造业企业高层领导有创新欲望和动机	1　2　3　4　5　6　7
	N13：制造业企业高层领导勇于面对不确定性，鼓励向风险挑战	1　2　3　4　5　6　7
	N14：制造业企业创新行为取决于企业高层领导的支持	1　2　3　4　5　6　7
	N15：制造业企业高层领导能对创新信息迅速捕捉和反应	1　2　3　4　5　6　7
N2：自主创新政策的引导与支持情况	N21：政府制定出了本行业自主创新的远景规划	1　2　3　4　5　6　7
	N22：政府对本行业的研发创新活动有税收政策支持	1　2　3　4　5　6　7
	N23：政府对本行业的研发创新活动有资金支持	1　2　3　4　5　6　7
	N24：政府对企业自主创新成果给予奖励	1　2　3　4　5　6　7
	N25：政府对企业有科技成果管理和推广方面的政策	1　2　3　4　5　6　7
N3：自主创新信息获取与传播情况	N31：本行业内科技信息传播渠道广泛	1　2　3　4　5　6　7
	N32：制造业企业内设有独立的信息部门，收集最新技术信息	1　2　3　4　5　6　7
	N33：制造业企业能够从合作伙伴那里获取有用的技术信息	1　2　3　4　5　6　7
	N34：制造业企业与中介服务机构有技术信息的交流	1　2　3　4　5　6　7

表5-3　信度与效度分析

要素	题项	项目的总相关系数（CITC）	主成分			克龙巴赫 α 系数
			1	2	3	
N1	N11	0.767	0.804	0.117	0.288	0.899
	N12	0.817	0.843	0.096	0.263	
	N13	0.711	0.786	0.045	0.228	
	N14	0.730	0.805	0.109	0.208	
	N15	0.727	0.812	0.248	0.183	
N2	N21	0.765	0.153	0.777	0.065	0.900
	N22	0.819	0.119	0.828	0.028	
	N23	0.722	0.086	0.848	0.069	0.874
	N24	0.729	0.071	0.834	0.011	
	N25	0.726	0.233	0.867	0.050	
N3	N31	0.610	0.232	0.091	0.781	0.781
	N32	0.688	0.275	0.130	0.806	
	N33	0.681	0.438	0.064	0.723	
	N34	0.618	0.080	0.049	0.751	

为消除变量之间的量纲影响，本书采用 Z-Score 方法对原始数据进行标准化处理，其计算公式如式（5-5）所示。

$$标准化数据 = \frac{原始数据 - 均值}{标准差} \tag{5-5}$$

二、模型检验与因子确定

模型检验的目的是验证方法选择的可行性和模型运行的有效性。本书，对因子分析的模型检验包括初始相关性检验、KMO（Kaiser-Meyer-Olkin）检验和Bartlett 球形检验。

（1）初始相关性检验。因子分析的前提是不同变量之间具有相关性，如果变量之间的相关性较低，则因子分析将失去意义。通过变量的相关矩阵可以看出，变量之间存在一定的相关性，有进行因子分析的必要。由于篇幅所限，相关矩阵不在这里列出。

（2）KMO 检验和 Bartlett 球形检验。KMO 检验用于研究变量之间的偏相关性。一般 KMO 值大于 0.9 时效果最佳，0.7 以上可以接受，0.5 以下不宜作因子分析。由表 5-4 可知，本模型的 KMO 值为 0.712，在可接受范围之内。Bartlett 球形检验统计量 sig 为 0，由此可以否定相关矩阵为单位阵的零假设，即认为各变量之间存在显著相关性，这与初始相关性检验的结论一致。

表 5-4   KMO 检验和 Bartlett 检验

取样足够度的 KMO 度量		0.712
Bartlett 球形检验	近似 χ^2	347.420
	df	78
	Sig.	0.000

因子个数的确定方法主要有两种：一种是特征根确定法，通常要求因子的特征根大于 1；另一种是累计方差贡献率确定法，通常根据累积方差贡献率 85% 的原则确定因子个数。本书将结合以上两项原则确定因子个数。

从该模型的因子方差表（表 5-5）可以看出，前 5 个因子的累计方差贡献率达到 85.776%，大于 85%，且前 5 个因子的特征根均大于 1。说明前 5 个因子能够包含变量的大部分信息，因此，本模型提取 5 个公因子。

表 5-5   因子方差表

因子	初始特征值			旋转平方和载入		
	合计	方差贡献率/%	累积方差贡献率/%	合计	方差贡献率/%	累积方差贡献率/%
1	6.914	46.095	46.095	3.766	25.107	25.107
2	2.801	18.671	64.766	2.399	15.994	41.100
3	1.347	8.977	73.743	2.062	13.749	54.849
4	1.084	7.224	80.967	1.906	12.709	67.558
5	0.721	4.808	85.776	1.438	9.587	77.145
6	0.568	3.784	89.559			
7	0.533	3.555	93.114			

续表

因子	初始特征值			旋转平方和载入		
	合计	方差贡献率/%	累积方差贡献率/%	合计	方差贡献率/%	累积方差贡献率/%
8	0.447	2.982	96.096			
9	0.198	1.319	97.415			
10	0.156	1.042	98.457			
11	0.132	0.881	99.339			
12	0.054	0.358	99.697			
13	0.028	0.193	99.890			
14	0.009	0.058	99.948			
15	0.006	0.032	99.980			
16	0.003	0.020	100.000			

为了使模型更具实际意义，更能反映问题的实质特征，本书进行了因子旋转，旋转后的因子载荷矩阵如表 5-6 所示。可以看出，旋转后每个因子上的载荷分配明晰。由于因子载荷是变量与因子之间的相关系数，所以，对于变量来说，载荷绝对值较大的因子与它的关系更为密切，也更能代表这个变量；对于因子来说，载荷相对较大的几个因子不仅能够体现因子特征，而且可以对它的经济意义进行解释。

表 5-6　旋转后的因子载荷矩阵

指标	因子				
	Fac1	Fac2	Fac3	Fac4	Fac5
主营业务收入	0.887	0.142	−0.197	0.172	0.368
R&D 资金总额	0.875	0.332	−0.193	0.148	−0.057
利润总额	0.798	0.129	0.105	0.126	0.448
产业质量竞争力指数	0.154	0.861	0.153	0.276	−0.089
新产品比重	0.252	0.616	0.433	0.344	0.086
产品销售率	0.143	0.475	−0.157	0.040	0.247
非国有经济比重	0.198	0.559	0.425	0.319	0.104
政府 R&D 资金投入强度	0.157	0.228	0.788	0.049	0.283
自主创新政策引导与支持情况	0.083	0.244	0.752	0.365	0.257
企业家创新精神	0.086	0.067	0.659	0.309	−0.012
企业创新投入强度	0.403	0.535	0.621	0.265	0.023
人均 GDP 指数	0.335	0.157	0.557	0.085	0.436
专利申请数	0.131	0.338	0.319	0.877	−0.038
R&D 人员全时当量	0.337	0.442	0.315	0.748	0.000
自主创新信息获取与传播情况	0.294	0.030	0.012	−0.103	0.752
区位商系数	0.379	0.016	0.057	−0.078	0.628

在 Fac1 上具有较高载荷的指标是"主营业务收入"、"R&D 资金总额"、"利

润总额"。从产业自主创新动力要素及动力机制运行的角度来看，Fac1 反映了产业自主创新资金保障力以及技术附加值诱导力的情况。考虑到无论是产业自主创新资金保障力还是产业自主创新技术附加值诱导力都会以资本的形式来体现，而资本又是开展产业自主创新活动的基础条件，因此，将 Fac1 命名为创新动力的"基础性因子"。

在 Fac2 上具有较高载荷的指标是"产业质量竞争力指数"、"新产品比重"、"产品销售率"、"非国有经济比重"等。该因子反映了产业链需求拉引力、产业质量竞争力和所有制结构的情况。通过前文的分析可知，要满足市场需求就要采取创新，所以，产业链需求意味着市场对创新的迫切性需求；要提升产业竞争力也要采取创新，因此，产业竞争力意味着产业发展对创新的迫切性需求；而所有制结构的转变则可以通过促进产业链需求间接引发对创新的迫切性需求。可见，三者共同体现了对产业自主创新需求的迫切性，因此，将 Fac2 命名为创新动力的"迫切性因子"。

在 Fac3 上具有较高载荷的指标是"人均 GDP 指数"、"企业家创新精神"、"企业创新投入强度"、"政府 R&D 资金投入强度"等。从自主创新动力机制的角度来看，Fac3 主要反映了宏观经济发展水平、企业家创新特质影响力、产业自主创新政策支持力的情况，体现了政府和企业家对产业自主创新活动在微观与宏观层面的引导和影响作用。这些变量主要反映了对产业自主创新动力机制运行的指引性和导向性，因此，将 Fac3 命名为创新动力的"指向性因子"。

在 Fac4 上具有较高载荷的指标是"专利申请数"、"R&D 人员全时当量"。若从自主创新动力要素的角度观察，Fac4 主要体现了产业自主创新技术推动力和产业自主创新人才支撑力的情况。但进一步从自主创新动力机制的视角来看，这些变量则主要反映了产业自主创新的核心实力，而后者正是产业实现技术突破的重要条件，因此，将 Fac4 命名为创新动力的"实力性因子"。

在 Fac5 上具有较高载荷的指标是"自主创新信息获取与传播情况"、"区位商指数"，两项指标主要反映了产业自主创新信息黏合力和产业集群的情况。考虑到在产业自主创新动力机制运行的过程中，它们共同为产业自主创新动力的传递做出了重要贡献，因此，将 Fac5 命名为创新动力的"传递性因子"。

三、因子得分与综合排序

表 5-7 给出了因子得分系数矩阵，结合表 5-5 可以计算东北地区制造业各行业自主创新动力的因子得分和综合得分。其中

$$综合得分 = 0.460\ 95 \times Fac1 + 0.186\ 71 \times Fac2 + 0.089\ 77 \times$$
$$Fac3 + 0.072\ 24 \times Fac4 + 0.048\ 08 \times Fac5$$

表5-7 因子得分系数矩阵

指标	因子				
	Fac1	Fac2	Fac3	Fac4	Fac5
新产品比重	−0.251	0.188	0.061	−0.054	0.546
产品销售率	0.007	0.039	−0.011	−0.085	0.014
主营业务收入	1.832	−0.032	−3.260	1.648	0.140
利润总额	−0.492	0.188	1.161	−1.014	0.188
企业创新投入强度	0.307	−0.174	0.893	−0.106	0.028
企业家精神	−0.114	−0.096	0.413	−0.281	0.087
政府 R&D 资金投入强度	−0.053	0.141	−0.247	0.084	0.097
自主创新政策引导与支持情况	0.136	0.452	−0.078	0.245	−0.089
R&D 资金总额	0.894	−0.069	−0.119	0.126	−1.541
R&D 人员全时当量	−0.203	1.601	−0.616	−1.347	−0.038
专利申请量	0.037	−1.523	0.328	2.447	−0.150
自主创新信息获取与传播情况	−0.833	−0.673	1.854	−0.430	0.960
区位商指数	0.000	0.030	−0.022	0.186	0.296
人均 GDP 指数	−0.485	0.123	0.560	−0.399	0.078
产业质量竞争力指数	−0.116	0.919	−0.673	−0.044	−0.149
非国有经济比重	−0.161	0.013	0.376	−0.178	0.072

在相关指标数据的基础上，本书得出了东北地区制造业29个行业的产业自主创新动力的因子得分、综合得分及其排名情况，如表5-8、表5-9所示。

表5-8 东北地区制造业产业自主创新动力状况评价的行业因子得分

序号	行业细分	Fac1	Fac2	Fac3	Fac4	Fac5	综合得分
1	农副食品加工业	1.02	−1.14	−1.66	0.54	2.44	0.38
2	食品制造业	−0.98	−0.19	0.34	−0.41	0.80	−0.45
3	饮料制造业	−0.54	0.05	−0.08	−0.33	0.39	−0.22
4	烟草制品业	−0.76	0.54	−0.40	−0.54	0.03	−0.25
5	纺织业	−0.31	−0.90	0.36	0.35	−0.47	−0.33
6	纺织服装及其他纤维制品制造业	−0.38	−1.04	0.14	−0.23	−0.24	−0.38
7	皮革、毛皮、羽毛（绒）及其制品业	−0.61	−0.90	0.61	−0.57	−0.93	−0.49
8	木材加工及木、竹、藤、棕草制品业	−0.38	−0.73	0.06	0.15	0.83	−0.27
9	家具制造业	−0.35	−0.66	−0.02	−0.49	−0.51	−0.31
10	造纸及纸制品业	−0.37	−0.41	0.09	−0.63	−0.35	−0.27
11	印刷业和记录媒介的复制	−0.21	−1.03	0.60	−0.62	−0.64	−0.33
12	文教体育用品制造业	−0.14	−1.44	−0.09	0.42	−0.93	−0.38
13	石油加工、炼焦及核燃料加工业	0.36	0.02	−1.85	−0.08	1.33	0.24
14	化学原料及化学制品制造业	0.47	0.86	−1.13	0.01	0.55	0.4
15	医药制造业	−0.61	1.03	1.14	−0.92	1.19	−0.04
16	化学纤维制造业	−1.04	1.09	−0.40	−0.82	0.22	−0.27
17	橡胶制品业	−0.88	1.85	−1.72	−0.58	−0.46	−0.09
18	塑料制品业	0.00	−0.08	−1.18	0.24	−0.60	−0.04
19	非金属矿物制品业	0.60	−1.21	−0.76	0.59	0.86	0.1

续表

序号	行业细分	Fac1	Fac2	Fac3	Fac4	Fac5	综合得分
20	黑色金属冶炼及压延加工业	2.86	0.58	-1.65	0.07	-2.16	1.32
21	有色金属冶炼及压延加工业	-0.29	1.19	0.18	-1.06	-0.64	0.05
22	金属制品业	-0.41	-0.15	0.45	-0.49	-0.17	-0.23
23	通用设备制造业	1.93	0.44	0.23	0.05	-0.66	0.94
24	专用设备制造业	0.39	0.83	1.89	-0.72	-0.26	0.32
25	交通运输设备制造业	2.79	0.75	1.97	0.35	1.64	1.51
26	电气机械及器材制造业	-0.58	0.27	0.47	2.12	0.03	-0.2
27	通信设备、计算机及其他电子设备制造业	-0.89	1.20	0.32	4.24	-0.70	-0.19
28	仪器仪表及文化、办公用机械制造业	-0.41	0.89	1.77	-0.55	0.00	-0.03
29	工艺品及其他制造业	-0.27	-1.73	0.46	-0.09	-0.60	-0.48

表 5-9 东北地区制造业产业自主创新动力状况评价的行业综合得分排序

行业	排名	行业	排名
交通运输设备制造业	1	饮料制造业	16
黑色金属冶炼及压延加工业	2	金属制品业	17
通用设备制造业	3	烟草制品业	18
化学原料及化学制品制造业	4	木材加工及木、竹、藤、棕草制品业	19
农副食品加工业	5	造纸及纸制品业	20
专用设备制造业	6	化学纤维制造业	21
石油加工、炼焦及核燃料加工业	7	家具制造业	22
非金属矿物制品业	8	纺织业	23
有色金属冶炼及压延加工业	9	印刷业和记录媒介的复制	24
仪器仪表及文化、办公用机械制造业	10	纺织服装及其他纤维制品制造业	25
医药制造业	11	文教体育用品制造业	26
塑料制品业	12	食品制造业	27
橡胶制品业	13	工艺品及其他制造业	28
通信设备、计算机及其他电子设备制造业	14	皮革、毛皮、羽毛（绒）及其制品业	29
电气机械及器材制造业	15		

第三节 东北地区制造业产业自主创新动力状况评价结果分析

一、综合得分结果分析

从表 5-8、表 5-9 可以看出，在东北地区制造业 29 个行业中，产业自主创新动力状况评价综合得分最高的行业是交通运输设备制造业，得分为 1.51；综合得分最低的行业是皮革、毛皮、羽毛（绒）及其制品业，得分为 -0.49。需要说明的是，经 Z-Score 方法标准化处理之后的数据均值为 0。若行业的综合得分大于 0，表示该行业的综合得分高于平均水平；反之，则表示该行业的综合得分低于平均水平。以上两个行业的综合得分表明了它们的自主创新动力状况在整个制造业中所处的位置，而最高值与最低值之间存在的较大分差则说明了东北地区制造业中某些行业之间的自主创新动力状况差距悬殊。

　　根据表 5-8 中的综合得分，可以绘制出东北地区制造业各行业自主创新动力状况的综合得分分布图（图 5-1）。从图 5-1 中可以清楚地看到，东北地区制造业 29 个行业中，有 20 个行业的自主创新动力状况综合得分为负，说明东北地区制造业自主创新动力的整体水平偏低。而且，结合表 5-8 可以看出，除交通运输设备制造业、黑色金属冶炼及压延加工业、通用设备制造业这 3 个行业的综合得分较高外，其余 26 个行业的综合得分均低于 0.5，并且多为 −0.5～0.5，说明东北地区制造业自主创新动力水平偏低的各行业之间差距并不明显。

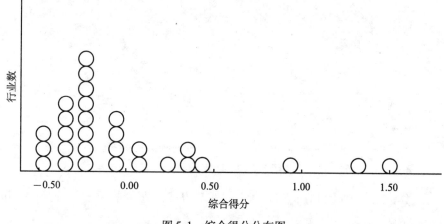

图 5-1　综合得分分布图

　　由于综合得分由因子加权求和得出，而权数就是各因子的方差贡献率，即 Fac1～Fac5 的权数分别为 46.095%、18.671%、8.977%、7.224% 和 4.808%。可以看出，在 5 个因子中，Fac1 的权数最大，因此其得分水平对各行业自主创新动力状况评价的综合得分起到了决定性作用，这也从一个侧面说明了创新动力"基础性因子"在东北地区制造业产业自主创新活动中的重要性。

二、因子得分结果分析

　　根据表 5-8 中的相关数据，可以进一步绘制出东北地区制造业各行业因子得分的折线图（图 5-2）。在图 5-2 中，东北地区制造业各行业的因子得分一目了然。横轴为按综合排名由高至低的制造业细分行业，纵轴为因子得分的分值，每条线都代表一个因子的得分分布状态。从 5 条线的整体走势来看，排名靠前的行业其各个因子的得分比较分散，排名靠后的行业其各个因子的得分相对集中，5 条线沿横轴的正方向逐渐收敛于均值。

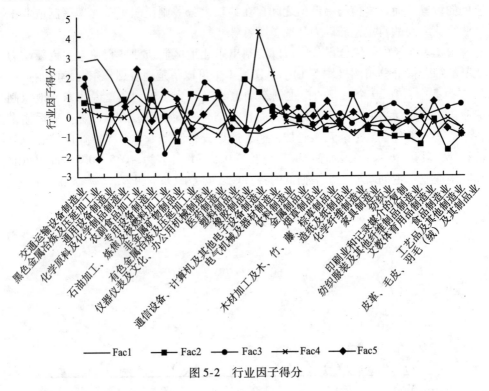

图 5-2　行业因子得分

深入分析东北地区制造业产业自主创新动力状况评价的因子得分情况，可以得出以下结论。

（1）东北地区制造业产业自主创新的基础条件较差。众所周知，良好的基础条件是产业开展自主创新活动必须具备的最基本因素，这也是基础性因子 Fac1 在综合得分中具有决定性作用的原因之一。从基础性因子 Fac1 的得分情况来看，分数最高的行业是黑色金属冶炼及压延加工业，得分为 2.859 06；分数最低的行业是化学纤维制造业，得分为 -1.043 08，最高值与最低值之间相差约 3.9，而多数行业的 Fac1 得分为 -0.6~0.6。由此看来，基础性因子 Fac1 的得分分布与综合得分的分布情况较为相似，即最高值与最低值差距较大，但大多数行业的得分分布较均匀。这一现象说明，虽然东北地区制造业存在产业自主创新基础条件优越的行业，但是也存在基础条件较弱的行业，不同行业的自主创新基础条件强弱水平相差悬殊。并且，东北地区制造业除了排名前 8 位的行业（分别为交通运输设备制造业，黑色金属冶炼及压延加工业，通用设备制造业，化学原料及化学制品制造业，农副食品加工业，专用设备制造业，石油加工、炼焦及核燃料加工业，非金属矿物制品业）Fac1 得分为正之外，其他行业的 Fac1 得分均为负值，说明东北地区制造业产业自主创新基础条件的整体情况较差，具体表现为东北地区制造业自主创新资金的投入能力有限、创新获利情况不理想。

（2）东北地区制造业产业自主创新动力作用的迫切性尚不明显。自主创新动力作用的迫切与否主要取决于产业需求的急迫程度和产业竞争力的强弱。如果产业竞争力很强，并且存在急迫的市场需求，那么，自主创新动力的作用就迅速而强烈，产业就会体现出积极主动的创新倾向；相反，则会降低自主创新动力的作用速度和强度，使自主创新活动进展迟缓甚至停滞。在东北地区制造业中，迫切性因子 Fac2 得分最高的行业是橡胶制品业，得分为 1.8546；因子得分最低的行业是工艺品及其他制造业，得分为 -1.731 84，最高值与最低值相差约为 3.6，行业间的差距较为明显。从图 5-2 来看，Fac2 因子得分波动较大。在 29 个行业中，有 13 个行业的得分为正，16 个行业的得分为负。说明东北地区制造业中虽然部分行业的自主创新动力作用迫切，但产业整体的自主创新动力作用迫切性不强，并且行业之间差异性显著。从 Fac2 的因子载荷来看，具有较高载荷的是产业竞争力，因此可以推断，产业竞争力在影响东北地区制造业产业自主创新动力作用的迫切性方面起到了主要的作用。

（3）东北地区制造业产业自主创新动力的指向作用显现。在东北地区制造业中，交通运输设备制造业的指向性因子 Fac3 得分最高，为 1.974 77；橡胶制品业的得分最低，为 -1.721 77，最高值与最低值约相差 3.7，行业间差距较为明显。从图 5-2 来看，Fac3 的得分参差不齐，排名靠前的行业因子得分波动较大，排名靠后的行业因子得分波动相对平缓，说明自主创新动力指向性因子在东北地区制造业的部分行业中发挥了一定的作用。在 29 个行业中，有 15 个行业得分为正，14 个行业得分为负，并且 Fac3 得分较高行业的综合得分排名也比较靠前，说明在东北地区制造业产业自主创新动力综合作用的发挥中，无论是宏观层面上的指向性，还是微观层面上的指向性均起到了明显的作用。指向性因子 Fac3 得分较高的行业有交通运输设备制造业，专用设备制造业，仪器仪表及文化、办公用机械制造业，医药制造业，这些行业均为振兴东北老工业基地的重点发展行业，得到了国家政策的大力扶持。得分较低的行业有黑色金属冶炼及压延加工业，石油加工、炼焦及核燃料加工业，橡胶制品业，这些行业属于较为传统的制造业行业，在产品、工艺上的技术突破较难实现，因此创新动力的指向效果不明显。从因子载荷情况可以看出，政府 R&D 投入强度的载荷值较大，说明东北地区制造业产业自主创新动力的指向作用以宏观层面的国家政策导向为主。

（4）东北地区制造业产业自主创新动力发挥的核心实力不足。技术推动和人才支撑作为自主创新的维持动力，是产业自主创新核心实力的体现。在东北地区制造业 29 个行业中，实力性因子 Fac4 的得分普遍不高，除通信设备、计算机及其他电子设备制造业以 4.239 25 的高分独树一帜外，有 15 个行业的得分为负，其他行业的得分都在均值上下小幅波动。这一现象说明东北地区制造业自主创新核心实力的整体水平不突出。技术落后、人才匮乏是东北地区制造业诸多行业开展自主创新活动的主要障碍，也是东北地区制造业创新能力发展所面临的最严峻挑战。只有改善这一现象，才能有效增强东北地区制造业自主创新动力，最终实现东北地区制造业自主创新能力的全面提升。从实力性因子 Fac4 的因子载荷来看，专利申请数和 R&D 人员全时当量在 Fac4 上均有较强的载荷，说明产业自主创新技术推动力和产业自主创新人才支撑力对东北地区制造业产业自主创新核心实力的提升贡献突出，只有这两方面均衡发展，才能使产业自主创新动力达到最优的作用效果。

（5）东北地区制造业自主创新动力传递效果不理想。从传递性因子 Fac5 的得分情况来看，农副食品加工业的得分最高，为 2.435 77；黑色金属冶炼及延压工业的得分最低，为 -2.156 08，最高值与最低值之间的差值约为 4.5，说明东北地区制造业行业间自主创新动力的传递效果反差较大。东北地区制造业 29 个行业中仅有 9 个行业的 Fac5 得分为正，其余 20 个行业的 Fac5 得分均为负。说明东北地区制造业产业自主创新动力传递的整体效果不理想，产业自主创新信息黏合力的作用发挥欠佳，产业内相关技术信息的流通未对自主创新动力的传递起到足够的促进作用。而从 Fac5 得分较高的行业来看，农副食品加工业，交通运输设备制造业，石油加工、炼焦及核燃料加工业，非金属矿物制品业，医药制造业等行业均为东北地区制造业中具有一定规模的优势行业，其产业集群程度较高，可见，产业集群这一优势在一定程度上能够弥补产业信息黏合力作用发挥不足的缺陷，从而可以促进产业内创新动力的传递。

三、行业得分情况分析

通过认真分析东北地区制造业产业自主创新动力状况评价的行业得分情况，可以得出以下结论。

（1）装备制造业整体自主创新动力水平较高。基于因子得分和综合得分的情况可知，装备制造业在这两方面均有较高的得分，说明该行业自主创新动力的整体水平较高。其中，交通运输设备制造业和通用设备制造业的综合得分分别名列第一、第三位。本书认为，装备制造业这一动力水平现状与国家出台的《关于实施东北地区等老工业基地振兴战略的若干意见》、《东北地区振兴规划》等一系列关于振兴东北老工业基地的政策密不可分。《东北地区振兴规划》明确指出，东北地区将建设先进的装备制造业基地，其中包括具有国际竞争力的重型机械和大型成套装备制造业基地、具有国际先进水平的数控机床及工具的研发和生产基地、国家发电和输变电设备研发与制造基地等六项具体内容。以大连经济区、辽中经济区、长吉经济区和哈大齐工业走廊为核心区域的哈大经济带将是优先发展的地带，将被建设成为具有国际竞争力的制造业产业带（杨凯，2007）。可见，产业自主创新政策支持力在东北地区装备制造业开展自主创新活动中起到了不可忽视的重要作用。

（2）领先行业的多个因子均发挥了重要作用。例如，综合排名在第一位的交通运输设备制造业，它的 5 个因子均有较高得分，其中得分最高的因子为 Fac1，Fac3、Fac5 和 Fac2 次之，Fac4 稍显逊色。这一得分情况表明该行业开展自主创新活动具有雄厚的经济基础，其自主创新的相关信息传播顺畅；在较强的产业竞争力和强烈的创新需求拉引下，行业表现出迫切的自主创新倾向；而企业家较强的创新特质和明确的国家政策导向则进一步引领和推动企业走上自主创新之路。同时，行业的得分排名与行业内的主导企业密不可分。作为东北地区支柱产业，交通设备制造业拥有一批国家领先的行业主导企业，如哈飞集团、一汽集团、华晨集团，这些企业为该行业自主创新活动的开展做出了巨大贡献。不过，尽管在一些优秀主导企业的带动下，交通运输设备制造业有较强的创新动力，但是由于仍未能摆脱技术水平相对较低、人力资源匮乏等东北地区制造业产业自主创新的实际困境，所以在一定程度上影响了该行业自主创新动力作用的有效发挥。

（3）黑色金属冶炼及压延加工业的创新动力指向性和传递性作用尚未显现。综合得分排名第二的黑色金属冶炼及压延加工业主要包括炼铁、炼钢、钢压延加工和铁合金冶炼 4 个行业。近年来，东北地区装备制造业的振兴为钢铁行业的发展提供了良好的市场前景，同时，东北地区经济的整体发展也为钢铁行业提供了更为广阔的市场空间。可以说，《东北地区振兴规划》的实施以及相关项目的建设，不仅有效地拉动了东北地区的钢材需求，也为该地区钢铁产业的发展带来了历史性良机。从行业因子得分来看，黑色金属冶炼及压延加工业具备了一定的自主创新资金投入条件，动力作用的迫切性和自主创新的核心实力虽不突出，但得分也都在产业均值之上。然而，由于钢铁行业属于较为传统的制造业行业，其产品、工艺上的实质性突破较难实现，该行业动力机制指向性因子和动力传递性因子得分均为负值，所以削弱了行业发展的政策导向作用，影响了创新动力的传递进程。

（4）多数行业自主创新动力作用不均衡，整体作用效果不突出。东北地区制造业 29 个行业中仅交通运输设备制造业的 5 个因子得分均为正值，表现出较为显著和协同的自主创新动力效果，而其他行业自主创新动力间的差距较大，影响了自主创新动力的整体配合和效果发挥。例如，通用设备制造业自主创新动力虽然基础性因子得分较高，但传递性因子得分低，不利于该行业创新动力和信息的传递；化学原料及化学制品制造业虽然创新动力的迫切性因子得分较高，但实力性因子得分低，说明该行业虽然有迫切的创新意愿，但创新人才、技术等实力不足，导致创新活动开展受阻；通信设备、计算机及其他电子设备制造业，电气机械及器材制造业自主创新核心实力突出，但是自主创新资金保障力不足，阻碍了自主创新实力的发挥。由此可以看出，东北地区制造业产业自主创新动力不显著的主要原因在于创新动力不均衡，短板效应导致相对较强的动力也不能充分发挥其作用。可见，要想提升东北地区制造业产业自主创新动力的整体效果，应注重创新动力的有效配置和均衡发展。

本 章 小 结

为了对东北地区制造业产业自主创新动力状况进行科学、合理的评价，本书基于东北地区制造业产业自主创新动力和主要影响因素的分析，在遵循科学性原则、实用性原则、可操作性原则、定性与定量相结合原则的基础上，构建了东北地区制造业产业自主创新动力状况评价指标体系。该评价指标体系由 2 项分类层指标、12 项要素层指标和 16 项测度层指标构成。

本章选择东北地区制造业的 29 个行业进行产业自主创新动力状况的综合评价。考虑到评价对象和评价指标数量较多，分析具有一定难度，并且指标之间不可避免地存在相关性，会造成不必要的信息重叠，本章选择了因子分析法。根据旋转后每个因子上的载荷分配，本章将评价指标归结为产业自主创新动力的五大代表性因子，即基础性因子、迫切性因子、指向性因子、实力性因子和传递性因子。并据此得出了 29 个行业产业自主创新动力的因子得分、综合得分及其排名情况。

从综合得分情况来看，在这 29 个行业中，产业自主创新动力状况评价综合得分最高的行业是交通运输设备制造业，综合得分最低的行业是皮革、毛皮、羽毛（绒）及其制品业，两者之间存在的较大分差说明了东北地区制造业中某些行业之间的自主创新动力状况差距悬殊；有 26 个行业的自主创新动力状况综合得分较低，其中的 20 个行业综合得分为负，说明东北地区制造业产业自主创新动力的整体水平偏低，而且行业之间的动力水平差距并不明显。

从因子得分情况来看，东北地区制造业产业自主创新基础条件的整体情况较差，不同行业的自主创新基础条件水平相差悬殊；虽然部分行业的自主创新动力作用迫切，但产业整体的自主创新动力作用迫切性不强；在产业自主创新动力综合作用的过程中，无论是宏观层面的指向性，还是微观层面的指向性均起到了明显的作用；制造业自主创新核心实力的整体水平不突出，技术落后、人才匮乏是诸多行业开展自主创新活动的主要障碍；制造业自主创新动力传递的整体效果不理想，行业间的动力传递效果反差较大。

从行业得分情况来看，装备制造业自主创新动力的整体水平较高，其因子得分和综合得分均有较高的分数；交通运输设备制造业等领先行业的多个因子得分均名列前茅，其行业的得分排名与行业内的主导企业密不可分；黑色金属冶炼及压延加工业虽然综合得分排名靠前，但其创新动力的指向性和传递性作用尚未显现；除部分领先行业外，东北地区制造业多数行业的自主创新动力作用不均衡，整体作用效果不突出。

第六章　东北地区制造业产业自主创新动力机制形成及演化的相关政策研究

本章将在借鉴国内外创新政策的基础上，确定东北地区制造业产业自主创新相关政策制定的主要目标与重点领域，进而从培育、强化和支撑的角度，提出保障东北地区制造业产业自主创新动力机制顺利运行的政策。

第一节　创新政策的相关理论介绍

创新政策是一个国家为促进创新活动、规范创新行为而采取的各种直接和间接政策的总和，它规定了政策的基本内涵和主要目标。政策目标的实现必须依靠各种政策工具的支持和配合。作为支持创新政策并使其实施的手段，有效的创新政策工具应该满足以下目的：①有效地降低创新过程中技术方面的不确定性；②有效地降低创新过程中市场方面的不确定性；③有效地降低创新收益分配的不确定性；④有效地降低创新过程中制度环境的不确定性。

陈劲和王飞绒（2005）认为，能够有效地降低或消除以上四种不确定性是政府选择政策工具的主要依据。

Rothell 和 Zegveld 将创新政策归纳为三类：供给面政策、需求面政策和环境面政策，并细分为 12 种政策工具（陈劲和王飞绒，2005）。顾新一等（1993）基于上述分类标准，结合上述 12 种创新政策工具和各国创新政策的实施情况，总结出 20 种创新政策工具，并将这 3 类政策和 20 种政策工具所组成的创新政策系统与创新活动联系起来，概括性地描述了创新政策的理论体系（图 6-1）。

其中，供给面政策工具是政府为直接扩大对创新技术的供给，改善创新相关要素的供给状况（如人才、信息、技术、资金等），推动创新活动的开展而制定的一系列措施。需求面政策工具是政府为减少市场的不确定性，积极开拓和稳定市场，通过拉动市场对新技术和新产品需求来促进创新活动开展而制定的一系列措施。环境面政策工具是指政府通过财政、金融、法规管制等方法影响和完善创新的环境，从而间接地促进创新活动开展的一系列措施。

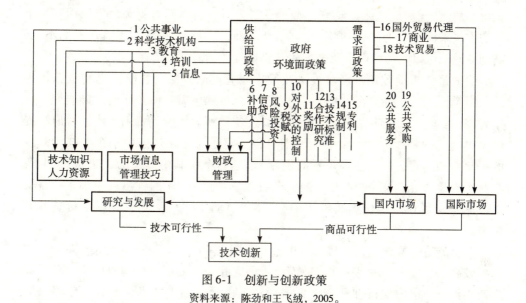

图 6-1 创新与创新政策

资料来源：陈劲和王飞绒，2005。

第二节 国内外创新政策的借鉴

一、国外创新政策

20世纪80年代以来，日本的技术创新取得了巨大成功，日本的技术创新政策及经验引起世人广泛关注。各国政府纷纷借鉴日本的成功经验，并结合本国国情，形成自己的创新政策体系。从主要工业国家的实践来看，实施创新政策大致可以分为三种类型：第一种以美国为代表，政府主要是制定和颁布法律法规，着眼于为技术创新营造一个良好的制度环境，以规范市场行为，让市场有效调节技术创新活动；第二种以日本为代表，政府既制定各种创新政策，又直接介入部分重大项目的技术创新活动，出面组织大企业合作创新；第三种以欧盟为代表，欧盟国家的创新政策介于美国与日本两者之间。

本书选择日本、美国和欧盟等代表性国家和地区的技术创新政策体系作为研究对象，希望可以从中获取能够为我所用的成功经验，进而提出保障东北地区制造业产业自主创新动力机制顺利运行的政策建议。

1. 日本的创新政策

日本是技术创新的先行者，经过几十年的积累与完善，其技术创新政策体系已趋于成熟并成为各国借鉴的模板。因此，研究日本的技术创新政策体系可以学到很多成熟的经验。根据学者们多年的研究发现，日本政府更倾向于采用直接干预的方法来促进企业和产业的技术创新（阎莉，2000）。按政策工具选取的不同，其创新政策可以归纳为以下四个方面（樊增强，2005；李伟红，2006）。

（1）经济援助政策。经济援助政策主要有财政补贴、税收优惠和贷款优惠等。对企业所进行的尖端技术研究，以及为满足社会需要而开展的基础研究、应用研究、工业化试验阶段研发等所涉及的设备费和运转费等费用支出，政府将提供50%左右的补助。1985年日本政府分别制定了《关于加强中小企业技术基础的税制》和《促进基础技术开发的税制》。这两个税制中涉及的优惠政策如下：企业所购置的用于基础技术开发的资产可以享受免税7%的优惠；中小企业享受R&D经费免税6%的优惠政策；企业R&D活动贷款利率低于商业银行贷款利率等。

（2）建立公立试验研究机构。由于缺乏资金和技术，中小企业大多难以独立承担较高水平技术的研发工作。政府要求国立和公立的试验机构对中小企业的研发活动给予一定的支持和配合。具体做法是由国家确立技术课题并给予经费补助，在国立试验机构的指导下，公立试验研究机构开展专题研究。开发研究的成果则可由中小企业免费使用。

（3）资金支持政策。创新资金支持政策是日本创新政策体系的重要组成部分，它从根本上解决了创新主体所面临的资金短缺问题。日本政府对创新资金的支持主要通过以下几种渠道实施。①由政府系统的金融机构，如国民金融公库、中小企业金融公库、环境卫生金融公库、商工组合中央公库、冲绳振兴开发金融公库等，分别向企业提供专项贷款。②政府全资或部分出资成立保险和担保机构，为中小企业申请贷款提供保险和担保。③政府认购公司债券和股票。

（4）建立完善的社会服务体系。具体工作主要体现在以下几方面。①提供技术指导服务。日本中央政府和地方政府均设有公立试验研究机构，免费为创新主体提供相关技术指导。同时，日本政府推行技术顾问制度，选派知识和经验丰富的技术人员，根据创新主体的需求进行具体指导。②提供技术信息服务。日本政府成立了信息中心和公立试验研究机构技术信息室，向创新主体提供必要的信息服务。全国性的信息中心设在企事业团体内，专门从事以技术信息为主、兼顾其他信息的综合信息服务。地方性质的信息中心是为当地创新主体服务的区域性技术信息中心，主要在县一级范围内收集、加工和提供与地方需求有关的信息。③提供技术培训服务。一种类型的培训是由国家提供补助金，在各都道府县、市举办技术人员进修班；另一种类型的培训是大学举办技术人员进修班，对企业技术人员进行技术培训。这些政策的实施，大大提升了日本企业的技术创新能力。

2. 美国的创新政策

美国的技术创新政策经历了三个阶段：第一阶段从第二次世界大战后到 20 世纪 60 年代，这一阶段的创新政策主要以依靠大学和国家实验室发展基础研究、通过国防研发推进高技术的办法来发展科学技术；第二阶段是 20 世纪 70 年代，这一阶段的创新政策重点在于以私人企业的技术创新带动科技水平的提升；第三阶段是 20 世纪 80 年代以后，美国政府颁布了许多具体的技术创新政策法规，通过法律规范技术创新活动，为创新提供一个良好的发展环境。现阶段，美国实施技术创新政策呈现出以下特点（陈向东和胡萍，2003；刘雪妮等，2006；陈清，2006）。

（1）美国政府对技术创新的干预多以法律、法规的形式出现。有统计表明，在美国出台的各项干预政策中，有 50% 以上都是以法律法规的形式出现的，如《国家技术创新法》、《技术扩散法》、《经济振兴税法》。

（2）政策的制定具有针对性。美国的创新产品中 90% 来自中小企业，美国学者曾对某一阶段进入市场的 635 个创新项目进行研究，发现就企业规模而言，中小企业创新数量是大企业的 3.5 倍，其创新产品市场化速度比大企业快 27%，而且大量高新技术项目也多出自中小企业，因此中小企业是美国技术创新的主体。为此，美国政府专门针对中小企业制定法律，如《小企业法》、《小企业投资法》、《小企业技术革新法》和《小企业创新发展法》等，以进行技术创新的扶持。除此之外，美国政府还制定了行业技术创新政策，使政策指向更加明确，从而获得了更加明显的政策效果。

（3）政府资金支持力度大。从 1982 年以来，美国每年的基础研究经费实际上以 6% 左右的速度递增，在 20 世纪 90 年代基础性科学研究的投入增加了 42%。此外，政府还积极鼓励工业部门、地方政府及其他机构共同增加对 R&D 的投资。如此大的投入使得美国科学家每年在重要期刊上发表的论文占全世界总量的 1/3，美国科学家在获诺贝尔奖人数上也占据着绝对优势。

（4）多项政策相互促进、配套执行。除法律规范、财政拨款之外，美国政府还制定了税收激励政策、人才培养政策等配套政策。此外，政府还积极参与资料情报、科技信息以及产业分析等活动，从多方面促进技术创新的发展，为创新活动提供支持。具体政策：减免研究和实验投资税收，刺激创新主体增加投资；对大企业追加设备投资给予临时税收减免；对小企业的设备投资给予永久税收减免；通过联邦政策和计划的制订明确技术发展目标；巩固和加强在大学里建立的工程研究中心，鼓励研究型大学与企业合作进行研发和实验；推动军用技术向民用转移，推进制造技术推广计划；联邦实验室全面向外界开放，有偿供给创新主体使用；放宽对高技术产品的出口控制；制订各种培养高层次人才特别计划，专门在一些大学和私立研究机构设立基金，支持最近 5 年获得博士学位的青年研究人员继续学习，高度重视人才的知识更新等。

3. 欧盟的创新政策

从严格意义上讲，欧盟的创新政策始于 20 世纪 90 年代，其标志是 1995 年发表的《创新绿皮书》和 1996 年实施的《欧洲创新行动计划》（祁湘涵，2008）。欧盟是当今世界一体化程度最高的区域政治、经济集团组织，因此欧盟各国在政治、经济等方面也表现出某种相同与类似。虽然欧盟各国有着各自较为成熟的创新政策，但政策的背后都有着共同的体制作为依托。因此，可以将欧盟各国的政策作为一个整体进行研究。在欧盟创新政策体系中，科技框架计划、中小企业政策、人力资源政策和知识产权政策是其中四个重要的政策工具。在这四个主要的政策工具的指导下，欧盟各成员国又提出具体的政策手段，从而为本国和欧盟的创新活动创造了良好的政策环境。欧盟各国主要从以下三个方面对创新提供相应支持（樊增强，2005；李伟红，2006；祁湘涵，2008）。

（1）行政管理支持。主要表现为三个方面：①通过简化行政程序，为新兴产业和创新型企业的申办提供方便；②通过明确和简化申请程序，为技术创新主体参与欧盟的科学研究计划提供方便；③通过简化行政管理和法律限制，使创新主体本身所具有的创新精神得到充分发挥。

（2）财政、税收和金融支持。这方面的支持主要体现在两方面：一方面是制定扶持中小企业发展的财政、金融、法律制度；另一方面是完善促进私人技术创新的贷款制度。具体政策如下：①通过发展信息服务，为中小企业和私人技术创新贷款提供便利；②组织由创业者、科学家、金融机构等参加的国际性投资研讨会以及与技术创新贷款有关的活动。

（3）信息服务支持。关于信息服务支持的具体方式如下。①利用欧盟各成员国的、地区性的和当地的网络优势改进技术信息传播制度，便于服务中小企业；②充分利用网络提供的功能加强与各成员国的合作，实现企业、行业协会的网络合并，优化信息网络发展；③为中小企业提供形势分析，帮助它们预测技术发展趋势；④设立"中转中心"（IRCS），促进科学研究、技术转让、成果交流和创新咨询与培训。

二、国内创新政策

我国的创新政策伴随着国家科技规划与战略的制定和实施经历了三个发展阶段（陈劲和王飞绒，2005）。第一阶段为 20 世纪 80 年代，这一阶段的主要特点是较为关注技术引进与技术改造；第二阶段为 20 世纪 90 年代初期，这一阶段的主要特点是关注科技成果的生产力转化，逐渐开展与创新相关的服务体系建设；

第三阶段为 20 世纪 90 年代中后期至今，这一阶段的主要特点是大力提倡自主创新。随着我国中长期科技发展规划的制定与实施，相应的创新配套政策得到了充实和完善。目前，我国的创新政策主要有以下几方面：

1. 科技投入政策

科技投入政策的宗旨是：增加科技投入，建立多元化、多渠道的科技投入体系；确保财政科技投入的稳定增长，切实保障重大专项的顺利实施；优化财政科技投入结构，发挥财政资金对激励自主创新的引导作用。具体政策工具有《国家重点基础研究发展计划专项经费管理办法》、《国家科技支撑计划专项经费管理办法》、《关于改进和加强重大技术装备研制经费管理的若干意见》、《国家高技术研究发展计划（863 计划）专项经费管理办法》等。

2. 税收激励政策

税收激励政策的宗旨是：加大对自主创新投入的所得税税前抵扣力度，允许企业加速研发仪器设备折旧；完善促进高新技术企业发展的税收政策，支持企业加强自主创新能力建设；完善促进转制科研机构发展的税收政策，支持创业风险投资企业的发展，扶持科技中介服务机构，鼓励社会资金捐赠创新活动。具体政策工具有《科技开发用品免征进口税收暂行规定》、《企业技术创新有关企业所得税优惠政策》、《落实国务院加快振兴装备制造业的若干意见有关进口税收政策》等。

3. 金融支持政策

金融支持政策的宗旨是：加强政策性金融对自主创新的支持，引导商业金融支持自主创新；改善对中小企业科技创新的金融服务，加快发展创业风险投资事业；建立支持自主创新的多层次资本市场，支持开展对高新技术企业的保险服务，完善高新技术企业的外汇管理政策（中华人民共和国科学技术部，2006）。具体政策工具有《科技型中小企业创业投资引导基金管理暂行办法》、《支持国家重大科技项目政策性金融政策实施细则》、《支持高新技术企业发展特别融资账户实施细则》等。

4. 政府采购政策

政府采购政策的宗旨是：建立财政性资金采购自主创新产品制度，建立自主创新产品认证制度；建立认定标准和评价体系，优先安排自主创新项目；改进政府采购评审方法，给予自主创新产品优先待遇；建立激励自主创新的政府首购和订购制度，建立本国货物认定制度和购买外国产品审核制度，发挥国防采购扶持自主创新的作用（中华人民共和国科学技术部，2006）。具体政策工具有《自主创新产品政府采购预算管理办法》、《自主创新产品政府首购和订购管理办法》、

《自主创新产品政府采购评审办法》等。

5. 引进消化吸收再创新政策

引进消化吸收再创新政策的宗旨是：加强对技术引进和消化吸收再创新的管理，鼓励引进国外先进技术；定期调整鼓励引进技术目录，限制盲目、重复引进；定期调整禁止进口限制技术目录，支持产学研联合开展消化吸收和再创新，实施促进自主制造的装备技术政策。具体政策工具有《关于鼓励技术引进和创新，促进转变外贸增长方式的若干意见》、《中国鼓励引进技术目录》等。

6. 知识产权创造和保护政策

知识产权创造和保护政策的宗旨是：掌握关键技术和重要产品的自主知识产权，积极参与制定国际标准，推动以我为主形成技术标准；建立健全知识产权保护体系，加大保护知识产权的执法力度，营造尊重和保护知识产权的法治环境；改革发明专利审查方式，提高专利实质审查工作效率，缩短审查周期，加强技术性贸易政策体系建设。具体政策工具有《科技计划支持重要技术标准研究与应用的实施细则》、《关于提高知识产权信息利用和服务能力推进知识产权信息服务平台建设的若干意见》、《我国信息产业拥有自主知识产权的关键技术和重要产品目录》。

7. 人才队伍建设政策

人才队伍建设政策的宗旨是：加快培养一批高层次创新人才，结合重大项目的实施加强对创新人才的培养；支持企业培养和吸引创新人才，积极引进海外优秀人才；改革和完善科研事业单位人事制度，建立有利于激励自主创新的人才评价和奖励制度（中华人民共和国科学技术部，2006）。具体政策工具有《关于进一步加强引进海外优秀留学人才工作的若干意见》、《关于在重大项目实施中加强创新人才培养的暂行办法》、《关于进一步加强引进海外优秀留学人才工作的若干意见》等。

8. 科技创新基地与平台建设政策

科技创新基地与平台建设政策的宗旨是：加强实验基地、基础设施和条件平台建设，加大对公益类科研机构的稳定支持力度；加强企业和企业化转制科研机构自主创新基地建设，加强国家高新技术产业开发区建设，推进科技创新基地与条件平台的开放共享（中华人民共和国科学技术部，2006）。具体政策工具有《国家自主创新基础能力建设"十一五"规划》、《建设国家工程实验室的指导意见》、《关于加大对公益类科研机构稳定支持的若干意见》、《关于进一步推动科研基地和科研基础设施向企业及社会开放的若干意见》等。2009年，国家统计局对我国现有主要创新政策的认同度进行调查，结果如表6-1所示。在全部有创新活动的工业企业中，有59.7%的企业认为"鼓励企业培养和吸引人才的政策"作用显著，排名第一；有50%以上的企业认为"技术开发费用计入成本的政策"、"产业政策"和"技术开发费加大抵扣所得税的政策"作用显著；而对"免征技术转让与开发营业税的政策"、"由企业承担政府部门的科技项目"和"政府采购政策"的作用显著性认同率偏低。

表6-1 创新政策显著性排名

排名	政策名称	显著性认同率/%
1	鼓励企业培养和吸引人才的政策	59.7
2	技术开发费用计入成本的政策	58.6
3	产业政策	51.3
4	技术开发费加大抵扣所得税的政策	50.6
5	知识产权保护政策	49.0
6	加大金融支持的政策	47.8
7	开发区高新技术企业所得税减免的政策	44.8
8	对外经贸优惠政策	41.9
9	企业中试设备加快折旧的政策	40.5
10	免征技术转让与开发营业税的政策	38.5
11	由企业承担政府部门的科技项目	35.2
12	政府采购政策	29.1

资料来源：根据《科技统计资料汇编2009》整理得出。

三、国内外创新政策对东北地区制造业的启示

1. 国外创新政策对东北地区制造业的启示

从创新政策相关理论和国外创新政策的实践来看，东北地区制造业产业自主创新相关政策的制定应借鉴以下三个方面。

（1）应基于创新政策相关理论，从创新的供给、需求和环境层面完善有利于东北地区制造业产业自主创新活动开展的相关政策。同时，东北地区制造业产业自主创新政策的制定不仅应具备理论研究的支撑，而且应将理论研究与东北地区的创新实践相结合，以科学的视角提出全面、有效的创新政策。

（2）应结合美国和日本创新政策实践，从法律规范和行政干预两方面对东北地区制造业产业自主创新活动提供必要的支持和保障。法律规范是社会进步和市场经济发展的必然产物，东北地区制造业产业自主创新活动也应从法律的层面给予保护和支持。但是，在相关法律规范尚未完善的摸索阶段，政府干预会起到必要的引导和保障作用。并且，从日本的创新实践来看，政府在创新活动中确实起

到了重要作用。

（3）应学习欧盟国家的创新政策和经验，从区域创新系统的角度出发，建立有利于东北地区自主创新资源共享与流动的政策。欧盟的创新系统可以说是区域创新系统的典范，其相关政策对东北地区制造业产业自主创新人才流动、创新技术扩散、创新信息共享和有效利用等方面都具有很好的指导意义。东北地区应在学习和借鉴的基础上制定相应政策，对区域内的创新资源进行有效整合与高效利用。

2. 国内创新政策对东北地区制造业的启示

从国内创新政策的实施来看，东北地区应从以下两方面考虑借鉴。

（1）应认真贯彻国家科技发展规划，制定相应的地方配套政策。国家科技发展规划和相应配套政策的制定主要着眼于全国，具有普适性，但对地域间差异考虑不足。因此，东北地区的政府部门应在深入学习和落实国家政策的基础上，进一步结合本区域创新活动的特点制定地方配套政策和实施细则，以保证国家创新政策效力的充分发挥。

（2）应从东北地区制造业产业自主创新实际出发，选择针对性强、认同率高的政策工具。从国家统计局关于创新政策认同率的调查来看，并不是每项政策都对推动创新主体开展创新活动起到了很好的作用效果。因此，在制定东北地区制造业产业自主创新政策时，应充分考虑东北地区制造业产业自主创新现状和创新主体所需，运用针对性强、认同率高的创新政策工具，采取有效的政策法规服务于东北地区制造业自主创新活动。

第三节　东北地区制造业产业自主创新政策制定的主要目标与重点领域

一、东北地区制造业产业自主创新政策制定的主要目标

基于前文对动力要素和动力机制的分析和阐释，东北地区制造业产业自主创新政策制定应达到的主要目标有五个。

（1）培育产业自主创新需求，增强东北地区制造业产业自主创新激发动力。

（2）强化产业自主创新动力供给，加强东北地区制造业产业自主创新维持动力。

（3）鼓励产业自主创新主体参与，促进东北地区制造业产业自主创新动力传递。

（4）营造产业自主创新氛围，优化东北地区制造业产业自主创新动力机制运

行环境。

（5）加强政府政策的引导作用，促进东北地区制造业产业自主创新动力模式的有序演化。

二、东北地区制造业产业自主创新政策制定的重点领域

通过对东北地区制造业产业自主创新动力机制的运行分析和影响因素研究，结合东北地区制造业产业自主创新动力的评价结果分析，本书认为，东北地区制造业产业自主创新政策的制定应侧重以下方面。

（1）发挥示范效应和引领、带动作用，支持行业内主导企业自主创新。通过对东北地区制造业产业自主创新动力机制启动环节和传动环节的分析可知，主导企业在产业自主创新活动中发挥着创新先行者的带动作用，对东北地区制造业产业自主创新活动的全面开展具有引领、示范效应。因此，重点支持主导企业的自主创新活动不仅是对创新典范的表彰，而且有助于自主创新示范效应的放大，能够有效激发其他创新主体的自主创新意愿。

（2）加强科技中介服务机构的建设，加快产业自主创新动力传递。通过对东北地区制造业产业自主创新动力机制传动环节的分析可知，科技中介服务机构在产业自主创新动力传递过程中扮演着重要角色。欧盟创新政策实践表明，科技中介机构的建设有利于区域创新信息的共享和创新成果的推广。因此，在东北地区制造业产业自主创新活动发展进程中，应加强科技中介服务机构的建设，发挥其对创新信息扩散、创新成果推广的积极作用，促进东北地区制造业产业自主创新动力的传递。

（3）集中动力资源，促进优势行业自主创新。通过对东北地区制造业产业自主创新动力状况评价的结果分析可知，装备制造业、农副食品加工业、金属冶炼延压工业等东北地区优势行业的自主创新动力在基础性、实力性和指向性等方面表现突出，自主创新动力作用显著，具有发展自主创新的实力和能力。因此，作为制造业中的创新引领行业和高技术研发的先行者，这些优势行业应成为振兴东北老工业基地的重点扶植对象，政府应从战略层面予以重视，并从多方面给予优先考虑，努力打造高水平行业科研基地，保持优势行业的领先地位和持续竞争力。

（4）强化政府政策的引导作用，促进自主创新动力模式的有序演化。根据对东北地区制造业产业自主创新动力系统及动力模式演化的分析可知，序参量在产业自主创新动力系统运行及动力模式演化的过程中起着非常重要的作用，因此，应从协同理论角度建立引导政策体系，充分发挥序参量的导向和协同作用，促进东北地区制造业产业自主创新动力系统的有序演化。

第四节　基于动力机制的东北地区制造业产业自主创新政策体系

基于东北地区制造业产业自主创新动力机制及演化机理的理论研究与模型描述，本书从培育与强化政策、支撑政策、引导政策三个方面构建促进东北地区制造业产业自主创新动力机制运行及演化的政策体系。

一、东北地区制造业产业自主创新动力的培育与强化政策

本书基于东北地区制造业产业自主创新动力机制的结构和运行规则，以激发创新主体的创新需求、保障创新要素供给、促进创新动力传递为目标和切入点，从需求、供给和传递三个层面出发，提出东北地区制造业产业自主创新动力的培育和强化政策。

1. 产业自主创新需求的培育政策

为保证东北地区制造业自主创新动力机制的顺利运行，应优先培育产业自主创新需求，以增强和发挥产业自主创新激发动力的作用，成功开启东北地区制造业产业自主创新动力机制的"开关"。而要培育产业自主创新需求，则应从培育相关的市场需求和企业家需求两方面着手，选择相应的政策工具。

1) 产业自主创新市场需求的引导政策

地方政府应结合国家战略部署，站在全局高度统筹规划，制定东北地区制造业产业自主创新发展战略及具体实施细则。重点发展东北地区制造业优势产业，确定东北地区制造业优先发展的行业和项目，加快引导和培育东北地区制造业产业自主创新市场需求相关政策的制定与完善。

加大力度实施强化产业链需求拉引的政策，重点对东北地区制造业中的优势产业给予一定的政策倾斜，鼓励和支持其自主创新。通过优势产业（如机床制造业、汽车制造业等）自主创新活动的开展，带动其产业链需求的提升，从而促进上下游产业开展自主创新活动，实现"产业链需求拉动自主创新需求"的目标。

大力实施加强高技术附加值诱导的政策，对高技术附加值产品给予一定的税收优惠，鼓励东北地区制造业开发和应用高附加值技术。通过政府贴息、财政补助等方式对技术含量高、市场发展前景好、经济效益显著，以及能够替代进口技术或产品的高新技术成果给予一定的研发资金补贴，降低产业高技术研发成本，提高产业高技术利益回报，从而使其积极开展研发活动提高产品技术含量，实现"技术附加值诱导自主创新需求"的目的。

政府采购政策一直是国际上激励和推进本国产业和企业自主创新，拉动自主

创新市场需求的重要政策工具之一（陈俊，2009）。东北地区应根据区域创新的实际情况，调整政府采购政策，可考虑将政府采购政策激励由产业链的末端向产业链前端转移，也就是将政府采购的优惠政策从以自主创新产品认定为核心转向以技术采购为核心。这样对处于产业链前端的自主创新主体，尤其是对以装备制造业为主的东北地区制造业而言，政府采购的激励与拉动作用才会更加显著（胡卫，2008）。

2）企业家自主创新需求的培育政策

地方政府应充分认识企业家在产业自主创新活动中所起到的积极作用，重视对本地区企业家创新特质的挖掘、调动和保持，加强相关政策的制定与完善，培育产业自主创新的企业家需求。

首先，要培养企业家的创新精神。一方面，要着力提高企业家素质，为本地企业家提供和创造提升自身素质的学习机会，引导和鼓励企业家不断充实自己。要充分利用东北地区知名高校的优质教育资源，组织制造业的企业家参加 MBA、EMBA 培训，学习科学的管理理论与成熟的管理方法，提高自身的现代管理理念、培养锻炼战略性思维，深层次挖掘和调动东北地区制造业企业家的创新特质。另一方面，要开阔企业家创新视野，通过举办企业家论坛，促进企业家之间创新思想和创新经验的交流，帮助企业家找到合适的创新定位，制订适合的创新规划；通过举办先进技术成果展、国际性产品和技术博览会等，促进企业家接触前沿的创新产品和国际化的创新思维，从而使其形成创新思想和创新理念，强化企业家创新特质。

其次，激发企业家创新意愿。一方面，当地政府要对制造业中积极倡导并成功实施自主创新的企业家进行精神和物质奖励，其中物质奖励可从企业的创新效益中提取，从而将企业家的个人利益与企业的创新利益联系在一起，进一步激发优秀企业家的创新热情，保持企业家的创新积极性，进而巩固企业家的创新特质；另一方面，当地政府在加大对自主创新领先企业宣传力度的同时，还应积极开展对制造业中自主创新成功企业家的表彰活动，通过肯定优秀企业家的自主创新业绩，宣传企业家的创新理念和创新行为，充分发挥示范效应，对产业内其他企业家产生激励和导向作用，从而影响和激发更多的企业家产生创新欲望和需求。

2. 产业自主创新动力供给的强化政策

实现东北地区制造业产业自主创新动力机制的启动和运行，还应制定相应的政策、运用适当的政策工具，加强自主创新的维持动力，强化产业自主创新动力的供给。产业自主创新动力供给政策主要包括产业自主创新资金保障力的供给、产业自主创新人才支撑力的供给和产业自主创新技术推动力的供给。

1）优化产业自主创新投融资的政策

地方政府应在国家相关政策的指导下，继续完善产业自主创新投融资政策，强化东北地区制造业产业自主创新资金动力的供给，建立起以政府投资为引导、企业投资为主体、金融投资为支撑、社会集资和吸引外资为补充的多层次、多渠道的产业自主创新资金供给体系。

（1）改善直接投融资政策。对制造业中优势行业和主导企业的重大科研项目加大地方政府直接投资力度，加强政策性银行对自主创新项目的贷款力度，适度放宽信贷标准，并充分发挥政府资金的引导作用，鼓励制造业企业加大科研投入。例如，建立健全自主创新资金投入制度，引导和鼓励企业提高研发资金投入比重，对大型制造业企业（集团）和行业主导企业，规定其研发资金投入比例下限，对其进行监督与考评，根据考评结果制定下一年度对该企业或行业的财税支持计划（如财政补贴数额、抵扣所得税比重等），并逐年提升考评标准；对中小型制造业企业，在新产品或新技术的研发、中试阶段给予必要的补助，经核实的研发经费支出可计入成本。

（2）加强间接优惠政策。拓宽研发资金投入渠道，可考虑将所需资金较多、市场前景较好、赢利能力较强的自主创新项目推向市场募集创新资金，通过招商引资，吸引民间资本和外资进入；优先支持行业主导企业改制上市，加快不良贷款的债务处理；发行企业债券，实现资本市场融资。对东北地区制造业优势产业实施低税率增值税；对研发实验用的大型技术设备、设施实行加速折旧制度，减轻产业自主创新主体的成本负担，增强东北地区制造业的持续创新能力和国际竞争力。

此外，地方政府还应积极建立融资担保体系，通过多种渠道解决东北地区制造业产业自主创新资金保障力不足的问题。可采用的政策主要有两种：第一，建立制造业企业信用担保基金，由政府成立或委托专门的机构来进行管理，重点支持制造业企业自主创新活动的融资担保；第二，对产业内中小企业或民营企业进行融资担保，引导和加强其与银行间的联系与合作，运用财政手段为其补充担保资金，加大对其开展自主创新活动的资金保障力度。

2）完善产业自主创新人才管理的政策

东北地区应共同建立产业自主创新人才管理政策体系，促进东北三省创新人才的聚集和相互流动。

首先，改善创新人才引进与培养政策。东北地区要加强创新人才培养的政策导向和资金投入力度，着力培育一批创新型企业家、科技创新领军人才，加快培养一批高水平的学科、技术带头人；要制订专门的高层次技术人才引进计划，吸引和聚集一批海内外优秀人才，形成一支结构合理、精干高效的科技研发骨干队伍，提高产业自主创新人才队伍素质。

其次，强化创新人才激励与任用政策。东北地区应不断深化分配制度改革，积极鼓励技术要素参与分配，对知识产权质押贷款采取更为灵活的政策。同时，鼓励企业构建积极有效的人才激励机制，加快研究并推行薪酬、股票期权等物质激励和荣誉称号、表彰制度等精神激励结合的多元化员工激励体系，充分调动创新人才的工作热情，发挥创新人才的积极作用。同时，鼓励企业提拔和任用有突出贡献、创新能力强的研发人员，让他们领导和培养更多的创新人才投身于企业的自主创新活动。

最后，完善创新人才评价与流动机制。东北地区应不断深化用人制度改革，加快构建专业技术职务任职资格的互认、人才异地认证等相关制度体系；建立和完善人才评价机制，将"品德、知识、能力、业绩"作为衡量人才的标准；积极建立区域技术人才无障碍流动机制，突破人才流动中的户籍制度限制，建立东北三省企业家、科研人员、高级技术人员户籍共享制度，为人才正常合理流动和人才的柔性流动创造良好的环境，进而全面优化东北地区创新人才的配置，促进区域内创新人才的合理流动。

3）加强创新成果转化和知识产权保护的政策

为了促进产业自主创新技术成果的应用推广和产业化，保护创新者的自主创新产权和利益，东北地区应不断完善产业自主创新成果转化和知识产权保护政策，充分发挥产业自主创新技术推动力的作用效果。

首先，积极完善和实施科技成果产业化政策，鼓励高新技术研发和成果转化。东北地区应加快建设高新科技成果转化基地，优先培育和转化拥有核心技术和自主知识产权、技术含量高或已列入国家规划纲要的科研成果；重点培育和转化东北地区制造业优势产业和主导企业的科技成果，发挥主导产业的创新带动和示范效应，并通过产业链需求促进上下游产业的自主创新。

其次，进一步健全知识产权保护制度，维护创新者的合法利益。健全自主创新法律体系，修改和完善知识产权保护制度，及时将新技术领域研究成果纳入保护范围；明确专利侵权判定标准，对知识侵权行为依法严惩，加大知识产权保护力度；增强专利审查的综合能力，降低专利权人举证难度，加大侵权人赔偿额度；同时，还要加强知识产权的国际保护力度，保障我国自主知识产权的国际利益。

3. 产业自主创新动力传递的促进政策

东北地区制造业产业自主创新动力的有效传递，离不开主导企业的示范作用和信息传播渠道的畅通。因此，为从传递环节保障东北地区制造业产业自主创新动力机制的顺利运行，应重点支持制造业主导企业的自主创新活动，同时制定和完善能够促进产业自主创新信息传播的相关政策。

1）强化主导企业创新示范效应的政策

东北地区应充分整合制造业优势产业的自主创新能力，积极发挥主导企业的自主创新示范作用。一方面，统一规划和部署东北地区有比较优势的电站成套设备、重型机械装备、数控机床、轴承等装备制造行业的创新资源配置，打破部门和地域界限，协调和推进区域内重点制造企业优势互补、合作创新；另一方面，优先扶持装备制造主导企业，推进其自主创新项目建设，打造一批具有国际竞争力、能够参与国际分工的行业主导企业。为此，应继续支持和鼓励具有自主创新优势的大型制造企业优先发展，充分挖掘其自主创新潜力，并努力扩大和强化它们在东北地区制造业产业自主创新中的示范效应。例如，依托哈尔滨电站设备集团公司的技术优势，带动东北地区其他电气设备制造业及相关产业的自主创新，扩大行业主导企业的自主创新引领和带动作用；借助中国第一重型机械集团公司的创新能力，整合东北地区其他重型机械企业的创新资源，形成并扩大重型机械制造业创新资源整合效应，促进该行业自主创新的进程；推进哈尔滨航空工业（集团）有限公司和沈阳飞机工业（集团）有限公司的跨省域联合创新，加快与跨国公司的合资合作步伐，不断促进飞机制造业自主创新发展；依托齐重数控装备股份有限公司、齐齐哈尔第二机床企业集团的创新实力，推进东北地区机床制造业开展集群创新，强化机床制造业自主创新的集群效应，扩大其自主创新优势。

2）促进产业自主创新信息传播的政策

东北地区应成立制造业信息化综合协调领导机构，出台制造业信息化联合发展规划，并据此制定有利于制造业信息化发展的相关政策，提升东北地区制造业信息化水平。同时，继续推进东北地区制造业信息化工程建设，为东北地区制造业搭建交流合作的平台。例如，充分发挥政府在推动东北地区制造业信息化建设中的引导和调控作用，制定具有针对性、可操作性的配套政策措施，鼓励产业自主创新主体应用信息技术和先进制造技术改造传统制造业，鼓励大专院校、科研院所和社会各界参与制造企业的信息化活动，营造制造业信息化建设的良好环境；建立制造业信息化技术应用示范体系，通过建立一批信息化的示范企业、行业和区域，发挥其辐射和扩散效应，以点带面，推动东北地区制造业信息化的整体进程；打破信息封闭，整合政府部门、科研院所、情报研究与分析机构的信息资源，建立区域性公共信息网络等。

3）完善科技中介服务功能的政策

通过规范科技中介机构的行为，充分发挥科技中介机构在东北地区制造业产业自主创新信息流通中的行业优势，大力加强科技中介机构在产业自主创新的信息服务、技术服务、信用担保等方面所起到的促进作用。例如，发挥高校、科研院所的技术与人才优势，组建以高等院校和科研院所为依托的技术转移中心，为成果转化、技术扩散提供整体解决方案；建立公共技术服务平台，充分发挥科技中介机构的桥梁与纽带作用，整合高等院校、科研机构等相关部门的技术信息，采取产、学、研相结合的方式，建立社会化共性技术服务平台，为产业自主创新主体提供专业化的技术信息服务；在发展综合性技术市场的同时，要充分发挥行业性技术市场的作用，经常举办制造业技术市场交易会、技术成果展示会，加快科技信息的传递和科技成果的流通；进一步完善科技中介机构功能，通过强化科技中介行业自律，促进科技中介行业规范、健康发展，实现产业自主创新动力的高效传递。

二、东北地区制造业产业自主创新动力机制的支撑政策

本书基于东北地区制造业产业自主创新动力机制的影响因素研究，以营造产业内部自主创新氛围、优化产业外部自主创新环境为基点，从产业竞争环境、所有制结构、基础设施建设等主要影响因素入手，提出东北地区制造业产业自主创新动力机制的支撑政策。

1. 营造产业内部自主创新氛围的政策

从前文对动力机制影响因素的相关分析可知，在产业内的影响因素中，产业竞争力和所有制结构对东北地区制造业产业自主创新动力机制的影响范围较广、作用较为显著。因此，本书提出应从维护公平的产业竞争环境和完善产业内所有制结构着手，营造东北地区制造业产业内部自主创新氛围，促进东北地区制造业产业自主创新动力机制的顺利运行。

1）维护产业竞争环境的政策

政府作为非市场力量，在维护公平的产业竞争环境方面起到了关键作用，具体表现为对"市场失灵"的弥补和对创新行为的引导。

首先，政府应努力弥补"市场失灵"的不足。政府应通过认可和许可等法律手段直接介入经济主体决策，发挥直接规制作用，规避产业内自然垄断、信息不对称、经济或技术外部性等非公平经济行为，为东北地区制造业产业自主创新活动的开展营造公平、有序的竞争环境。

其次，政府应制定引导产业集聚的政策。当地政府应依托国家重点工程，以产业链为纽带，以产业园区为载体，建设专业特色鲜明、品牌形象突出、服务平台完备的东北地区制造业产业集群，为东北地区制造业产业自主创新活动搭建学习、竞争的互动平台，将东北地区打造成为具有国际竞争力的先进制造业基地。同时，当地政府还应大力支持东北地区制造业品牌建设，制定和完善品牌培育和保护政策，打造东北地区制造业的国际品牌形象，以品牌战略带动自主创新，发

挥东北地区制造业的自主创新优势，形成一批以创新产品为支撑、以知名品牌为标志的东北地区制造业产业集群。

2）优化产业内所有制结构的政策

营造产业内自主创新氛围的另一项重要内容，就是要完善东北地区制造业的所有制结构。在发挥公有制经济的主导和引领作用的同时，加大东北地区制造业中非公有制经济的比重，营造有利于产业自主创新的体制环境。

对于国有经济仍处于主导地位的东北地区制造业来说，应在发挥国有经济现有优势的基础上，加快国有经济股份制改革，调整国有经济布局和结构，以多样化的经营体制加入国内外竞争。为此，相关政策的制定应侧重以下方面：在加强国有企业在东北地区制造业中主导地位的同时，加大实施产权制度改革力度，推进国有制造企业改制的进程；推进东北地区大型制造企业集团与国际知名企业的合作创新，加速东北地区制造业进入国际市场的步伐；引入战略投资者，优化重组存量资产，改造传统的优势制造产业，提升其自主创新能力和水平。

在巩固国有经济主导地位的同时，地方政府还应加强对非公有制企业自主创新的政策扶植力度，形成多种所有制经济积极参与、共同发展的东北地区制造业产业自主创新的健康氛围。对非公有制经济，应放宽民间资本的市场准入限制，让各种非公有制企业在自主创新的投融资、税收优惠等方面享受国有企业同等待遇；消除制约非公有制企业创新发展的制度性障碍，全面落实促进非公有制企业自主创新与良性发展的政策；完善鼓励非公有制经济发展的法律制度，加强对非公有制企业的技术服务、创新指导和规范管理，推动其自主创新活动蓬勃发展。

2. 优化产业外部自主创新环境的政策

要改善东北地区制造业产业自主创新动力机制的运行环境，除了需要营造产业内部自主创新氛围之外，还应努力优化产业外部自主创新环境。原因在于，经济文化环境、基础设施环境等产业外部自主创新环境的改善有利于东北地区制造业自主创新的惯例形成和规模扩大，进而可以加速东北地区制造业产业自主创新动力的传递。

1）优化经济与文化环境的政策

从前文分析可知，经济与文化环境的改善有利于东北地区创新人才的集聚和企业家创新特质的发挥，从而能够间接促进和保障东北地区制造业产业自主创新动力机制的运行。本书认为，优化经济与文化环境可以考虑从以下两方面出台和完善相应政策。

首先，积极落实国家的相关优惠政策。地方政府应利用东北老工业基地改造的有利契机，制定与国家政策配套的地方优惠政策，加大对制造业产业自主创新的优惠扶植力度，多渠道吸引国内外产业投资，通过推进东北地区制造业产业结构的优化与升级，促进整个东北地区的经济发展。

其次，推动科教、文化事业的发展。重视基础教育，从小培养学生的独立、创造性思维，锻炼学生动手能力，适当地在基础教育阶段渗透科技、创新教育。充分发挥文化传播的影响力作用，引入国内外成功教育理念，将鼓励创新的思想、容忍失败的意识在大众中普遍传播，让人们尊重技术人才的创新工作、认可企业家的创新决策和行为，为东北地区制造业产业自主创新活动营造良好的创新文化氛围。

2）完善基础设施环境的政策

基础设施环境是东北地区制造业产业自主创新动力机制运行过程中不可忽视的环境条件，进一步完善东北地区的基础条件建设将有利于创新维持动力的增强和产业创新集群的发展。

首先，东北地区应加强交通、通信等基础设施的建设和完善，促进区域自主创新资源的流动，降低产业自主创新的成本，为东北地区制造业产业自主创新的开展和产业创新集群的形成提供必要的基础条件和动力要素。一方面，通过加强路网建设，提高路网等级和标准，加快现有铁路复线工程建设和电气化提速改造，建设横贯东北地区的铁路工程网络，保障创新运行中物流的顺畅；另一方面，加快通信网络建设，实现东北区域信息网络宽带化、综合化、智能化的突破，保障产业自主创新信息黏合力的增强和传递。

其次，东北地区应加强科技教育、公共实验设施的建设，为制造业自主创新活动提供必要的智力与技术支持。一方面，重点改善教育条件与环境，把提高综合素质、创新思维和动手能力作为各层次教育的重点，为东北地区制造业的产业自主创新活动培养后备技术人才；另一方面，有重点、有选择地建设公共科研实验室，进行制造业核心技术、关键技术的基础研究，同时为东北地区中小制造企业的自主创新活动提供实验条件与技术指导。

三、东北地区制造业产业自主创新动力模式有序演化的引导政策

（一）序参量角度的有序演化引导政策

1. 增强市场导向的引导政策

市场导向是产业自主创新动力系统的序参量，在东北地区制造业产业自主创新动力模式演化过程中自始至终都发挥着重要的作用。因此，制定基于市场导向的引导政策，是推进东北地区制造业产业自主创新动力模式演化的重要一环。

1）制定促进市场公平竞争的政策

要增强市场导向对东北地区制造业产业自主创新动力模式演化的引导作用，当务之急就是要营造有利于东北地区制造业产业自主创新的有序市场环境，建立一个崇尚自由竞争、优胜劣汰的市场。主要政策建议如下（孙冰，2003）。

一是要从立法的角度，加速相关法律法规的制定和完善，为企业获得公平竞争的环境和政府实行相应的政策提供法律依据。具体来说，就是要按照WTO的有关原则，完善现有的《反不正当竞争法》和尽快制定《反垄断法》，以维护公平竞争的市场秩序，使所有制造业企业能在相同的市场条件下优胜劣汰。

二是消除行政壁垒，解除地区和部门封锁，建立统一的、公平竞争的大市场秩序。取消国有企业与外资企业、合资企业之间以及国有企业与民营企业之间的差别待遇和歧视，特别是要破除行政壁垒和地方保护主义，真正使制造业企业更多地依靠自主创新而不是凭借某种特权或不正当竞争手段获取竞争优势，从而维护市场竞争的有序和公平，使市场竞争趋于规范。

三是加强竞争的有效程度。经验表明，有效竞争的市场对推动自主创新是比较有力的。一方面，在竞争中所采用的创新成果会在优胜劣汰的同时给创新企业带来高额利润，因而企业会继续采取技术创新的措施参与竞争；另一方面，由于竞争的存在，企业往往担心在竞争对手的模仿或技术创新的条件下丧失利润，所以企业也会采取措施积极创新。政府应通过制定鼓励竞争的相关政策、采取项目竞标等有效做法，积极为形成一个开放统一、优胜劣汰的有效竞争市场创造条件。

2）制定推进政府职能转变的政策

增强市场导向的作用，还要从转变政府职能入手。政府不仅不应干预市场的运行，还应将市场机制与宏观调控结合起来，保证经济富有效率、持续健康地协调发展。

首先，推行行政改革，打破政府垄断。政府的行政性垄断只应存在于非营利性公共产品领域，因此，政府的行政干预应逐步退出其他营利性产品领域，将市场的决策权充分让给消费者和企业，使优势资源向优势产业和主导企业集中，促进东北地区制造业产业自主创新的健康发展。

其次，借助行业协会实现对市场的间接管理。作为政府与企业之间的桥梁，行业协会、工商联以及商会等组织不仅可以帮助政府向制造企业传达国家的方针政策，而且可以通过行业自律实现政府对市场的间接引导和管理。因此，东北地区的地方政府应充分发挥行业协会、工商联以及商会等组织的自律管理作用，并借助后者达到促进制造业企业自主创新活动、规范行业内企业市场竞争行为的目的。

再次，建设服务型政府。所谓服务型政府，就是以管理就是服务为根本理念，为社会公众提供优质的公共产品与服务的政府。服务型政府重点围绕市场监督、社会管理、经济调节和公共服务等四个方面开展工作。东北地区应通过建设服务型政府，不断提高地方政府服务于东北地区制造业产业自主创新活动的能力和水平，从制造业企业的自主创新需求出发出台相关政策和措施，为制造业自主创新的发展助力。

最后，实行弹性的宏观调控政策。地方政府应从外部环境的改善入手，为东北地区制造业营造宽松、宽容的自主创新环境。通过实施弹性的宏观调控政策，保持区域内货币政策和财政政策的稳健和适度，为制造业企业的自主创新活动提供激发动力和维持动力，扫除产业自主创新发展的制度性障碍，让东北地区制造业企业更好地参与市场竞争。

3）制定增强企业家创新特质的政策

企业家是市场导向最敏锐的先知者，是自主创新活动的组织者和实现者，企业家创新特质对促进产业自主创新活动具有深远的影响。目前，东北地区制造业的产业自主创新急需高素质、有战略眼光、具有现代管理理念的企业家，更需要以冒险精神、学习精神、创新精神和奉献精神为代表的企业家精神。因此，要增强东北地区制造业的产业自主创新动力，主要途径就是提高企业家素质，激发企业家精神，培养一批具有高度自主创新意识的现代企业家。

首先，要建立有利于企业家成长的社会文化环境。地方政府要努力营造创新文化氛围，在社会范围内广泛传播"创新是一个民族进步的灵魂"的思想，着力建设充分开放、鼓励冒险、容忍失败、以人为本的良好的社会文化环境。通过各种舆论工具、文化手段使公众明白，东北地区制造业的产业自主创新离不开企业家的努力。

其次，要建立健全有利于强化企业家精神的选拔机制。实行制造业企业高层管理者竞争上岗的选拔制度，制度中应将是否具备创新精神作为重要的衡量指标。同时，还要增强选拔制度的稳定性和连续性，以使企业家保持稳定的创新倾向，从而保证东北地区制造业产业自主创新的稳定性和连续性。

再次，要建立健全有利于激发企业家精神的激励制度。为了激发企业家创新精神，政府和企业都应加大对企业家创新活动的激励力度。鉴于东北地区制造业内国有企业居多，地方政府应改变国有企业高层管理者报酬单一的现状，采用年薪制或股票期权制等报酬方式，建立有效的企业家创新活动激励制度。

最后，要加强对企业家创新活动的奖励措施。政府应设置专门针对自主创新活动的奖项，并制定相应的奖励政策。对在制造业企业自主创新过程中做出重大贡献的高层管理人员和科技人员进行较大力度的物质和精神奖励，以充分调动东北地区制造业企业的自主创新积极性和主动性。

2. 增强政策导向的引导政策

1）加强政府引导和信息化建设的政策

为了增强政策导向对东北地区制造业产业自主创新的引导作用，首要任务就是加强和完善有利于自主创新的宏观经济政策。

第一，加强自主创新的政策导向。①实行支持自主创新的财税、金融和政府采购政策，完善对自主创新的激励机制，引导东北地区制造业中的大中型企业、高新技术企业增加自主创新研发投入；②大力发展创业、创新风险投资，引入民间资本，推动小型制造企业自主创新活动；③不断提高产业技术标准，加快淘汰传统制造产业中落后的工艺技术和装备；④健全知识产权保护体系，推进产学研联合攻关和技术成果转化。

第二，充分发挥信息化的带动作用。①以信息化带动工业化，广泛应用信息技术对东北地区的重点行业进行信息化改造，加快运用高技术和先进适用技术改造东北地区传统制造业的进程；②依托信息化平台建设，积极发展电子商务，推进自主创新产品融入国际销售网络；③提高信息资源开发利用水平，加强对市场信息的搜集整理和公开发布，促进市场对产业自主创新的需求拉引。

2）制定支持产业技术联盟的政策

自主创新活动（尤其是关键技术的自主创新活动）通常使东北地区制造业产业创新主体面临巨大的资金风险、市场风险和技术风险，一般单个企业难以承担，而产业技术联盟这一形式则可以通过多个创新主体共同投入、优势互补，从而能够有效降低创新风险。因此，地方政府应充分发挥组织和协调作用，鼓励和支持东北地区制造业建立产业技术联盟、整合创新资源，保障东北地区制造业产业自主创新动力机制的顺利运行。

首先，积极支持东北地区制造业企业之间的合作。在先进装备制造、新材料等领域，当地政府要通过政策引导和资金支持，充分调动制造业企业合作创新的积极性，由行业龙头企业和创新主导企业牵头，形成产业技术联盟并保持其稳定性，逐步增强产业集成创新能力；对涉及国家未来发展的战略性先进装备制造领域，建议由科技主管部门牵头，组建东北地区制造业高技术产业联盟，推进高技术产业自主创新活动有序开展。

其次，积极组织高校、科研机构、中介机构等参与产业技术联盟。政府要发挥政策导向的作用，加大指挥与协调力度，组织高校、科研机构、中介机构参与到产业技术联盟中，并以财政资金为引导，监督和强化产业技术联盟内部的契约关系，实现自主创新要素的优化组合和自主创新资源的共享，对东北地区制造业的产业共性技术问题进行重点攻关。

再次，努力引导跨国公司或国际研发机构加入产业技术联盟。政府应鼓励建立以形成自主知识产权、打破国外技术垄断为目的的产业技术联盟，促进重大技术项目的引进、消化和吸收，实现东北地区制造业在技术上的跨越式发展。同时，政府还可以制定相关优惠政策，引导跨国公司或国际研发机构加入产业技术联盟，利用国际创新资源来提升东北地区制造业产业技术联盟的自主创新能力。

最后，努力实现产业技术联盟与区域特色紧密结合。借鉴发达国家经验，东北地区应根据产业发展的不同阶段制定制造业产业技术联盟的发展战略和发展计划，通过实施计划项目来引导和控制产业技术联盟的发展方向。同时，还要结合东北地区经济发展需求，使产业技术联盟的发展与区域特色紧密结合，从而在促进制造业自主创新的同时，推动整个东北地区经济的发展。

3）制定自主创新产品的政府采购政策

当前，许多国家都通过实施有效的政府采购政策来促进本国企业对研发的投入，推动产业的自主创新活动。因此，政府采购政策也是东北地区制造业创新引导政策中一项非常重要的内容。

首先，要完善相关法律法规，搭建保障政府采购规范运行的工作平台和信息平台。工作平台应建立公开招标、集中采购和协议供货的操作规范，形成标准化的采购流程和有效的运行机制，而信息平台则应及时发布政府采购的数量及时间要求、创新产品应达到的技术性能要求等信息。

其次，确定自主创新产品优先采购的原则。政府可以通过相关政策规定，凡是涉及高技术产品的政府采购，一律优先考虑具有自主知识产权的创新产品；或者规定在政府采购的某些产品中，自主创新产品必须达到一定比例。另外，消化、吸收、再创新的产品也应纳入政府采购的范围。

最后，建立自主创新产品的政府采购目录。东北地区各省份应建立财政资金采购自主创新产品制度，由政府相关部门按照技术标准和要求对制造业的自主创新产品进行认定，然后在认定的自主创新产品范围内确定政府采购目录，并对该目录实行动态管理制度。

4）增强产业自主创新人才支撑的政策

相比于其他地区，东北地区制造业的自主创新人才在总量上较为丰富，但是结构性供需矛盾较为突出，具体表现在科技人才和工程技术人才流失严重、科技中介人才相对缺乏等方面。因此，本书认为，应从以下几个方面着手制定加强东北地区制造业自主创新的人才支撑政策。

首先，营造有利于吸引人才的社会氛围。东北地区要鼓励和支持各类制造企业建立面向海内外的开放式用人机制，政策上要切实解决好优秀创新人才落户后遇到的实际生活问题；提倡和重申新时代的"闯关东"精神，加快建设包容性的企业文化和地区文化，使外来优秀人才能够迅速融入当地企业；努力营造有利于吸引、凝聚、使用优秀人才并使其脱颖而出的环境，努力创造尊重科技人才、善待科技人才、支持科技人才和珍视优秀海外科技人才的社会氛围，为东北地区制造业推进产业自主创新活动提供人才保障。

其次，深化人才培养制度。一是由政府牵头建立核心科研人员和企业家培养基金，用于资助高层次技术人才和管理人才进行国外考察、中短期留学等；二是由政府与企业共同出资建立专门的技术人才培养基金，重点培养技术创新活动急需的技术开发、产品开发、工程设计、工艺设计等创新型人才，特别是工程技术带头人；三是针对东北地区制造业相对发达、对技术人才需求量大的特点，鼓励企业与区域内外的高等院校联合建立职业技术学院，大力发展高职、中职和职业教育，培养一大批具有较高素质的技术工人；四是实现教育资源共享，鼓励高校、科研机构和企业合作培养各类急需创新人才。

最后，多种方式推动科技中介人才队伍建设。一方面，要明确和提高对科技中介服务人员的从业资格要求，试行科技中介服务人员的准入与考核制度，鼓励具备基本科研素质的人员从事科技中介工作，努力建设一支擅长科技咨询、项目评估、风险投资的科技中介服务队伍；另一方面，要充分利用东北地区的各种教育和科研资源，建立和强化科技中介人员的培训制度，通过培训使科技中介人员系统学习科技创新理论，了解科技成果转化的一般规律，掌握科技中介服务的一般方法，提高其促进科技成果产业化的能力和水平，逐步实现科技中介服务的社会化、专业化和规范化。

（二）协同效应角度的有序演化引导政策

1. 提高系统开放度的引导政策

1）实行东北地区经济开放的政策

东北地区经济开放程度的提高，意味着各种竞争要素的进入，意味着区域内各产业竞争程度的强化，这将有利于增强东北地区制造业的产业自主创新动力，有助于促进产业自主创新动力机制的良性运行。而要提高东北地区的经济开放度，需要从对内开放与对外开放两个方面入手。

首先要实行对外开放。东北三省应以东北老工业基地改造为契机，适当放宽政策，取消各种限制，实行对外开放。一方面，要充分利用东北地区的地理优势扩大与周边国家的经贸与技术合作，吸引外资特别是国外战略投资者参与东北地区制造业的产业自主创新活动；要不断加强对外的技术交流，积极引进国外先进的核心技术和机器设备。另一方面，还要加强与东北地区之外国内其他省市（特别是经济发达地区）的经济与技术合作，吸引和整合其他省市的资金、人才、技术等产业自主创新动力要素，使其为推动东北地区制造业的产业自主创新活动做出贡献。

其次还要实行对内开放。所谓对内开放，就是要加强东北三省之间的相互开放。具体来说，东北地区制造业自主创新重大项目的规划和布局要力争打破东北三省的行政界限，实现区域内产业自主创新动力资源的整合，避免区域内重大创新项目的重复建设；积极搭建东北三省之间的创新合作平台和信息共享平台，加强东北三省制造业自主创新主体之间的人才流动、知识交流与技术合作，防止东北地区内部相同产业之间的恶性竞争和创新资源浪费。

2）推广产业自主创新国际经验的政策

从世界范围看，美国、日本和欧盟各国均立足于本国国情，通过制定相关的产业技术、科技创新政策，强化政府对产业自主创新的推动作用，不仅使产业自主创新能力增强、技术创新优势扩大，而且形成了较为完善的技术创新政策体系。这些经验和做法对于东北地区具有非常重要的借鉴作用。

除了采取财政补贴、税收优惠和贷款优惠等政策和措施以外，东北三省政府应结合本地区产业自主创新实践的特点，学习和推广先进国家的成功经验，借鉴国外政府的成功做法，推进东北地区制造业的产业自主创新活动。比如，仿效日本政府的做法，推行技术顾问制度，从高等院校、科研机构选派知识和经验丰富的技术专家、研究人员，根据产业创新主体的技术需求进行具体指导；仿效美国的做法，将技术条件先进的国家级科研实验室向外界开放，有偿提供给产业创新主体使用；仿效欧盟各国的做法，定期组织有创新者、科学家、金融机构等参加的国际性投资研讨会及与技术创新贷款有关的交流活动，或者由地方所属的经济研究中心和情报资料研究中心及时为制造企业提供最新技术信息和技术形势分析，帮助它们预测技术的未来发展趋势。通过政府的协调和组织，实现制造企业、科研机构、情报机构等的创新资源共享，为东北地区制造业产业自主创新动力系统引入负熵流创造条件。

2. 加强各子系统协同效应的引导政策

如前所述，各子系统之间的协同效应，会使东北地区制造业产业自主创新动力系统具有较强的适应性、较大的聚合力和灵活的应变力，形成系统内外的良性循环。因此，加强东北地区制造业产业自主创新动力系统各子系统之间的协同效应，也成为当地政府制定演化引导政策的一项重要内容。

1）推进创新利益主体之间交流与合作的政策

产业自主创新利益主体之间的交流与合作是东北地区制造业产业自主创新活动开展的必要条件。因此，为了增强产业自主创新动力，引导创新动力模式的有序演化，需要制定有效政策推进各创新利益主体之间的交流与合作。

第一，政府运用行政手段，加快建设和完善现有的软硬件条件，加强产业自主创新利益主体之间的信息交流与合作。一方面，投入专项建设资金，加快建设和改善生产力促进中心、创新中心、网络中心等的技术条件，扩大技术交易市场、信息服务中心、科技开发中心等的服务范围，为东北地区制造业各创新利益主体打造信息交流的平台；另一方面，制定相关政策，建立有效制度，通过定期举办学术交流会议、专项技术研讨会、技术成果推介会、自主创新经验现场交流会等，引导和搭建产学研之间的技术交流平台，推动东北地区制造业自主创新利益主体之间的合作，推进区域内部技术信息和相关知识的共享，增强各主体之间的利益联动效应，促进东北地区制造业产业自主创新动力系统的协同作用。

第二，政府充分运用市场机制和法律约束，支持和管理制造企业与高校、科研机构间的产学研合作。成立专门机构负责产学研之间的协调和沟通，通过制定高技术产品采购计划、联合攻关计划等引导产学研之间的合作，并使产学研合作项目得到税收优惠、财政支持、低息贷款等方面的政策支持。同时，政府还应加强法制建设，把对产学研合作的管理纳入法制范围，制定产学研合作管理的法律法规，从而推动科技成果的产业化，规避产学研合作中的不良行为，保障各方的合法权益，尤其是保护产学研合作中自主创新成果的知识产权，维护自主创新者的合法权益。

2）推进产业自主创新资源共享的政策

推进产业自主创新资源的共享，可以在很大程度上节约东北地区制造业的产业自主创新成本，增强产业自主创新维持动力的作用效果。具体包括以下两个方面。

第一，逐步建立东北地区制造业设施、设备资源的共建共享机制，更大范围地发挥自主创新资源的效果。考虑到制造业的技术设备、试验设备的购置费用较高，当地政府可制订专项规划，设立专项基金，用于建设制造业重点行业自主创新技术设备、实验设备数据库，建立区域内创新设施、设备的共享"软体系"和有偿使用制度，避免因重复购买造成的资源浪费。

第二，培育东北地区制造业产业自主创新资源市场，使自主创新资源在市场上自由流通。考虑到制造业在东北地区国民经济中所处的重要地位，以及区域内制造业创新人才结构性供需矛盾突出的现状，东北地区可考虑建设制造业科技人才交流市场，该市场专门面向制造业提供专业技术人才的供需信息，旨在实现技术人才供需双方的快速对接；同时，通过人员培训和条件升级进一步完善技术产权交易市场，加强其在推进技术成果产业化进程中的作用，提高其在技术成果转化过程中的参与率。通过以上举措，最大限度地发挥技术、人才等产业自主创新维持动力的作用，使东北地区制造业自主创新资源得到充分开发。

3）规范科技中介机构活动的政策

科技中介机构是东北地区制造业产业自主创新的重要利益主体，它对产业自主创新信息黏合力和产业自主创新动力传递都会产生较大影响。因此，为了有效推进东北地区制造业的产业自主创新活动，需要对科技中介机构的活动进行规范。

首先，加紧制定规范和促进东北地区科技中介机构发展的政策法规体系，进一步明确各类科技中介机构的权利和义务、发展模式、组织制度以及法律地位。同时，政府应逐步理顺与科技中介机构的关系，在机构改革中，把应由科技中介机构承担的相关服务功能从政府的行政职能中剥离出来，将政府职能定位于为科技中介机构营造监督管理完善、政策扶持到位、法律定位清晰、竞争秩序公平的良好政策、市场环境。

其次，协助科技中介机构提高服务质量。当前我国的中介服务处于市场化的转型阶段，服务水平低、质量差，这是制约我国科技中介机构发展的重要因素。为促进科技中介机构的服务质量提升，政府应积极采取有效政策和措施帮助科技中介机构加强职业培训，以提高从业人员素质。比如，由政府投资建立专门的中介人员培训机构，或者依托高等院校、职业培训机构等建立中介人员培训基地；建立培训、考核、准入一体化机制，即只有经过培训且考核合格的中介人员才能上岗，以此来保障科技中介服务的质量。

最后，加快制定促进科技型非营利机构发展的有关政策。以科技体制改革为契机，充分利用科研机构在结构调整中分流出来的基础和条件较好的资源，建立一批非营利科技中介机构；制定有关政策，特别是在税收、资金管理等方面的优惠政策，加快民营非营利科技中介组织的发展；在此基础上，对营利性和非营利性中介机构的分类管理进行探索，力争促进东北地区科技中介服务体系的良性发展，保障东北地区制造业产业自主创新动力机制的顺利运行。

3. 增强系统正向涨落机制的引导政策

1）建立东北地区诚信体系的政策

东北地区要增强制造业的产业自主创新动力，必须对企业和公众加强诚信教育，在东北地区着力培育"守信用，讲诚信"的社会环境，使企业进行自主创新活动有信心、自主创新收益有保障。具体可采用以下做法。

一方面，地方政府应运用行政和宣传导向，引导东北地区制造企业加入诚信体系，努力做到诚实守信、守法经营，创新进取、公平竞争。鼓励企业通过自主创新活动获取丰厚利润，而不是通过机会主义行为、寻租活动获取高额回报；倡导企业通过购买专利或技术许可权使用其他企业的创新成果，而不是通过剽窃等非法手段分享创新收益。地方政府要运用行政手段、法律手段等及时对危及产业创新发展的败德行为加以制止和惩罚，从而保障东北地区制造业中自主创新企业的根本利益。另一方面，地方政府应运用教育和舆论的力量，发动东北地区民众共建诚信体系。应在大、中、小学各层次教育中，加强对学生的诚信教育，让诚信意识从学生时代开始就在头脑中扎根；要在科技中介人员的职业教育培训中，加入诚信教育内容，让每一个科技中介人员都能诚实守信，在技术交易中保护创新者的知识产权不受侵害；应在新闻和舆论宣传中，倡导公众不买假冒产品、不用盗版软件，尊重创新者的劳动，保护创新企业的合法权益。

通过区域内诚信体系的建设，可以打消创新企业对于自主创新收益流失等多方面的顾虑，有利于增强东北地区制造业企业自主创新的积极性，产生正向作用的外涨落，促进产业自主创新动力系统的有序演化。

2）加强制度引导和公共服务的政策

作为重要的涨落因素之一，制度环境的改善和公共服务的强化有利于增强东北地区制造业产业自主创新动力系统的协同作用，促进产业自主创新动力机制的良性运行。为此，政府应努力做好以下工作。

一方面，要建立有效的创新引导机制。在东北地区制造业产业自主创新动力系统的发展阶段，政府可以通过制定税收优惠政策、加速折旧政策，采取提高行业技术标准等措施，支持制造业内部自主创新能力较强、技术水平较高的企业优先发展；也可以设立促进自主创新的投资项目及扶持计划，引导东北地区制造企业积极加入自主创新的行列，增强制造业自主创新动力的作用程度与协同效果。

另一方面，要进一步完善公共服务体系。地方政府应努力加强公共服务职能，改善东北地区制造业产业自主创新的软环境。例如，出资主办各类专业技术讲座、研发人员职业技能培训、技术管理人员培训等公共教育活动；资助制造业中的优势行业组织各类技术研讨会、企业家论坛等交流活动；开展网络平台创新交流、技术专家创新咨询等公共服务活动等。力争通过以上政策和措施，健全自主创新的公共服务体系，产生正向涨落和影响，增强东北地区制造业自主创新动力的作用，促进产业自主创新动力系统的协同和演化。

本 章 小 结

从主要工业国家的实践来看，实施创新政策大致可以分为三种类型：第一种以美国为代表，政府主要是制定和颁布法律法规，着眼于为技术创新营造一个良好的制度环境，以规范市场行为，让市场有效调节技术创新活动；第二种以日本为代表，政府既制定各种创新政策，又直接介入部分重大项目的技术创新活动，出面组织大企业合作创新；第三种以欧盟为代表，欧盟国家的创新政策介于美国与日本两者之间。这些国家和地区的创新政策和实践，对东北地区制造业自主创新相关政策的制定有重要启示。

为了实现增强创新动力、促进动力传递、优化运行环节、促进模式演化的目标，本书认为，东北地区制造业产业自主政策制定应侧重于支持行业内主导企业自主创新、加强科技中介服务机构建设、促进优势行业自主创新、强化政府政策引导作用等方面。为此，应从培育与强化政策、支撑政策、引导政策等三个方面入手，构建促进东北地区制造业产业自主创新动力机制运行及演化的政策体系。

基于东北地区制造业产业自主创新动力机制的结构和运行规则，本章以激发创新主体的创新需求、保障创新动力供给、促进创新动力传递为目标和切入点，从需求、供给和传递三个层面出发，提出了东北地区制造业产业自主创新动力的培育和强化政策。其中，产业自主创新需求的培育政策主要包括产业自主创新市场需求的引导政策和企业家自主创新需求的培育政策；产业自主创新动力供给的强化政策主要包括优化产业自主创新投融资的政策、完善产业自主创新人才管理的政策、加强创新成果转化和知识产权保护的政策；产业自主创新动力传递的促进政策主要包括强化主导企业创新示范效应的政策、促进产业自主创新信息传播的政策和完善科技中介服务功能的政策。

基于东北地区制造业产业自主创新动力机制的影响因素研究，本章从产业竞争环境、所有制结构、基础设施建设等主要影响因素入手，以营造产业内部自主创新氛围、优化产业外部自主创新环境为基点，提出东北地区制造业产业自主创新动力机制的支撑政策。其中，营造产业内部自主创新氛围的政策主要包括维护产业竞争环境的政策和优化产业内所有制结构的政策；优化产业外部自主创新环境的政策主要包括优化经济与文化环境的政策和完善基础设施环境的政策。

基于东北地区制造业产业自主创新动力模式的演化研究，本章主要从序参量角度的有序演化引导政策和协同效应角度的有序演化引导政策两个方面入手，提出了东北地区制造业产业自主创新动力模式演化的引导政策。其中，序参量角度的有序演化引导政策主要包括增强市场导向的引导政策和增强政策导向的引导政策；协同效应角度的有序演化引导政策主要包括提高系统开放度的引导政策、加强各子系统协同效应的引导政策、增强系统正向涨落机制的引导政策三个方面。

参考文献

埃弗雷特·M. 罗杰斯. 2002. 创新的扩散·第4版. 辛欣译. 北京: 中央编译出版社.

白洞明, 邹礼瑞, 王峥. 2000. 技术创新动力机制的综合作用模式研究. 科技进步与对策, 17 (5): 43-44.

毕克新, 王晓红, 李唯滨, 等. 2010. 中小企业成长新思维——技术性贸易壁垒对我国中小企业技术创新的影响与策略研究. 北京: 科学出版社.

波特. 2005. 竞争优势. 陈小悦译. 北京: 华夏出版社.

才华. 2006. 基于自组织理论的黑龙江省城市系统演化发展研究. 哈尔滨: 哈尔滨工程大学博士学位论文.

陈菲琼. 1999. 控制论用于经济系统抗干扰能力. 数量经济技术经济研究, (6): 70-73.

陈桂尧. 2004. 中国大学参与国家创新系统的模式研究. 杭州: 浙江大学博士学位论文.

陈劲, 景劲松, 吴沧澜, 等. 2003. 我国企业技术创新国际化的模式及其动态演化. 科学学研究, 21 (4): 315-320.

陈劲, 王飞绒. 2005. 创新政策: 多国比较和发展框架. 杭州: 浙江大学出版社.

陈劲, 王焕祥. 2008. 演化经济学. 北京: 清华大学出版社.

陈劲, 谢芳, 贾丽娜. 2006. 企业集团内部协同创新机理研究. 管理学报, 3 (6): 733-740.

陈俊. 2009. 自主创新与立法保障: 比较与借鉴. 上海: 复旦大学出版社.

陈清. 2006. 国外政府支持自主创新的经验及其启示. 亚太经济, (6): 118-120.

陈权宝, 聂锐. 2005. 基于GPCA的高技术产业技术创新能力演化分析. 中国矿业大学学报, 34 (1): 117-122.

陈铁军, 吴添祖. 2002. 浙江民营科技型企业创新动力和创新障碍分析. 软科学, 16 (6): 61-63.

陈向东, 胡萍. 2003. 技术创新政策特点和效应的国际比较——以中、美、韩、法等国为例. 中国科技论坛, (3): 51-55.

陈晓阳. 2002. 中小企业技术创新的动力系统及优化研究. 浙江学刊, (4): 170-173.

陈雅兰, 韩龙士, 王金祥, 等. 2003. 原始性创新的影响因素及演化机理探究. 科学学研究, 21 (4): 433-437.

成思危. 2005. "中国金融制度创新年度报告"总序. // 杨如彦. 中国金融制度创新报告 (2005). 北京: 社会科学出版社.

成元君, 赵玉川. 2007. 从制造到创造的跨越. 中国青年科技, (6): 37-44.

程琳. 2007. 试析东北地域文化的成因. 技术与教育, 2 (2): 43-45, 55.

崔万田. 2005. 中国装备制造业三大基地的比较分析. 经济理论与经济管理, (11): 5-11.

德鲁克．2007. 创新与企业家精神．蔡文燕译．北京：机械工业出版社．

丁栋虹．2004. 企业家精神．北京：清华大学出版社．

杜宏巍，张东生．2004. 企业技术创新体系设计．科学学研究，22（S1）：146-152.

段云龙，杨立生．2007. 企业持续创新动力模式及制度要素分析．云南民族大学学报（哲学社会科学版），24（2）：76-79.

樊增强．2005. 日本、欧盟中小企业技术创新支持政策的比较分析及其对我国的启示与借鉴．现代日本经济，（1）：41-45.

方宪法，陈志，苏文凤．2007. 我国农业装备制造业自主创新战略研究．农业机械学报，38（5）：69-73.

冯成志，贾凤琴．2009. 社会科学统计软件 SPSS 教程．北京：清华大学出版社．

傅家骥．2000. 国有企业应从"要我创新"变为"我要创新"．中国高新技术企业，（1）：24-26.

傅家骥，仝允桓，高建，等．1998. 技术创新学．北京：清华大学出版社．

傅羿芳，朱斌．2004. 高科技产业集群持续创新生态体系研究．科学学研究，22（12Z）：128-135.

甘雪波．2002. 企业技术创新动力的系统框架分析．商业研究，（16）：70，71.

高道才，张忠，黄金光．2007. 自主创新的主体动力系统探析．青岛农业大学学报，19（3）：62-66.

高寒峰．2008. 东北制造业区域创新能力提升与创新模式选择研究．长春：吉林大学博士学位论文．

高寒峰，赵树宽，刘战礼．2007. "东北制造业"区域一体化创新体系研究．经济纵横，（11）：56-58.

顾新一，许庆瑞，陈劲，等．1993. 技术创新的财政、金融政策与量化分析模型．管理工程学校，7（3）：133-139.

郭韬，滕响林．2008. 企业组织创新的动力系统研究．科技管理研究，（3）：25-27.

韩国文．2004. 演化经济学视野下的金融创新．武汉：武汉大学博士学位论文．

何晓群．2006. 多元统计分析．北京：中国人民大学出版社．

赫尔曼·哈肯．2005. 协同学——大自然构成的奥秘．凌复华译．上海：上海世纪出版集团．

黑龙江省科技信息中心．2008. 创新服务模式完善服务功能努力打造油城接续产业助推器——大庆高新生产力促进中心．http：//hljhj.hljkj.cn/20years/dxal/200809/t20080925_86280.htm［2011-01-25］．

黑龙江省科技信息中心．2008. 强化服务能力建设推动中心做大做强——黑龙江省生产力促进中心．http：//hljhj.hljkj.cn/20years/dxal/200809/t20080925_86278.htm［2011-01-25］．

侯卉，李国娟，辛欣．2007. 提高东北装备制造业自主创新能力的策略研究．经济纵横，（12）：47-48.

侯志茹．2010. 东北地区产业集群发展动力机制研究．北京：新华出版社．

胡卫．2008. 自主创新的理论基础与财政政策工具研究．北京：经济科学出版社.

黄芳铭．2005. 结构方程模式：理论与应用．北京：中国税务出版社．

黄鲁成，吴菲菲，李阳．2004．东北老工业基地振兴战略——制造业创新．经济管理，（21）：20-23．

黄鲁成，张红彩．2006．基于生态学的通讯设备制造业的技术创新种群演化分析．中国管理科学，14（5）：143-148．

吉淦．2007．医药企业技术创新动力机制的运作机理分析．特区经济，（9）：229，230．

金碚．1997．中国工业国际竞争力——理论、方法与实证研究．北京：经济管理出版社．

金炳华．2003．马克思主义哲学大辞典．上海：上海辞书出版社．

金玲．2007．基于自组织理论的建筑业系统演化发展研究．哈尔滨：哈尔滨工业大学博士学位论文．

来兴显，庞小宁，施培公，等．1995．工业企业技术创新论．西安：西北工业大学出版社．

李柏洲，董媛媛．2009．基于协同论的企业原始创新动力系统构建．科学学与科学技术管理，（1）：56-60．

李刚．2008．企业自主创新的动力模型与机制研究．科技管理研究，（10）：4-6．

李嘉明，甘慧．2009．基于协同学理论的产学研联盟演化机制研究．科研管理，30（3）：167，168．

李楠．2008．我国现阶段所有制结构及其演变的理论与实证研究．武汉：武汉大学出版社．

李萍，宋加升．2003．黑龙江省制造技术创新现状和对策研究．科技与管理，（2）：11-14．

李庆东．2008．产业创新系统协同演化理论与绩效评价方法研究．长春：吉林大学博士学位论文．

李庆文．2007．中国汽车产业自主创新蓝皮书．北京：经济管理出版社．

李素英，李庆满．2006．标准化提升装备制造业竞争力的途径研究．商业研究，（17）：75-78．

李伟红．2006．国外政府干预技术创新政策的启示．经济论坛，（9）：4-9．

李相银，韩建安．2003．中国装备制造业区域竞争力比较．经济纵横，（8）：7-12．

李垣，乔伟杰．2002．基于价值管理中的企业创新系统构建．中国软科学，（12）：62-65．

李垣，汪应洛．1994．企业技术创新动力机制构成要素的探讨．科学管理研究，12（4）：43-45．

李垣，张宸璐，方润生．2007．企业自主创新动力因素研究．现代生产与管理技术，（2）：7-11．

廖盖隆，孙连成，陈有进，等．1993．马克思主义百科要览（上卷）．北京：人民日报出版社．

林雷芳，接民，张金禄．2007．耗散结构理论视角下技术创新动力机制的研究．商场现代化，（1）：87，88．

刘春芝，聂颖．2006．辽宁装备制造业技术创新状况的统计分析．沈阳师范大学学报（社会科学版），30（4）：6-9．

刘恒江，陈继祥．2005．要素、动力机制与竞争优势：产业集群的发展逻辑．中国软科学，（2）：125-130．

刘加林，严立冬．2011．环境规制对我国区域技术创新差异性的影响——基于省级面板数据的分析．科技进步与对策，28（1）：32-36．

刘军，马亚静．2006．提高辽宁省装备制造业技术创新能力的思考．工业技术经济，25（10）：

25-26.

刘明霞，袁靖波．2007. 新经济环境下企业的技术创新动力机制探析．科技进步与对策，24（7）：94-97.

刘文英．1987. 哲学百科小辞典．兰州：甘肃人民出版社．

刘雪妮，蔡先海，任高飞．2006. 西方国家技术创新政策借鉴学．当代经理人，（21）：109，110.

刘友金，郭新．2003. 集群式创新形成与演化机理研究．中国软科学，（2）：91-95.

卢新波，陶海青．2003. 技术创新刻点平衡与局部均衡的协同演化．财经论丛，（5）：23-29.

苗东升．2007. 系统科学大学讲稿．北京：中国人民大学出版社．

苗东升．1990. 系统科学原理．北京：中国人民大学出版社．

苗东升．2010. 系统科学精要．北京：中国人民大学出版社．

牟淳煦．2007. 东北制造业技术创新模式与战略研究．长春：吉林大学博士学位论文．

宁连举，郑文范．2005. 加强自主创新促进东北装备制造业发展模式转变．东北大学学报（社科版），7（4）：274-277.

宁一，冬宁．2004. 东北咋整——东北问题报告．北京：当代世界出版社．

欧阳新年．2004. 企业技术创新动力与利益激励机制．科学管理研究，22（3）：21-25.

欧阳新年．2007. 企业合作创新：模式选择与利益分配．北京市经济管理干部学院学报，22（3）：20-25.

欧阳新年．2008. 企业技术创新：投资回报与风险控制．北京市经济管理干部学院学报，23（4）：27-32.

彭纪南．1993. 经济系统能控性的方法论分析．系统科学学报，（1）：42-47.

彭荣．2009. 企业内部可持续性创新动力模式构建．商业时代，（14）：50-51.

祁湘涵．2008. 欧盟创新政策体系的发展及其对我国的启示．科技管理研究，（10）：35-37.

钱芳，刘伟．2008. 基于耗散结构论的产业创新动力系统研究．科技管理研究，（12）：145-147.

钱学森．1982. 论系统工程．长沙：湖南科学技术出版社．

乔治·P. 雷恰逊．1987. DYNAMO 系统动力学建模导论．杨通谊，杨世胜，叶映虹，等译．合肥：安徽科学技术出版社．

全毅．2000. 影响我国技术创新体系的环境分析与对策研究．改革，（6）：22-28.

盛垒．2010. 外资研发是否促进了我国自主创新——个基于中国行业面板数据的研究．科学学研究，28（10）：1571-1581.

盛昭瀚．2002. 国家创新系统的演化经济学分析．中外管理导报，（10）：17-21.

盛昭瀚，蒋德鹏．2002. 演化经济学．上海：上海三联书店．

水常青．2009. 基于市场导向的全面创新机制及绩效实证研究．杭州：浙江大学博士学位论文．

宋胜洲．2008. 基于知识的演化经济学——对基于理性的主流经济学的挑战．上海：上海人民出版社．

宋晓洪，孙东生．2006. 长三角、珠三角制造业技术创新模式及对东北的借鉴．经济管理·新管理，（4）：69-73.

宋耘, 曾进泽. 2007. 后发企业从模仿创新到自主创新的演化路径研究. 现代管理科学, (5): 36-39, 58.

孙冰. 2003. 企业技术创新动力研究. 哈尔滨: 哈尔滨工程大学博士学位论文.

孙冰. 2007. 企业自主创新动力机制研究. 软科学, (3): 104-107.

孙冰. 2008. 企业自主创新动力系统的协同论解释. 商业经济与管理, (4): 32-37.

孙冰, 李柏洲. 2006. 企业技术创新动力系统的耗散结构研究. 生产力研究, (9): 244-246.

孙冰, 齐中英. 2006. 主成分投影法在企业技术创新动力评价中的应用. 系统工程理论方法应用, 15 (3): 285-288.

孙元媛, 胡汉辉. 2010. 产业集群升级中主导企业的作用——基于四种知识流的视角. 中国科技论坛, (2): 82-86.

谭璐, 姜璐. 2009. 系统科学导论. 北京: 北京师范大学出版社.

谭玉洪, 段万春, 李耀平. 2006. 我国发达地区科技中介服务机构人力资源政策概述. 经济问题探索, (7): 140-144.

唐杰, 杨沿平, 周文杰. 2009. 中国汽车产业自主创新战略. 北京: 科学出版社.

陶海青, 金雪军. 2002. 技术创新的演化趋势. 管理世界, (2): 145-149.

陶良虎, 陈得文. 2008. 产业集群创新动力模型分析. 江海学刊, (2): 210-214.

田文滨. 2008. 装备制造业技术创新动力机制研究. 东北财经大学学报, (2): 63-67.

田阳. 2008. 装备制造业企业原始创新动力系统研究. 商业研究, (6): 17-19.

王帮俊. 2011. 技术创新扩散的动力机制研究. 北京: 中国经济出版社.

王福涛. 2009. 创新集群成长动力机制研究. 武汉: 华中科技大学博士学位论文.

王凯. 2005. 顾客需求及其在产品创新中的导向功能研究. 南京: 东南大学硕士学位论文.

王洛林, 魏后凯. 2005. 东北地区经济振兴战略与政策. 北京: 社会科学文献出版社.

王娜. 2009. 高新技术企业自主创新的动力机制研究. 企业科技与发展, (10): 4-6.

王其藩. 1988. 系统动力学. 北京: 清华大学出版社.

王潼. 1986. 宏观经济控制论的建模方法. 数量经济技术经济研究, (12): 9-19.

王翔. 2006. 企业动态能力演化理论和实证研究. 上海: 复旦大学博士学位论文.

王晓雪. 2006. 支持自主创新人才发展的财税政策研究. 天津: 天津财经大学博士学位论文.

王鑫宇, 向刚, 赵明远. 2007. 企业技术创新动力要素分析及对策——以云南瑞安建材投资有限公司为例. 现代企业, (11): 26, 27.

王玉, 孙慧. 2004. 中国装备制造业竞争力非均衡性研究. 上海经济研究, (12): 6-14.

王章豹, 吴庆庆. 2006. 我国装备制造业自主创新之问题透视与路径选择. 合肥工业大学学报, 20 (5): 1-8.

王振江, 王志辉, 桂宏. 1999. 论管理范式转变. 上海大学学报, 5 (4): 337-343.

魏宏森, 宋永华, 姜璐, 等. 1991. 开创复杂性研究的新学科——系统科学纵览. 成都: 四川教育出版社.

魏宏森, 曾国屏. 1995. 系统论——系统科学哲学. 北京: 清华大学出版社.

魏江. 1998. 完善企业技术创新动力机制的对策研究. 科学管理研究, 16 (6): 1-3.

魏江, 许庆瑞. 1994. 企业技术创新机制的概念、内容和模式. 科学学与科学技术管理,

15 (11)：4-7.

魏守华，吴贵生，吕新雷.2010.区域创新能力的影响因素——兼评我国创新能力的地区差距.中国软科学，(9)：76-85.

吴明隆.2007.结构方程模型——AMOS 的操作与应用.重庆：重庆大学出版社.

吴彤.2001.自组织方法论研究.北京：清华大学出版社.

吴晓波，黄娟.2007.技术体制对 FDI 溢出效应的影响：基于中国制造业的计量分析.科研管理，28 (5)：18-51.

向刚，汪应洛.2004.企业持续创新动力机制研究.科研管理，25 (6)：108-114.

谢丹.1994.耗散结构理论与市场经济建设.沈阳师范学院学报（社科版），(2)：10-13.

谢光亚.2000.技术创新.长沙：湖南科学技术出版社.

谢林林，廖颖杰.2008.论风险投资对企业技术创新的动力机制作用.华东经济管理，22 (4)：78-80.

徐静霞.2006.我国装备制造业核心竞争力评价.商业研究，(10)：138,139.

徐维祥.2002.企业技术创新动力系统研究.数量经济技术经济研究，(1)：70-73.

许庆瑞，谢章澍.2004.企业创新协同及其演化模型研究.科学学研究，22 (3)：327-332.

许小东.2002.技术创新内驱动力机制模式研究.数量经济技术经济研究，(3)：76-78.

绪方胜彦.1978.现代控制工程.北京：科学出版社.

闫俊强.2007.企业自主创新动力模型构建.四川经济管理学院学报，(3)：16-18.

严北战.1999.我国企业技术创新机制的功能与发展对策.华东经济管理，13 (3)：27,28.

阎莉.2000.日本技术创新政策制定的理论依据及其政策手段选择.日本研究，(4)：24-30.

阎质杰.2005.技术创新：东北装备制造业发展的重要保证.中共长春市委党校学报，(3)：38-40.

颜泽贤，范冬萍，张华夏.2006.系统科学导论——复杂性探索.北京：人民出版社.

杨公朴.2005.产业经济学.上海：复旦大学出版社.

杨凯.2007-08-23.东北钢铁业迎来发展新机遇.中国冶金报，(1).

杨显贵，李成标.2009.产业技术创新动力机制和影响因素分析.商场现代化，(4)：261,262.

叶金国，张世英.2002.企业技术创新过程的自组织与演化模型.科学学与科学技术管理，(12)：74-77.

叶甜春.2006.中国集成电路装备制造业自主创新战略.中国集成电路，(9)：17-19.

易余胤，盛昭瀚，肖条军.2005.企业自主创新、模仿创新行为与市场结构的演化研究.管理工程学报，(1)：14-18.

尤建新.2002.装备制造业社会经济贡献力评价指标的研究.数量经济技术经济研究，(4)：74-76.

岳军.1998.企业投资筹措及其与宏观经济的联系.山东财政学院学报，(1)：36-41.

张保胜.2007.装备制造业自主创新能力的统计分析.统计与决策，(8)：80-82.

张贵，苏志炯.2005.技术创新动力的新发展观分析.生产力研究，(1)：190-192.

张全刚.2006.黑龙江省装备制造业自主创新的实现路径和对策研究.哈尔滨：哈尔滨工业大学博士学位论文.

张文焕，刘光霞，苏连义．1990．控制论·信息论·系统论与现代管理．北京：北京出版社．

张哲．2009．基于技术扩散的产业集群创新动力研究．山东社会科学，(2)：111-113．

赵晓．2002．区域竞争与文化 DNA 的嬗变——从温州人要与外星人做生意谈起．管理与财富，(8)：24，25．

郑浩然．2007．产业集群创新的影响因素与动力研究．成都：电子科技大学硕士学位论文．

郑燕，张术丹，魏哲研，等．2007．企业技术创新的演化分析框架．科技管理研究，(8)：18-21．

中华人民共和国国家统计局．2009．科技统计资料汇编 2009．http：//www. sts. org. cn/zlhb/zl-hb2009. htm．［2011-04-16］．

中华人民共和国国家知识产权局．2011．欧盟创新"创新政策"．http：//www. sipo. gov. cn/mtjj/2011/201107/t20110725_ 612991. html．［2011-07-29］．

中华人民共和国科技部．2007．沈阳市积极搭建六大科技创新平台．http：//www. most. gov. cn/dfkjgznew/200704/t20070422_ 43273. htm．［2011-05-09］．

中华人民共和国科学技术部．2006．《国家中长期科学和技术发展规划纲要（2006—2020 年）》若干配套政策．http：//www. most. gov. cn/ztzl/qgkjdh/qgkjdhzywj/200602/t20060227 _29096. htm．［2011-04-07］．

中华人民共和国科学技术部．2011.2009 年全国生产力促进中心统计报告．http：//www. cppc. gov. cn/news_ play. asp？id =213．［2011-03-17］．

周珊珊．2006．我国企业技术创新能力培育及演化途径研究．企业管理，(12)：12，13．

周叔俊．1986．经济控制论讲座——第三讲系统原理是经济控制论的基石．经济理论与经济管理，(1)：53-59．

周松兰．2007．中日韩制造业竞争力比较研究．武汉：武汉大学出版社．

周霞，王仁强，王健．2003．企业家精神及其发展模式研究．山东农业大学学报（社会科学版），5 (3)：52-56．

朱森第．2006．支持装备制造业自主研发提高行业创新能力．机械工程师，(10)：5，6．

朱宇．2009．基于学习能力的企业技术联盟模式选择研究．大连：大连理工大学博士学位论文．

Abernathy W J，Otterback J M. 1978. Patterns of Innovation in Industry. Technology Review，80 (7)：40-47.

Ahuja G，Katila R. 2001. Technological acquisitions and the innovation performance of acquiring firms：a longitudinal study. Strategic Management Journal，22 (3)：197-220.

Arthur W B，Ermoliev Y M，Kaniovski Y M. 1987. Path-dependent processes and the emergence of macrostructure. European J. of Operation Research，(30)：294-303.

Ashby W R. 1957. An Introduction to Cybernetic. London：London Chapman &Hall LTD.

Atuahene G K. 1996. Market orientation and innovation. Journal of Business Research，35 (2)：23-37.

Baldwin J R，Johnson J. 1996. Business strategies in more and less innovative firms in Canada. Research Policy，(25)：785-804.

Baptista R, Swann P. 1998. Do firms in clusters innovate more. Research Policy, (27): 525-540.

Belderbos R. 2001. Overseas innovations by japanese firms: an analysis of patent and subsidiary data. Research Policy, (30): 313-332.

Beneito P. 2003. Choosing among alternative technological strategies: an empirical analysis of formal sources of innovation. Research Policy, (32): 693-713.

Beugelsdijk S, Cornet M. 2002. A far friend is worth more than a good neighbor: proximity and innovation in a small country. Journal of Management and Governance, 6 (2): 169-188.

Blundell R, Griffith R, Reenen J V. 1999. Market share, market value and innovation in a panel of British manufacturing firms. Review of Economic Studies, (66): 529-554.

Bunge M. 1981. Scientific Materialism. Holland: Redial Publishing Company.

Carter C. 1981. Reasons for not Innovating. London: Heinemann Publishing House.

Cohen W M, Levinthal D A. 1989. innovation and learning: the two faces of R&D. The Economic Journal, (94): 569-596.

Coombs R, Tomlinson M. 1998. Patterns in UK company innovation styles: new evidence from the CBI innovation trends survey. Technology Analysis and Strategic Management, 10 (3): 295-310.

Crepon B, Duguet E, Mairesse J. 1998. Research, Innovation and productivity: an econometric analysis at the firm level. Economics of Innovation and New Technology, (7): 115-158.

Darroch J, McNaughton R. 2002. Examining the link between knowledge management practices and types of innovation. Journal of Intellectual Capital, 3 (3): 210-222.

David U, Glinow V. 1993. High-impact learning: building and diffusing learning capability. Organizational Dynamics, 22 (2): 52-67.

Dillon A. 1992. Reading from paper versus screens: a critical review of the empirical literature. Ergonomics, 35 (10): 1297-1326.

Ettlie J E, Reza E M. 1992. Organizational integration and process innovation. Academy of Management Journal, 35 (4): 795-827.

Evangelista R, Perani G, Rapiti F, et al. 1997. Nature and impact of innovation in manufacturing industry: some evidence from the Italian innovation survey. Research Policy, (26): 521-536.

Feldman M P. 1999. The new economics of innovation, spillovers and agglomeration: a review of empirical studies. Economics of Innovation and New Technology, (8): 5-25.

Francois J P, Favre F, Negassi S. 2002. Competence and organization: two drivers of innovation. A micro-econometric study. Economics of Innovation and New Technology, 11 (3): 249-270.

Fritsch M, Meschede M. 2001. Product innovation, process innovation and size. Review of Industrial Organization, 19 (3): 335-350.

Gaines B R. 1979. General systems research: quo vadis. General Systems Yearbook, (24): 1-9.

Galende J, de la Fuente J M. 2003. Internal factors determining a firm's innovative behavior. Research Policy, (32): 715-736.

Gudmundson D, Tower C B, Hartman E A. 2003. Innovation in small businesses: culture and ownership structure do matter. Journal of Developmental Entrepreneurship, 8 (1): 1-17.

Hall A D, Fagan R E. 1956. Definition of system. General Systems Yearbook, (1): 18-28.

Hall L A, Bagchi S S. 2002. A study of R&D, innovation and business performance in the Canadian biotechnology industry. Technovation, (22): 231-244.

Hitt M A, Hoskisson R E, Nixon R D. 1993. A mid-range theory of interfunctional integration, its antecedents and outcomes. Journal of Engineering and Technology Management, 10 (2): 12-28.

Hu G Z. 2003. Organization, monitoring intensityand innovation performance in Chinese industry. Economics of Innovation and New Technology, 12 (2): 117-144.

Jaworski B J, Kohli A K. 1993. Market orientation: antecedents and consequences. Journal of Marketing, (7): 53-70.

John E E, Ernesto M R. 1992. Organizational integration and process innovation. Academy of Management Journal, 35 (4): 63-74.

Jung D I, Chow C, Wu A. 2003. The role of transformational leadership in enhancing organizational innovation: hypotheses and some preliminary findings. The Leadership Quarterly, (14): 525-544.

Kam W P, Kiese M, Singh A, et al. 2003. The pattern of innovation in Singapore's manufacturing sector. Singapore Management Review, 25 (1): 1-34.

Keizer J A, Dijkstra L, Halman J I M. 2002. Explaining innovative efforts of SMEs: an exploratory survey among SMEs in the mechanical and electrical engineering sector in the Netherlands. Technovation, (22): 1-13.

Kim L. 1998. Crisis construction and organizational learning: capability building in catching up at hyundai motor. Organization Science, (9): 506-521.

Klir G J. 2001. Facets of Systems Science. New York: Kluwer Academic/Plenum Publishers, (3): 4, 5.

Kohli A, Jaworski B, Kumar A. 1993. Markor: a measure of market orientation. Journal of Marketing Research, (30): 467-477.

Koschatzky K, Bross U, Stanovnik P. 2001. Development and innovation potential in the slovene manufacturing industry: analysis of an industrial innovation survey. Technovation, (21): 311-324.

Landry R, Amara N, Lamari M. 2002. Does social capital determine innovation to what extent. Technological Forecasting and Social Change, (69): 681-701.

Lee J. 1995. Small firms, innovation in two technological settings. Research Policy, (24): 391-401.

Liu X, White R S. 1997. The relative contribution of foreign and domestic inputs to innovation in Chinese manufacturing industries. Technovation, 17 (3): 119-125.

Love J H, Roper S. 1999. The determinants of innovation: R&D, technology transfer and networking effects. Review of Industrial Organization, 15 (1): 43-64.

Lukas B A, Ferrell O C. 2000. The effect of market orientation on product innovation. Journal of the Academy of Marketing Science, 28 (2): 239-247.

Lundvall B A. 1992. National System of Innovation, Towards a Theory of Innovation and Interactive Learning. London: London Printer.

MacPherson A D. 1994. Industrial innovation among small and medium-sized firms in a declining region. Growth and Change, (25): 145-163.

Mansfield E. 1998. Academic research and industrial innovation: an update of empirical findings. Research Policy, (26): 773-776.

Mansfield E, Lee J H. 1996. The modern university: contributor to industrial innovation and recipient of industrial R&D support. Research Policy, (25): 1047-1058.

Mesarovic M D. 1964. Views of General Systems Theory. New York: John Wiley.

Michie J, Sheehan M. 2003. Labor market deregulation "Flexibility" and innovation. Cambridge Journal of Economics, 27 (1): 123-143.

Miller W L, Morris L. 1999. 4th Generation R&D: Managing Knowledge, Technology and Innovation. New York: John Wiley & Sons.

Moenaert R K, Souder W E. 1990. An information transfer model for integrating marketing and R&D personnel in new product development projects. Journal of Product Innovation Management, (72): 112-126.

Morris M H, Jones F F. 1993. Human resource management Practices and corporate entrepreneurship: an empirical assessment from the USA. International Journal of Human Resource Management, (4): 873-896.

Narver J C, Slater S F. 1990. The effect of a market orientation on business profitability. Journal of Marketing, 5 (4): 20-35.

Nelson R R, Winter S G. 1982. An Evolutionary Theory of Economic Change. Cambridge: Harvard University Press.

Nizar B, Bernstein B, Singh Prakash J, et al. 2006. Lessons from innovation empirical studies in the manufacturing sector: a systematic review of the literature from 1993-2003. Technovation, (3): 644-664.

Norton J, Parry M E, Song X M. 1994. Integrating R&D and marketing: a comparison of practices in the japanese and American chemical industries. Engineering Management, 41 (1): 34-49.

Parthasarthy R, Hammond J. 2002. Product innovation input and outcome: moderating effects of the innovation process. Journal of Engineering and Technology Management, (19): 75-91.

Quadros R, Furtado A, Bernardes R, et al. 2001. Technological innovation in brazilian Industry: an assessment based on the Sao Paulo innovation survey. Technological Forecasting and Social Change, (67): 203-219.

Rhyne L C, Teagarden M B, Vanden P W. 2002. Technology-based competitive strategies, the relationship of cultural dimensions to new product innovation. The Journal of High Technology Management Research, (13): 249-277.

Romijn H, Albaladejo M. 2002. Determinants of innovation capability in small electronics and software firms in southeast England. Research Policy, (31): 1053-1067.

Ruekert R W. 1992. Developing a market orientation: an organizational strategy perspective. International Journal of Research in Marketing, (1): 225-245.

Saleh S D, Wang C K. 1993. The management of innovation: strategy, structure, and organizational climate. Engineering Management, 40 (1): 17-28.

Shane S. 1993. Cultural influences on national rates of innovation. Journal of Business Venturing, (8): 59-73.

Silverberg G, Lehnert D. 1993. Long waves and evolutionary chaos in a simple schumpeterian model of embodies technical change. Structural Change and Economic Dynamics, (4): 9-37.

Smolny W. 2003. Determinants of innovation behaviour and investment: estimates for West-German manufacturing firms. Economics of Innovation and New Technology, 12 (5): 449-463.

Sorensen J B, Stuart T E. 2000. Aging obsolescence and organizational innovation. Administrative Science Quarterly, 45 (1): 81-112.

Souitaris V. 2002. Technological trajectories as moderators of firm level determinants of innovation. Research Policy, (31): 877-898.

Tushman M L, O'Reilly C A. 1996. Ambidextrous organizations: managing evolutionary and revolutionary change. California Management Review, 38 (4): 62-77.

Tushman M L, Romanelli E. 1985. Organizational evolution: a metamorphosis model of convergence and reorientation//Cummings L L, Staw B. Research in Organizational Behavior. Greenwich, CT: JAI Press, (7): 171-222.

Veugelers R, Cassiman B. 1999. Make and buy in innovation strategies: evidence from belgian manufacturing firms. Research Policy, (28): 63-80.

Wu W Y, Chiang C Y, Jiang J S. 2002. Interrelationships between TMT management styles and organizational innovation. Industrial Management and Data Systems, 102 (3/4): 171-183.

Zahra S A. 1993. New product innovation in established companies: associations with industry and strategy variables. Entrepreneurship Theory and Practice Winter, (18): 47-69.

后　记

　　本书的内容来自于笔者负责的国家自然科学基金项目（项目编号：70873026）、教育部博士点基金项目（项目编号：200802170004）和教育部人文社科一般项目（项目编号：08JC630020）的主要研究成果。在项目立项和研究过程中得到了许多评审专家、同行评议人和有关管理人员的悉心指导和无私帮助，在此谨向他们表示衷心的感谢！

　　特别感谢哈尔滨工程大学李柏洲教授、毕克新教授，哈尔滨工业大学齐中英教授、王铁男教授，哈尔滨商业大学孙东生教授，东北林业大学尚杰教授，北京工业大学黄鲁成教授，哈尔滨理工大学王宏起教授，广西大学毕先萍教授，浙江工业大学池仁勇教授，他们在笔者科研立项、项目完成和本书撰写过程中给予了中肯的意见和建议，对本书结构的完善和最终定稿起到了关键性的指导作用。

　　由衷感谢项目组主要成员杨栩教授、朱建新副教授、刘茂长副教授、许广义教授、钟卫东研究员、邓丽红副教授、路军研究员、张为峰博士、李振亚博士、门志国博士、洪艳博士对笔者承担的国家自然科学基金项目等科研项目的申报和完成，以及本书撰写给予的大力支持和帮助。感谢佳木斯市工业和信息化委员会周正堂副主任为项目组的实地调研和问卷调查工作给予的鼎力支持和积极配合。

　　本书从酝酿、策划、整理、编辑加工到排版，得到了科学出版社韩昌福编辑的热情鼓励和积极支持，正是他的辛勤工作和敬业精神，本书才能得以如期出版。在此表示深深的敬意和谢意！

　　本书是在国家自然基金项目等科研项目研究报告的基础上修改、整合和完善而成的。孙冰、张敏、王为参加了研究报告的撰写工作，林婷婷参与了部分统计和调研数据的处理工作。本书的补充、修改、统稿和最终定稿是由孙冰负责完成的。

　　周大铭、林婷婷、赵健、袭希等博士研究生参加了笔者负责的科研项目的研究工作，并帮助项目组完成了大量的文献检索、翻译和整理工作。姚洪涛、周莹、田文佳、贾公园、杨逸青等博士、硕士研究生也为本书做了很多有益的工作，在此一并向他们表示感谢。

　　同时，要特别感谢笔者的父母和家人，他们给了笔者无微不至的关怀和照顾，替笔者承担了很多的家务劳动和生活责任，正是他们的鼓励和支持使笔者从困惑和伤痛中走出来，让笔者在繁忙的工作之余得以完成科研任务和本书的撰写工作。谨以此书献给最爱的父母和家人！

在本书的写作过程中，笔者参考了大量的国内外同行的相关研究成果，从中得到了许多启示和帮助，在此也向这些成果的完成者们表示衷心的感谢。

由于东北地区制造业产业自主创新动力机制的复杂性，以及近年来社会、经济、科技环境的不断发展和变化，加之本书的研究内容所涉及的知识丰富而又复杂，而笔者的学识与经验有限，所以本书的观点难免会存在不妥和不足之处，肯请同行专家学者和广大读者批评指正。

孙 冰

2011 年 9 月于哈尔滨工程大学